校企合作经济管理类专业系列丛书

互联网+创新型“十四五”精品教材

# 客户关系管理

## （微课版）

主　编　朱　亮　荆怀芳　刘煜昕

副主编　高　见　徐　海　方丽娟　郭小兰　李　颖

　　　　孙林林　钱　盈　李思思　王　晓



哈爾濱工程大學出版社

Harbin Engineering University Press

## 内容简介

本书在结构设计上，紧紧围绕客户关系管理的知识构成要素。本书共十个项目，主要包括客户关系管理概述、客户关系管理流程与技术、客户开发管理、客户沟通与服务管理、评估客户满意度、客户流失管理、客户信息管理、客户分级管理、销售团队的管理与建设和销售人员的自我管理。

本书可作为应用型本科院校、职业院校电子商务相关专业的教材，也可供企业界人士阅读参考。

**图书在版编目（CIP）数据**

客户关系管理 : 微课版 / 朱亮, 荆怀芳, 刘煜昕主编. -- 哈尔滨 : 哈尔滨工程大学出版社, 2024. 6.
ISBN 978-7-5661-4410-2

Ⅰ. F274

中国国家版本馆 CIP 数据核字第 2024C9R272 号

**客户关系管理（微课版）**

**KEHU GUANXI GUANLI（WEIKE BAN）**

**策划编辑** 张林峰
**责任编辑** 章银武

| | |
|---|---|
| 出版发行 | 哈尔滨工程大学出版社 |
| 社　　址 | 哈尔滨市南岗区南通大街 145 号 |
| 邮政编码 | 150001 |
| 发行电话 | 0451-82519328 |
| 传　　真 | 0451-82519699 |
| 经　　销 | 新华书店 |
| 印　　刷 | 唐山唐文印刷有限公司 |
| 开　　本 | 787 mm×1 092 mm　1/16 |
| 印　　张 | 16 |
| 字　　数 | 410 千字 |
| 版　　次 | 2024 年 6 月第 1 版 |
| 印　　次 | 2024 年 6 月第 1 次印刷 |
| 书　　号 | ISBN 978-7-5661-4410-2 |
| 定　　价 | 49.80 元 |

http://www.hrbeupress.com
E-mail:heupress@hrbeu.edu.cn

# 前　言

党的二十大报告指出，“坚持尊重劳动、尊重知识、尊重人才、尊重创造，实施更加积极、更加开放、更加有效的人才政策”“着力形成人才国际竞争的比较优势。加快建设国家战略人才力量”“深化人才发展体制机制改革……把各方面优秀人才集聚到党和人民事业中来”。

当前，企业间的竞争主要表现在品牌竞争、创新竞争、服务竞争等方面，但这些竞争的实质都是企业在争夺客户。一家企业，不管有多好的设备、技术、品牌、机制和团队，如果没有客户，一切都将为零。客户关系管理是企业及优秀销售人员创造客户的秘密“武器”。

为贯彻党的二十大精神，适应客户关系管理教学的发展形势，培养客户关系管理技能型人才，满足客户管理工作岗位的实际需要，本书广泛收集和选编国内外新近的企业客户关系管理实践材料与案例，并增加了一些前沿的研究成果和实践动态，力图反映当下客户关系管理的新发展与新趋势。本书特色如下。

（1）结构新颖、模块丰富。本书在每章中安排了案例导入、学习目标、思政目标、知识拓展、思考练习等模块，不仅可以增强学生的学习动力，还能激发学生的创造性思维，从而提升课堂参与度和思维活跃度，体现了以学生为主体的指导思想。

（2）理论与实践相结合。本书注重理论、案例与实践相结合。在各章末设有课后实践与实践评价模块，以增强学生的实践操作能力。体现了理论系统性和结构严谨性，突出了学科的应用性和创新性。

（3）教学与学习辅助。本书提供微课、PPT 课件、教案等教学资源，与纸质教材无缝对接，便于学生理解、掌握各知识点的深度和广度。

本书由朱亮（重庆电讯职业学院）、荆怀芳（咸阳职业技术学院）、刘煜昕（重庆电讯职业学院）担任主编；由高见（河南质量工程职业学院），徐海、方丽娟（四川希望汽车职业学院），郭小兰、李颖（重庆电讯职业学院），孙林林（淮南市精英技工学校），钱盈（合肥经济职业技术学院）；李思思（重庆能源职业学院），王晓（河南交通职业技术学院）担任副主编。本书的相关资料和售后服务可扫封底微信二维码或登录 www.bjzzwh.com 下载获得。

编者在编写本书的过程中参考了大量资料，在此向相关人员表示感谢。由于编者水平有限，书中难免存在不足之处，恳请广大读者批评指正并提出宝贵意见。

编　者

# 目　录 CONTENTS

# 项目一

# 客户关系管理概述

## 项目导读

在当今市场竞争日益激烈的情况下，企业与客户建立良好的关系是至关重要的。客户关系管理是企业成功的关键之一，它可以帮助企业提高客户满意度和忠诚度，从而促进销售增长和降低成本。客户关系管理不仅包括传统的销售和客户服务，还包括关系营销、客户细分、客户感知价值等新理念。

企业需要不断更新和调整客户关系管理的思路和内容，以适应不断变化的市场环境。同时，随着信息技术的发展，客户关系管理系统也得到了广泛应用和发展，为企业提供了更高效、更智能化的客户关系管理解决方案。因此，企业应该重视客户关系管理的发展趋势，积极探索新的管理模式和方法，以适应市场变化和满足客户需求。

## 学习目标

### 知识目标

（1）了解客户关系管理的基本概念。

（2）熟悉客户关系管理的理论基础。

### 技能目标

（1）理解并能够分析客户关系管理在中国的发展现状和趋势。

（2）掌握客户关系管理系统的基本原理和应用技术。

### 素质目标

（1）发展学生的团队合作和沟通能力，在团队合作中有效地应用客户关系管理的理论和方法。

（2）培养学生分析和解决问题的能力，能够针对实际情况提出有效的客户关系管理策略。

（3）培养学生的信息获取和分析的能力，能够收集、整理和分析客户相关信息，做出正确的决策。

## 思政目标

（1）培养学生对客户关系管理的重要性和价值的认识，增强其对企业社会责任的意识。

（2）强调学生遵循客户关系管理中的诚信、公正和负责任的原则，提高其道德和职业素养。

## 案例导入

### 星巴克的客户关系

星巴克是增长较快的品牌之一，也是《商业周刊》评选的“全球品牌 100 强”最佳品牌之一。

不过，虽然增长速度迅猛，但是星巴克的广告支出却非常少。星巴克每年的广告费用仅为 3 000 万美元，约为营业收入的 1%，这些广告费通常用于推广新口味咖啡饮品和店内新服务，譬如店内无线上网服务等。与之形成鲜明对比的是，同等规模的消费品公司的广告支出通常高达 3 亿美元。

星巴克成功的重要因素是它视“关系”为关键资产，公司董事长霍华德·舒尔茨一再强调，星巴克的产品不是咖啡，而是“咖啡体验”。与客户建立关系是星巴克战略的核心部分，它特别强调了客户与“咖啡大师”的关系。

舒尔茨认识到“咖啡大师”是为客户创造舒适、稳定和轻松环境的关键角色，那些站在咖啡店吧台后面直接与每一位客户交流的吧台师傅决定了咖啡店的氛围。为此，每个“咖啡大师”都要接受培训，培训内容包括客户服务、零售基本技巧及咖啡知识等。“咖啡大师”还要预测客户的需求，并在解释不同的咖啡风味时与客户进行目光交流。

认识到员工是向客户推广品牌的关键，星巴克采取与市场营销基本原理完全不同的品牌管理方式。星巴克将在其他公司可能被用于广告的费用投资于员工福利和培训。1988 年，星巴克成为第一家为兼职员工提供完全医疗保险的公司。

1991 年，它又成为第一家为兼职员工提供股票期权的公司，星巴克的股票期权被称为“豆股票（bean stock）”。舒尔茨在自传《星巴克咖啡王国传奇》中写道：“‘豆股票’及信任感使得职员自动、自发地以最大热忱对待客人，这就是星巴克的竞争优势。”星巴克的所有员工，不论职位高低，都被称为“合伙人”，因为他们都拥有公司的股份。

星巴克鼓励授权、沟通和合作。星巴克公司总部的名字为“星巴克支持中心”，这表示对于那些在星巴克店里工作的“咖啡大师”来说，公司管理层的角色是为他们提供信息与支持。星巴克鼓励分散化决策，并将大量的决策放到地区层面，这给员工很大的激励。许多关键决策都是在地区层面完成的，每个地区的员工就新店开发与总部密切合作，帮助识别和选定目标人群，他们与总部一起完成最终的新店计划，保证新店设计能与当地社区文化一致。星巴克的经验显示，在公司范围内沟通文化、价值和最佳实践是建立关系资产的关键部分。

客户在星巴克消费的时候，收银员除了品名、价格外，还要在收银机输入客户的性别和年龄段，否则收银机就打不开。所以公司可以很快知道客户的消费时间、消费了什么、金额多少、客户的性别和年龄段等信息。除此之外，星巴克也通过反馈来增强与客户的关系。每周，星巴克的管理团队都要阅读原始的、未经任何处理的客户意见卡。一位主管说：“有些时候我们会被客户所说的吓一跳，但是这使我们能够与客户进行直接的交流。”

星巴克将其关系模型拓展到供应商环节。现在，许多优秀的公司都认识到，商业交易和真正的关系之间存在巨大的差别，即无论是否存在信任，它们都投入大量的资源去培养与供应链上的合作伙伴之间的信任。星巴克倾向于建立长期关系，它愿意通过与供应商合作来控制价格，而不仅仅是从外部监控价格，它投入大量的时间与金钱来培育供应商。

在星巴克看来，失去一个供应商就像失去一个员工，因为你损失了培育他们的投资。星巴克对合作伙伴的选择可以说非常挑剔，但一旦确立了合作关系，星巴克就非常努力地与供应商保持良好的合作。第一年，两家公司的高层主管代表通常会进行三到四次会面，之后，每年或每半年进行战略性业务回顾以评估这种合作关系。产品和产品的领域越重要，参与的主管级别就越高。

# 任务一　客户关系管理的发展

客户关系管理的概念最初是由美国著名咨询公司高德纳在 1993 年前后提出的。对客户关系管理的定义为：“通过管理企业与客户之间的关系细节来改善或维护客户的体验，从而提高和保持客户满意度和忠诚度；同时，通过流程优化、信息共享和业务协同来使企业受益。”

客户关系管理

## 一、客户关系概述

企业与客户之间既是买卖关系，也是利益关系，同时又是伙伴关系。良好的客户关系不仅可以为交易双方提供方便、节约双方的交易成本，而且为企业深入了解客户需求及客户沟通提供了机会。

### 1. 客户关系的要素

客户关系的要素主要有以下三项。

（1）客户关系长度

客户关系长度是指企业维持与客户关系时间的长短，通常以客户关系生命周期来表示，分为考察期、形成期、稳定期和衰退期。客户生命周期主要是针对现有客户而言的，要延长客户生命周期，可通过培养客户忠诚度、挽留有价值客户、减少客户流失、去除不具有潜在价值的客户等方式来实现。

（2）客户关系深度

客户关系深度是指客户关系的质量，即企业与客户双方关系的牢固程度。衡量客户关系深度的指标通常包括购买量、重复购买次数、产品或服务质量、客户口碑与推荐率等。

（3）客户关系广度

客户关系广度是指企业拥有客户的数量，既包括获取新客户的数量，又包括保留老客户的数量，还包括重新获得的已流失客户的数量。企业要想获得长期竞争优势，就要维系良好的客户关系。维系持续、良好的客户关系已逐渐成为企业获得核心竞争力的重要途径。

### 2. 客户关系的类型

从供应链的角度来看，客户关系可分为买卖关系、优先供应关系、合作伙伴关系及战略联盟关系四类。

（1）买卖关系

买卖关系是低层次的客户关系，客户将企业作为一个普通的卖主，企业也将客户作为一个普通的买主，销售仅仅是一次公平交易，交易目的简单。企业与客户之间只有基层人员接触，双方较少进行交易以外的沟通，客户信息极为有限。客户只是购买企业按其自身标准所生产的产品，维护关系的成本与关系创造的价值均较低。例如，一家小餐饮企业到菜市场采购食材，卖家有可能是其随机选择的，二者就是一种简单的买卖关系。

（2）优先供应关系

优先供应关系是销售人员在买卖关系的基础上，通过向客户提供优惠政策来换取长期合作的客户关系。与某客户处于此种关系水平的企业，其销售团队与客户企业中的许多关键人物都有良好的关系，企业可以获得许多优先甚至独占的机会，与客户之间的信息共享范围大。在同等条件下，甚至在竞争对手有一定优势的情况下，客户仍偏爱该企业。在此关系水平上，企业需要投入资源来维护客户关系，主要包括给予重点客户销售优惠政策，优先考虑交付需求，加强双方人员交流等。例如，一家大型餐饮企业在菜市场采购食材，由于采购量大，食材供应商在价格上会给其一些优惠，二者就是一种优先供应关系。

（3）合作伙伴关系

合作伙伴关系是一种存在于企业高层管理者之间、企业与客户交易长期化、双方就产品与服务在认知上达成高度一致的客户关系状态。在这个阶段，企业深刻了解客户需求并进行客户导向投资，双方人员共同探讨行动计划，这对企业竞争对手来说形成了很高的进入壁垒。在此关系水平上，价值由双方共同创造、共同分享。合作伙伴关系使企业和客户的竞争优势均得到了充分发挥。例如，深圳大疆创新公司的合作伙伴就包括欣旺达（提供电池及电源管理系统）、兴森科技（提供样板、高端软硬板）、联芯科技（提供芯片、SDR 软件定义无线电平台）、京山轻机（提供马达外壳和金属零部件）。

（4）战略联盟关系

战略联盟关系是指双方有正式或非正式的联盟关系，双方战略目标和企业愿景高度一致，双方可能有相互的股权关系或成立合资企业。两个企业通过合作争取更大的市场份额与利润，可以给各自的竞争对手构成极高的进入壁垒。

近年来，随着科技的不断发展和市场的竞争加剧，许多企业选择通过建立战略联盟来共同应对市场挑战。华为与徕卡之间的战略联盟关系就是一个典型的例子。

华为作为全球领先的通信技术解决方案提供商，一直致力于为消费者提供高质量的智能手机产品。而徕卡，作为拥有百年历史的德国相机品牌，其专业的影像技术和品牌口碑在全球范围内享有盛誉。华为与徕卡因影像技术合作而结盟。华为看重徕卡的专业性和品牌影响力，徕卡则欣赏华为的创新能力。双方合作研发高质量手机摄像头，以满足消费者高需求。

在联盟下，双方共享研发资源和技术成果。华为提升手机摄像头拍摄效果，徕卡则将专业影像技术推向更广泛的消费者。此模式可以互补双方的技术优势，提升品牌影响力和市场竞争力。此外，双方通过股权关系和合资企业加深合作，实现资源共享和互利共赢。这种紧密联盟使华为与徕卡在全球市场形成高进入壁垒，共同应对竞争对手。

**知识拓展**

### 消费者、用户、顾客及客户

营销过程会涉及消费者、用户、顾客及客户的概念，这些概念既具有相似性，也具有一定的差异性。

1. 消费者

从广义来看，消费者最初是经济学上的概念，和生产者、经营者同属一个范畴，后来成了市场营销学的研究对象。消费者是为满足生活需要而购买、使用商品或接受服务的个人或群体，在描述宏观问题时被频繁使用。例如，张三购买了两包 A4 打印纸给孩子打印学习资料，张三就属于消费者；如果张三为自己开的复印社购买了一箱 A4 打印纸用于复印业务，张三就不应该称为消费者。

2. 用户

用户是指某个产品或服务的具体使用者，是正在使用产品或接受服务的个人或组织。一般使用相关机械装备或软件的人群或组织，都可以被称为用户，例如，数码相机用户、智能手机用户、支付宝 App 用户。使用产品或接受过服务的人，无论是否付费购买，都可以是用户。

3. 顾客

顾客其最初的含义是去商店买东西的人。例如，去商店、超市、饭店等进行消费就是顾客，营业员会称消费者为顾客。顾客有可能消费，也有可能不消费。例如，那些只是去商场逛逛而不买东西的人也是顾客。顾客比消费者概念更宽泛一些，凡是接受或可能接受任何组织、个人提供的产品和服务的购买者或潜在购买者都能被称为顾客。从这个意义上讲，顾客不仅仅指个体，同时也包含企业、政府等团体组织，其购买对象既包括用于消费者生活的物品和服务，也包括用于企业生产的各类生产资料和服务。

4. 客户

在营销学中，客户不一定是用户，但一定要付费。例如，甲公司买了一辆汽车给总经理使用，那么总经理只是汽车的用户，不是 4S 店的客户，甲公司才是 4S 店的客户。客户有时也和顾客混用。例如，张三购买了汽车，4S 店可以说张三是他的顾客，也可以说张三是他的客户。顾客和客户概念的差异常常体现在卖方那里。顾客强调消费关系，而且有时强调一次性的消费关系，是一般的消费者。而客户除了强调消费关系外还强调洽谈商议的关系。例如，超市销售纸巾，超市是纸巾生产者的客户，而不是顾客或用户，更不是消费者；小丽在超市购买一包纸巾送给小明，小丽是超市的顾客，小明则是纸巾的用户或消费者。

上面所提的客户概念一般是狭义的。在现代营销理论中，客户的意义更为广泛。客户既包括购买企业产品或服务的对象，也包括企业的内部员工、合作伙伴、供应链中的上下游企业，甚至还包括本企业的竞争对手。就客户关系管理的角度而言，客户不仅仅是顾客、用户、消费者，在一切与企业经营有关的环节中的组织或个人都是企业的客户，这就是所谓的大客户概念。

## 二、客户关系管理的内涵与发展

### 1. 客户关系管理的定义

客户关系管理是运用现代信息技术挖掘和积累客户信息，有针对性地为客户提供有价值的产品和服务，发展和管理企业与客户之间利益、情感和伦理上的关系，培养客户长期的忠诚度，以实现顾客价值最大化和企业收益最大化之间的平衡，如图 1–1 所示。

这个界定倾向于运作性和实战性，它包括以下几个维度。

（1）客户关系管理是一种倡导以客户为中心的企业经营管理思想

客户关系管理并不是一种简单的概念或方案，而是贯穿企业每个部门和经营环节的企业战略。客户关系管理涉及战略、流程、组织和技术等各方面的变革。

（2）客户关系管理是一个系统的管理过程

图 1–1 客户关系管理

客户关系管理始于对顾客行为与特性的深入分析，以取得对顾客及其偏好、愿望和需求的完整认识，然后应用这些知识去制定营销战略、编制营销计划和发起营销活动，并对整个环节进行有效的评估和控制。

（3）企业信息化是客户关系管理的基石

即使不依靠网络、电子等信息技术，企业也可以进行一定的客户关系管理活动，但是信息技术的引进以及在整个企业范围内的推广，无疑会极大地改善企业客户关系管理的效率和效果，企业与顾客之间的沟通、顾客知识的挖掘、经营管理活动的自动化等都会因此发生翻天覆地的变化。

（4）客户关系管理的目的是实现顾客价值最大化与企业收益最大化之间的平衡

商业化的理念同样需要贯彻到客户关系的管理活动中。企业实施客户关系管理并不是一味地去迎合客户的各种要求，甚至是不合理的要求，而是应该识别客户给企业所带来的价值有多少，根据客户利润贡献的大小来确定价值传递的形式与内容，并结合企业的能力和资源状况，核算价值传递的成本，从而确定关系的层次与类型，最终实现客户与企业的双赢。

### 2. 客户关系管理的内涵

很多人以为客户关系管理系统就是一套软件。事实上，用好客户关系管理系统需要有先进的营销理念和管理模式，同时还需要适应复杂的市场环境及客户需求。客户关系管理是一个综合性的概念，反映了人们在不同层面对客户关系管理的理解。

（1）客户关系管理是一种战略

客户关系管理首先是一种战略。作为一种战略，客户关系管理并非直接以提高企业利润为目的，而是以提高企业核心竞争力为目的。这种战略遵循客户导向原则，主张对客户信息进行系统化的分析和管理，改进提供给客户的产品、服务的品质，与客户建立良好的互动关系，提高客户满意度和客户忠诚度，实现企业持续发展的目标。

（2）客户关系管理是一种管理模式

客户关系管理主要集中在业务操作、客户合作、数据分析和信息技术等管理层面，它能对客户数据进行全面储存和分析，并消除信息交流和共享的障碍。客户关系管理依据客户价值对客户优先级进行划分，并根据客户满意度来确定其忠诚度，实现与客户深度交流、改进企业产品或服务的功能。客户关系管理能提供即时的业务分析和建议，并反馈给企业管理层和各职能部门，保证了企业决策的全面性和及时性。

（3）客户关系管理是一种系统、方法和手段的综合

在操作层面上，客户关系管理是信息技术、数字化硬件以及管理策略等技术、设备和方法的总和。客户关系管理系统通过整合企业资源、部门间实时沟通，以及电子化、自动化业务流程，不断改进企业与客户的关系，在为客户创造价值的同时为企业创造利润。

## 知识拓展

### 客户资产与客户的终生价值

客户资产就是将企业与客户的关系视作企业的一项可经营的资产。企业的客户资产也可以理解为企业所有客户终生价值的折现价值的总和。客户资产还包括公司与客户、分销商和合作伙伴所形成的相互信任、合作的关系，是一种能为公司运用、产生长期现金流量的风险资产。

客户的终生价值是指一个客户一生所能给企业带来的价值，它是以客户带来的收益减去企业为吸引、推销、维系和服务该客户所产生的成本来计算的，并且要将这个现金量折算为现值。

客户带来的收益包括客户初期购买给企业带来的收益、客户重复购买带来的收益、客户增量购买及交叉购买给企业带来的收益、获取与维系客户的成本降低及提高营销效率给企业带来的收益、客户向朋友或家人推荐企业的产品或服务给企业带来的收益、客户对价格的敏感性降低给企业带来的收益等。例如，可口可乐公司预测其一位忠诚客户50年能给公司带来的收益是1.1万美元，AT & T公司预测其一位忠诚客户30年能给公司带来的收益是7.2万美元等。

客户终生价值既包括历史价值，又包括未来价值，它随着时间的推移而增长。因此，企业不应太在意客户一次花多少钱，购买了多少产品或服务，而应该考虑他们一生可能给企业带来多少财富。现实中，有的客户往往因为一个心愿没有得到满足，而从此不再光顾该家企业。暂且不论客户离去的各种负面效应或其他间接损失，仅是失去一位老客户的直接损失就非常大。例如，某企业评估其一位忠诚客户10年的终生价值是8 000美元，并以此来教育员工失误一次很可能就会失去全部，要以8 000美元的价值而不是一次20美元的营业额来接待每一位客户，提醒员工要时刻让客户满意，才能确保企业得到客户的终生价值。

### 3. 客户关系管理发展历程

回顾我国客户关系管理的发展历程，从初露端倪到稳健增长，大致经历了以下几个阶段。

（1）推广阶段

客户关系管理的概念起源于信息技术行业，软件开发商和系统提供商在最初的推广阶段中占据了主导地位，它们在介绍关系营销理念的同时，更多地突出了现代信息技术将会给企业经营管理带来的变革，从而刺激中国企业用户对客户关系管理软件及系统的需求。

（2）应用阶段

在强大的宣传攻势下，新的理念和新的管理技术给人们带来了耳目一新的感觉，许多商业用户表现出浓厚的兴趣，都将客户关系管理（customer relationship management，CRM）看成了无所不能的法宝，以为有了 CRM 就有了一切，可以让企业起死回生，可以为企业带来源源不断的客户与利润。用户的热情也极大地刺激了众多软件供应商纷纷进入 CRM 的行列。

（3）融合阶段

然而 CRM 系统并不如起初看上去那么美好。很多的客户关系管理项目都没有给公司绩效带来起色。一些金融、通信等服务领域的企业将实施客户关系管理的工作提上议事日程，但实际运行并没有取得预期的效果。花费几百万或上千万元的软件系统不仅没有为企业带来巨额利润，反而成了企业的沉重负担。

在残酷的现实面前，企业用户逐渐从“痴迷技术”的状态回归到管理的现实层面，注意现代信息技术与管理理念的融合、国外先进技术与国内实际情况的融合。客户关系管理软件的价格进一步下滑，越来越多的系统供应商开始关注中低端用户市场，也有一些公司开展 CRM 系统的租赁业务，用户无须一次买断使用权，可以采取租赁、托管的形式，根据需要按月支付费用。

更有一些公司开始尝试开放源代码的 CRM 软件，提供收费的商业版软件和免费的开源软件，进一步降低客户关系管理应用的技术门槛和资金门槛。同时关系营销理论与客户体验、客户价值、客户资产管理理论不断兴起，促进了技术与管理的融合。

## 三、企业与客户建立关系的必要性

长期稳定的关系给交易双方带来的利益是十分明显的，这种利益不仅表现为直接的财务利益或效用，还有正面的口碑、忠诚、满足感和归属感等间接利益。下面分别从企业和客户的角度来解释关系需求的动因。

### 1. 企业与客户建立关系的必要性

企业与客户建立关系最基本的动因还是在于经济利益的考虑。首先，关系有利于增强客户对企业的依赖，提高客户的转换成本，降低客户的流失率，日积月累，不仅使得企业的营销活动更加有效率，而且客户的总数量也会有显著的增加。其次，关系投入所获得的收益也是十分可观的。企业与顾客的交易关系保持得越长久，就能从顾客身上获取越多的利润。

（1）顾客保持时间越长，获取该顾客的成本在每期分摊的费用就越低。一般来说，获取一个新顾客的费用是相对较高的，尤其当这位顾客是竞争对手的长期客户或高端客户时。而且这种费用属于沉没成本，一经付出，无法变现，只能在顾客保持期间内摊销，通过顾客的交易来弥补。顾客保持的时间越长，则弥补的机会越多；而顾客流失越早，企业这种沉没成本完全冲销的可能性就越小。

（2）使顾客能够有效地抵御行业竞争者、市场竞争者和潜在竞争者的进攻，保证市场份额稳步增长。

（3）长期顾客更倾向于购买更多的产品和服务，同时还会对企业的新产品、附加产品和相关产品感兴趣。

（4）长期顾客更倾向于习惯性交易，交易稳定、持续，所以交易成本更低，交换效率更高，其管理和服务的成本更低。

（5）长期、满意的顾客更乐于为企业免费进行正面的口碑传播和推荐，从而吸引更多的新顾客。

（6）长期顾客对价格敏感性低，能够容忍较高的要价或价格上涨。

### 2. 客户与企业建立关系的必要性

企业通过与客户发展关系而获得的利益十分可观，但这种利益并不是单方面的，无论是中间消费者还是最终消费者，都存在着与企业发展关系的客观需要。

B2C企业对消费者商务环境下单个消费者与企业发展关系的动因如下。

（1）希望能被企业识别

经常光顾广州百货公司某香水品牌专柜的丽丽，每次走近专柜时工作人员都会像久违的好友一样笑脸相迎，亲切地说："欢迎光临，丽丽小姐。"甚至好几次她刚刚踏进百货公司的大门，熟识的工作人员就认出了她，向她招手示意。所以广州百货公司是丽丽每次逛街必去的地方，而且总会带上朋友。

（2）让企业更加了解其个性化的需求

王教授每天早上都会去学校附近的陶陶居喝早茶，那里几乎所有的服务人员都知道他喜欢坐在靠窗的位置，泡一壶工夫茶，边吃虾饺边看报纸，他讨厌虾饺里面放玉米，喜欢配上一碟香醋和辣椒圈。他也尝试着去别的餐厅喝早茶，但经常因为玉米和位置的事情不快，只有陶陶居让他感觉最惬意舒适。

（3）更清楚地了解企业，从而在交易中占据主动

10月份，李萍看到L品牌在地铁站的巨幅促销广告，部分产品6.5折，但她并不心动，

因为根据她多年观察了解，L 品牌这次促销活动的折扣力度并不大，两个月之后，大部分产品都会有 5 折优惠，到时候再去挑几件今年的流行款更划算。

（4）降低交易成本和风险

赵女士喜欢在莎莎连锁店购买全套某品牌护肤品，她长期消费累积的积分已经达到 VIP 客户的级别，可以享受 8.5 折的优惠，而且这些产品从来没有让她的皮肤出现不良反应，她也相信莎莎绝对不会出售假冒伪劣产品。

（5）提升社会地位

由于业务大幅提升，与客户的沟通交流也频繁起来，钱先生因此成了某通信俱乐部的会员，可以参加俱乐部组织的各种社交活动、自驾旅行和商务培训课程，结识了不少商界和政界的朋友；每次出差，都可以直接通过机场的俱乐部会员通道快速办理登机手续，当坐在贵宾休息厅里，听着专门针对俱乐部会员的欢迎语，钱先生心里无比舒畅。

（6）获得归属感

戴维等了两年终于购得了他钟爱的哈雷摩托车，同时花了 150 美元成为哈雷俱乐部的会员。在一次聚会中，戴维告诉大家哈雷摩托车是他最亲密的“恋人”，并分享了从“暗恋”“追求”“等待”到“成功”的艰辛历程，他发现很多人都有过同样的经历，而且每个人的故事都很精彩，他很愿意和这些人一起探讨各自“恋情”的最新进展。

## 知识拓展

### 客户的状态

按照客户的状态，可将客户划分为潜在客户、目标客户、现实客户、流失客户、非客户。

1. 潜在客户

潜在客户是指对企业的产品或服务有需求和购买动机，有可能购买但还没有产生购买的人群。例如，已经怀孕的母亲很可能就是婴幼儿产品的潜在客户。

2. 目标客户

目标客户是企业经过挑选后确定的力图开发为现实客户的人群。例如，劳斯莱斯就把社会名流或取得巨大成就的人士作为自己的目标客户。

潜在客户与目标客户的区别在于，潜在客户是指有可能购买但还没有购买的客户，目标客户则是企业主动“瞄上”的尚未有购买行动的客户。潜在客户和目标客户是可以重叠或者部分重叠的。

3. 现实客户

现实客户是指已经购买了企业的产品或者服务的人群。

按照客户与企业之间关系的疏密，可以将“现实客户”分为初次购买客户（新客户）、重复购买客户和忠诚客户三类。初次购买客户是对企业的产品或者服务进行第一次尝试性购买的客户；重复购买客户是对企业的产品或者服务进行二次及二次以上购买的客户；忠诚客户是对企业的产品或者服务持续地、指向性地重复购买的客户。忠诚客户是企业最值得信赖的客户，他们是企业产品或服务的长期、持续、重复购买者，他们的忠诚也表明企业现有的产品和服务对他们是有价值的。

4. 流失客户

流失客户是指曾经是企业的客户，但由于种种原因，现在不再购买企业的产品或服务的客户。

以上四种客户状态之间是可以相互转化的。比如，潜在客户或目标客户一旦采取购买行为，就变成企业的初次购买客户，初次购买客户如果经常购买企业的产品或服务，就可能发展成为企业的重复购买客户，甚至成为忠诚客户；但是，初次购买客户、重复购买客户、忠诚客户也会因对企业不满或因为其他企业更有诱惑的条件而成为流失客户；而流失客户如果被成功挽回，又可以直接成为现实客户。

5. 非客户

非客户是指那些与企业的产品或者服务无关或者因种种原因不可能购买企业的产品或者服务的人群。

## 四、关于客户关系管理的再认识

### 1. 关于客户关系管理的认识误区

有许多人认为“关系”是个令人费解、难以言传，甚至难以启齿的词语，因而不屑于讨论“关系”，而更愿意讨论战略、创新这样的话题。之所以这样，是因为他们将“关系”简单地理解为“走后门”，认为只要多“献殷勤”就可以建立客户关系、维护客户关系，这是对客户关系管理的误解。其实，正常的客户关系本质上是买卖关系、交易关系、服务关系、利益关系。因此，客户关系管理不可以“务虚”，而必须“务实”，必须是建立在提供坚实的利益基础之上的，必须是能够为客户创造价值的。如果企业提供的产品与服务不能满足客户的需要，那么不论怎么维护关系也无济于事。

依然有一部分人将客户关系管理等同于客户关系管理软件的安装或客户数据库的建立，这显然是误解。事实上，客户关系管理软件及相关数据库仅仅是支持企业进行客户关系管理的工具，它们无法全面代表客户关系管理的内涵。数据库虽然可以帮助企业有效地管理客户信息，但同样不能替代客户关系管理的核心价值和作用。

从根本上说，企业与客户是利益关系、协作关系、双赢关系，它们是超越了技术系统能力之外的利益、温暖、友善、信任，只有双方都愿意交往、愿意合作，这种关系才能建立、提升与保持。

总之，企业与客户间关系的建立与维护靠的是企业为客户创造的利益、情感和价值，而这些仅凭人际交往、计算机软件或数据库技术是无法达成的。此外，从本质上说，客户关系管理还应当是一种企业文化，而不能把客户关系管理变成“某个人”的事情，只有所有部门和员工都认识到自己与客户之间的利益关系、利害关系，他们才能更好地贯彻客户关系管理思想。

案例

## 泰国东方饭店的客户关系管理

泰国的东方饭店堪称亚洲饭店之最，几乎天天客满，不提前一个月预订是很难有入住机会的。东方饭店为什么会这么吸引人呢？它靠的是“真功夫”，是非同寻常的客户关系管理。下面通过实例具体介绍。

于先生因公务经常到泰国出差，并下榻在东方饭店。第一次入住时，良好的饭店环境和服务就给他留下了深刻的印象，第二次入住时的几个细节更使他对饭店的好感迅速升级。

那天早上，在他走出房门准备去餐厅的时候，楼层服务人员恭敬地问道：“于先生是要用早餐吗？”他很奇怪，反问：“你怎么知道我姓于？”服务人员说：“我们饭店规定，晚上要背熟所有客人的姓名。”这令于先生大吃一惊，因为他频繁往返于世界各地，入住过无数高级酒店，但这种情况还是第一次碰到。

于先生高兴地乘电梯到餐厅所在的楼层，刚刚走出电梯门，餐厅的服务人员说：“于先生，里面请！”他更加疑惑，因为服务人员并没有看到他的房卡，就问：“你知道我姓于？”服务人员答：“上面的人刚刚通知我，说您已经下楼了。”如此高的效率让于先生再次大吃一惊。

于先生刚走进餐厅，服务人员微笑着问：“于先生还要老位置吗？”于先生的惊讶再次升级，心想：“尽管我不是第一次在这里吃饭，但最近的一次也有一年多了，难道这里的服务人员记忆力那么好？”看到于先生惊讶的表情，服务小姐主动解释说：“我刚刚查过电脑记录，您于去年的6月8日在靠近第二个窗口的座位上用过早餐。”于先生听后兴奋地说：“老位置！老位置！”服务小姐接着问：“老菜单？一个三明治，一杯咖啡，一个鸡蛋？”现在于先生已经不再惊讶，“老菜单，就要老菜单！”于先生已经兴奋到了极点。

餐厅赠送了一碟小菜，由于这种小菜于先生是第一次看到，他问：“这是什么？”服务生后退两步说：“这是我们特有的某某小菜。”服务生为什么要先后退两步呢？他是怕自己说话时口水不小心落在客人的食品上，这种细致的服务不要说在一般的酒店，就是在很多知名的饭店中都没有见过。这一次早餐给于先生留下了终生难忘的印象。

后来，由于业务调整，于先生有三年的时间没有再到泰国，在于先生生日的时候，他突然收到了一封来自东方饭店的生日贺卡，里面还附了一封短信，内容是："亲爱的于先生，您已经有三年没有来过我们这里了，我们全体人员都非常想念您，希望能再次见到您！今天是您的生日，祝您生日愉快！"于先生很感动，决定如果再去泰国，绝不会到任何其他饭店，一定要住东方饭店，而且要向自己所有的朋友推荐。就这样，一封贴着六元邮票的信换到了一颗心，这就是客户关系管理的魔力。

东方饭店非常重视培养忠实的客户，并且建立了一套完善的客户关系管理体系，使客户入住后可以得到无微不至的人性化服务。迄今为止，世界各国大约 20 万人曾经入住过那里，用他们的话说，只要每年有 1/10 的老客户光顾，饭店就会永远客满，这就是东方饭店成功的秘诀。

### 2. 关于客户关系管理的再认识

（1）客户关系管理首先是一种"管理"

"管理"是指有目的的活动，是计划、组织、指挥、协调、控制。

那么，客户关系管理就是企业对客户关系进行计划、组织、指挥、协调、控制，这就意味着客户关系管理绝不仅仅是使用一套软件、建立一个数据库那么简单，而是涉及企业的定位、战略、业务、流程、管理、营销、文化等一系列问题。

（2）客户关系管理是关于"关系"的管理

《现代汉语词典》对"关系"有如下解释。

① 事物之间相互作用、相互影响的状态。

② 人和人或人和事物之间的某种性质的联系。

③ 关联；牵涉。

由此可见，客户关系是企业与客户之间的相互作用、相互影响、相互联系的状态。当然，客户关系也是有生命周期的，即客户关系的建立、发展、保持、破裂。

（3）客户关系管理是关于"客户关系"的管理

企业与客户之间的关系既是买卖关系，又是利益关系，还是伙伴关系。企业的销售和客户的购买使企业赢得利润、客户获得价值，企业与客户都从对方处获得利益，只要关系不断，这种交换就可以持续下去。可见，客户关系管理要注重研究客户关系的建立、维护、挽救等问题。从关系的持久性来看，企业实施客户关系管理必须实现客户与企业的"双赢"，实现客户价值的最大化和企业收益最大化之间的平衡。

此外，社会关系的一些基本准则大多适用于客户关系管理，因为从本质上说，企业、客户的背后都是人，客户关系本质上是人与人的关系。当然，客户关系侧重于社会关系与人际关系中的商业关系。

# 任务二　客户关系管理在我国的发展

尽管关系营销的理论在20世纪70年代就开始萌芽，但真正结合信息技术进行客户关系管理的实践到20世纪后期才开始出现并蔚然成风，迅速传入我国。

## 一、客户关系管理的产生与发展

### 1. 客户关系管理的产生

以往企业只注重产品生产等内在因素，忽视外在的市场因素。随着消费者可支配收入的增加，消费者的消费行为及期望产生了变化，企业获得新客户的成本要比留住现有客户的成本高得多。企业为了增强自身的盈利能力，自然会把目光投向企业的外部因素——客户资源上。企业不仅要吸引能够给企业带来价值的新客户，而且要保留能给企业带来现金流的老客户。互联网及大数据技术的出现使企业更容易了解并把握客户需求，客户追踪、客户开发、客户分级、客户保留、针对不同客户提供不同产品或服务已成为企业管理活动的重要内容。客户关系管理就是在这一背景下产生并发展的。客户关系管理产生的具体原因主要有以下几个方面。

（1）消费观念、消费行为的变化

随着经济发展和技术进步，产品更新迭代加速，消费者的思维方式、生活方式和消费行为也在不断变化。消费者可以在任何时间、任何地点，通过任何方式购买其喜欢的商品，消费呈现多样化的特征。此外，消费地点、消费时间以及消费需求的碎片化特征也更加明显。面对消费需求的多样性、复杂性以及企业间日益激烈的竞争，企业应积极应对消费观念和消费行为不断变化的消费者，积极与消费者进行沟通与互动，密切关注消费需求的变化。

（2）企业内部管理的需求

在企业内部，销售、市场和客户服务部门面对的客户越来越多样化，而企业难以及时获得这些客户的信息。同时，销售、市场、客户服务、采购、制造、库存等信息分散在企业的各个部门，这些零散的信息会让企业无法对客户有全面的了解，各部门难以在统一的信息基础上面对客户，客户服务效率低下。例如，销售人员直接面对客户，能够及时了解客户的需求及其对产品或服务的建议，如果研发部门也能够获取这些信息，将有助于企业产品或服务的改进。为了企业客户信息共享，各部门需要对客户各项信息和活动进行整合，组建一个以客户为中心的机构，实现对客户活动的全面、有效管理。

（3）竞争的压力

在产品与服务供过于求、买方市场日渐形成的今天，客户选择的自由度越来越大，尽管当前企业间的竞争更多地表现为品牌竞争、价格竞争、服务竞争等多个方面，但实质上都是在争夺有限的客户资源。

另外，技术、资金、管理、服务、土地、人力、信息等，很容易被竞争对手模仿，然而，企业拥有的“客户”却很难被竞争对手复制。客户忠诚一旦形成，竞争对手往往要花费数倍的代价来“挖墙脚”（挖客户）。因此，从根本上说，判断一个企业的竞争力有多强，不仅要看技术、看资金、看管理，更为关键的是要看它到底拥有多少忠诚的客户，特别是拥有多少忠诚的优质客户。

在小咖啡店买杯咖啡只要五元，而在星巴克却要三十几元，这是为什么？没有强迫，消费者都是心甘情愿的，因为他们觉得值。所以，企业如果能够拥有较多的、乐意以较高价格购买的客户，就能在激烈的竞争中站稳脚跟，立于不败之地。

此外，企业拥有的客户越多，就越可能获得规模效应，从而降低企业为客户提供产品或者服务的成本，由此还可提供更高价值的产品或服务。同时，如果企业拥有的客户众多，还会给其他企业带来较高的进入壁垒——“蛋糕”（市场份额）就那么大，拥有的客户多了，就意味着其他企业占有的客户少了，从而使企业在激烈的竞争中处于优势地位。可以说，忠诚、庞大的客户队伍是企业从容面对市场风云变幻的基石。

**案例**

### 客户，您是总裁

正当一些企业还在把“客户是上帝”流于口头禅、宣传口号，以至于客户和舆论对这类企业失去信任之时，创维集团隆重推出了“客户，您是总裁”的全新理念，提出了“大服务”的概念，即不仅把售前、售中、售后，而且把企业的研发、生产、销售、维修看作一个整合起来的大服务链条，而客户就是这一大服务链条的连接对象和价值实现的终极目标。

创维集团的“客户是总裁”之所以比“客户是上帝”更深刻、更符合新经济时代的要求就在于：首先，立场的转变。客户从“上帝”变为“总裁”，完成了客户客体地位的主体化，这也是营销理念从 4P 到 4C 变化的根本表现。其次，形成利益共同体。客户作为总裁就是企业的内部人，与企业是利益共同体，解决了利益的对立问题。最后，员工从向总裁负责转变为向客户负责。员工意识到客户才是衣食父母，必须首先满足客户的需要。

（4）技术的推动

客户关系管理源于信息技术发展，用于了解客户信息、发现市场机会、提高满意度和忠诚度。起源于 20 世纪 80 年代的接触管理，后发展出销售自动化（sales force automation，SFA）系统和客户服务（customer service and support，CSS）系统。20 世纪

90 年代中期，接触管理演变为客户服务，合并了 SFA 和 CSS 系统。信息技术的引入使客户关系管理得到加强和发展，可以分析客户数据、提供个性化服务。信息技术对客户关系管理的影响有自动化、信息化和理念变革三个层次。互联网为客户关系管理提供了更大的发展空间。客户关系管理逐渐形成了一套管理理论和应用技术体系。

（5）管理理念的更新

当今是一个变革的时代和创新的时代，传统的管理思想正面临网络时代的挑战。“互联网 +”不仅成为一种手段，还触发了企业组织架构、工作流程的重组及整个社会管理思想的变革。企业如果能比竞争对手领先一步，就可能意味着成功。一些企业正在经历从以产品为中心向以客户为中心的转变。业务流程再造为企业管理创新提供了工具。企业在引入客户关系管理的理念和技术时，不可避免地要对原来的管理方式进行改变。变革、创新的思想有利于企业员工接受变革，而业务流程重组也为客户关系管理提供了具体的思路和方法。

## 二、客户关系管理存在的问题

回顾我国客户关系管理实践的历程，尽管发展非常迅猛，前景也十分广阔，但的确存在着许多重大误区与缺陷，这是亟须解决的问题。

### 1. CRM 软件等同于 CRM

一些企业以为开发、安装了 CRM 系统软件，就实现了对顾客的客户化、关系化的管理，这对关系营销的精髓存在严重误解。

CRM 软件是实施客户关系管理的基本前提。优良的 CRM 软件能够帮助企业更好地收集、分析顾客的信息，挖掘顾客个性化的价值，审视自身的业务流程，提高决策的信息含量和可行性。成功实施客户关系管理的企业都有一个高效、安全、简洁、友好的 CRM 软件系统。但是 CRM 软件系统并不是客户关系管理的全部，它只是企业实施客户关系管理必不可少的一个工具而已。客户关系管理的目的是通过为顾客持续提供有价值的产品 / 服务，使顾客满意，从而保持顾客与企业之间的良好关系。单凭 CRM 软件系统的运转，是无法实现客户关系管理的目的的。

将 CRM 软件等同于 CRM 的结果使 CRM 软件形同虚设，许多管理人员（尤其是中低层管理人员）将其束之高阁，依旧使用自己熟悉的管理方法。

### 2. CRM 信息系统与营销策划脱节

CRM 中的客户信息系统是为企业营销策划服务的。由于客户信息系统中不仅记载了客户的特征信息，而且完整保留了客户的交易信息，这些都为企业提供个性化的服务奠定了良好的基础。企业可以依托信息系统中已有的信息对客户进行市场细分，设计、传递符合客户个性化需要的价值，监测客户需求偏好的变化等。比如一些证券公司充分利用客户的交易信息、特征信息为客户提供个性化的个人主页。在个人主页上，用户能够看到自己喜欢的页面布局和色调、个人账户的有关信息、所持股票的技术图表、与所持股票相关联的资讯信息及投资参考，以及适合自己水平的操作技巧知识，还可以下单交易。

然而许多企业的管理者并未将 CRM 信息系统与企业的营销策略紧密地结合起来，现实生活中存在严重浪费客户信息资源的现象。一些企业的 CRM 系统内客户信息不真实、不健全或信息编制不科学，策划人员无法从中发掘客户价值，也不知道客户到底需要什么服务，只能穷于价格战或坐等市场变化。

### 3. 缺乏商业化的理念

多数企业在实行客户关系管理运作的过程中，忽视了商业化的理念，即成本－效益的理念，具体表现为如下几点。

（1）不估算客户的价值，造成服务支出与回报不对等

客户关系管理的一个基本目标是平衡来自顾客的价值及给予顾客的价值。也就是说企业并不应该一味地满足所有顾客的所有需求，而应该区分他们的价值到底有多大，根据其价值的大小提供相应的服务，这样才能保证企业在满足顾客需要的同时有利可图。一些企业已经意识到商业化的重要性，而且有所行动。

例如，一些银行建议顾客进行小额存取款时，尽量使用自动柜员机，不必等待柜台服务；存款期低于一定年限或存款低于一定金额的，要缴纳一定的手续费和资金管理费；而对营利性顾客，申请消费信贷可以减少抵押以及担保数额，并给予贷款利率上的优惠，免费提供相应的保单，补贴一定数额的电话费、上网费以及电子汇款手续费等。

如果不估算客户的价值，则将导致企业在提供服务的过程中支出与回报不对等，高价值客户的差异化感受不明显。

（2）“最惠户”待遇普遍化，在提供服务时不严格区分客户

有些企业迫于竞争的压力，加强了客户服务的创新，吸引了不少竞争对手的客户和潜在客户。服务创新可能在短期内带来显著效果，这就刺激企业不断地进行服务创新。有些企业意识到在推行服务创新中差别对待不同价值客户的必要性，对高价值客户提供如国际贸易中最惠国待遇的“最惠户”待遇。然而，很多企业由于害怕等级化、差别化策略会引起在人数上占据优势的低端客户的不满，而将这种“最惠户”待遇普遍化，甚至在价格战中对低端客户的待遇远远优于高端客户。这种在客户关系处理中本末倒置的行为，将极大地侵蚀企业的利润基础。

（3）扭曲个性化服务，为客户提供包括本职服务以外的服务

一些企业对个性化服务存在一定的误解，它们要求客户经理尽一切可能满足客户的各种要求，事实上，只有企业的主营业务与服务才能真正给客户带来价值，才能真正留住客户。扭曲的个性化服务不仅增加了企业的运作成本，也损害了忠诚客户、大客户和内部员工的利益，危害了企业的形象。

（4）CRM 与业务流程再造脱节

客户关系管理如果没有进入流程整合的阶段，那就只能是一个花架子，没有多大实

际意义。许多企业为了推行 CRM，专门成立了客户服务部门，建立了客户经理制度。于是，客户关系管理就只是客户服务部门和客户经理的事，其他部门照旧运行，组织架构和业务流程都没有做相应的调整，各职能部门依然分立，服务接触界面不完善，后台支持不到位，服务质量控制缺失。

（5）对客户经理管理的忽视

对客户经理管理的忽视集中体现在客户经理的选拔、培训、激励和约束机制不健全，企业无法建立起服务客户的企业文化。

① 客户经理的素质不高

一些企业的管理者认为客户经理的工作内容就是跑跑腿、拉拉关系，服务有了缺陷就出面给客户赔个礼，所以对客户经理的选拔不够重视，通常安排一些企业的富余人员或从社会上招募一些能言善辩者担任客户经理；对客户经理的业务知识培训和职业技能培训非常少，客户经理的素质因而无法提高。低素质的客户经理当然无法为客户提供高质量的服务。一些素质低下的客户经理甚至成为企业形象的破坏者。

② 客户经理的地位偏低

由于对客户经理的作用不够重视，客户经理本身的素质不高，因此客户经理在整个企业组织结构中的地位低下，有的甚至比一般销售人员还低。客户经理地位低下的状况给客户服务工作带来了不必要的烦恼。一位通信公司的客户经理无奈地说道，他每次去其负责的集团客户那里拜访、服务时，集团客户办公室的负责人总是说他们集团是处级单位，派一个小小的客户经理来，未免太不重视他们集团了。所以，遇到重要的业务问题时，这位客户经理不得不将分公司的总经理叫上。

③ 客户经理的职责混乱

客户经理的主要职责是为大客户提供业务服务，了解客户的需求及需求的满足情况，与客户建立良好的业务关系。然而现实情况并非如此。很多客户经理除了以上职责外，还要承担业务发展、回收应收账款等任务。这种“几位一体”的模式使客户经理成了“救火队员”，哪里出现紧急情况，他们就冲向哪里。这不仅混淆了企业的内部分工，增加了管理的难度，而且混淆了客户经理工作职责的主次地位，削弱了客户服务的功能，导致他们整天忙忙碌碌，但往往没有成就感。

④ 客户经理的激励机制不科学

在“几位一体”模式下，企业对每一项职责都有相应的奖惩规定。这种激励制度最终的结果是，引导客户经理总是做最有利可图的而不是最应该做的工作。比如某移动通信运营商规定，客户经理每卖出一张 SIM 卡，可以获得 10 ～ 30 元不等的代办费；新业务推广成功率达到 90%，奖励 100 ～ 500 元，每提高一个百分点，另外奖励 200 ～ 500 元。这种规定有利于缓解该移动通信运营商当前面临的困境，但是它最终导致客户经理经常压缩访问客户时间，而且一见到客户总是离不开两件事：鼓励客户再多买一张 SIM 卡和推广新业务。

在网络经济和全球经济的冲击下，基于关系营销的思想实施 CRM 战略，对广大企业而言已经成为一个刻不容缓的重大课题。然而多数实施 CRM 的企业却并未如期地出现显著的绩效改善和能力提升，CRM 并无实质内容，只是企业追赶时髦、方便对外宣传的幌子，对关系营销理论、客户关系管理工具的推广运用造成了十分不利的影响，甚至危及相关咨询行业和软件开发行业的繁荣。

企业在具体运作 CRM 时也经常出现以上的误解与缺陷，甚至出现严重的偏离，给企业和社会造成巨大的损失和浪费。尽管并非所有的企业在推行 CRM 的过程中都出现过上述问题，但它们确实存在，而且极容易发生。

# 任务三　客户关系管理的理论基础

## 一、关系营销

关系营销是贝瑞于 1983 年提出的概念，意味着吸引、保持和加强客户关系。

### 1. 关系营销的内涵

关系营销认为企业营销是一个与消费者、竞争者、供应商、分销商、政府机构和社会组织发生互动作用的过程，正确处理与这些个人和组织的关系是企业营销的核心，是企业成败的关键。

关系营销的核心是合作，旨在找出高价值客户和潜在客户，并通过人性化的关怀使他们与企业产生“合作伙伴”式的密切关系，通过合作实现双赢或多赢，增加关联方的利益，而不是通过损害其中一方或多方的利益来增加己方的利益。

关系营销强调关系的重要性，即企业通过客户服务、紧密的客户联系、高度的客户参与，对客户高度承诺等方面来建立双方良好的合作关系，视客户为永久性的伙伴、朋友，并与之建立互利互惠的伙伴关系，其目的在于获得新客户的同时保住老客户，并在企业与客户结成的长期关系中获得收益。这种关系超越了简单的物质利益的互惠而形成了一种情感上的满足，企业通过维系这种情感来获得客户的保持，从而形成一种长久的利益机制。

### 2. 关系营销的意义

关系营销是对市场营销学理论的重大突破，首次强调了客户关系在企业战略和营销中的地位与作用，营销的目的从获取短期利润转向与各方建立和谐的关系。保持企业与客户之间的长期关系是关系营销的核心思想。

关系营销吸收了以往各种营销方式的优点，又注重与新技术的结合，其理念是运用各种工具和手段，培养、发展和维持与客户之间的亲密关系，实现有效的客户挽留。所以，很多学者认为关系营销是客户关系管理的理念基石，是客户关系管理的雏形，关系营销直接推动了客户关系管理的形成。

### 3. 关系营销与交易营销的区别

交易营销关注一次性的交易，较少强调客户服务，对客户的承诺有限，适度地与客户联系，只有生产部门关心质量；关系营销则关注客户保持，高度重视客户服务、客户承诺、客户联系，所有部门都关心质量。

交易营销认为市场中交易双方的主动性不同，即存在“积极的卖方”和“消极的买方”，买卖双方是各自独立的因素，市场营销就是卖方的单方行为，卖方用产品、价格和促销等营销组合手段刺激客户购买；关系营销则认为具有特定需求的买方也存在积极寻找合适供应商的过程，双方是互动的关系。

在交易营销的观念中，市场是由同质的无差别的个体客户构成，市场细分是在庞大的消费群中划分出同质性较高的目标受众；关系营销则认为市场中每个个体客户的需求和欲望、购买能力都有着很大的差异，所以每个客户对于企业的价值也是不同的，不能将所有客户同等对待，应采取客户分级的方法来区别对待处于不同层级的客户。

交易营销注重结果和以产品为中心的价值传播；关系营销则倾向于以服务过程和价值创造为重心。

## 二、客户细分

要了解客户细分，首先应了解市场细分的概念。市场细分是美国营销学家温德·史密斯于 1956 年提出来的，是指根据客户的需要与欲望及购买行为和购买习惯等方面的明显差异，把某一产品或者服务的市场划分成若干个由相似需求构成的消费群（即若干个子市场）的过程。

到目前为止，客户细分还没有形成一致的定义。当前主要的观点认为，客户细分是指按照一定的标准将企业的现有客户划分为不同的客户群。

### 1. 客户细分的意义

客户天生就存在差异，不同的客户有不同的需求，不同的客户其价值也不相同。通过客户细分，企业可以更好地识别不同客户群体对企业的需求，以此指导企业的客户关系管理，就可以达到吸引客户、保持客户，建立客户忠诚的目的。对企业而言，不同的客户群具有不同的价值，企业要识别每个客户群的价值，并据此采取有效方法对客户进行细分。通过客户细分，找寻到哪些客户是能为企业带来盈利的，哪些客户不能，并锁定那些高价值的客户。只有这样，企业才能保证所投入的资源得到回报，企业的长期利润和持续发展才能得到保证。

客户细分可以使企业合理利用有限的资源。对于企业而言，在现有的客户群体中，并不是所有的客户都会或者有价值同企业建立并发展长期合作关系，如果对所有客户不加区别地开展营销活动，势必会造成企业资源的浪费。因此，必须先通过客户细分，识别具有较大概率或较高价值同企业保持密切关系的客户，并有区别地开展目标营销，才会起到事半功倍的效果，大大节约企业有限的资源。

总之，客户细分是实施客户关系管理战略中的重要步骤，也是企业了解客户的重要手段。

### 2. 客户细分的原则

企业在进行客户细分时，应该注意以下几个细分原则。

首先，细分后的客户子群体必须具有不同的特点并且保持相对的稳定性，以便企业实现长期的营销策略，有效地开拓并占领目标市场。反之，如果细分后客户群的特点变化过快，则营销风险会随之增加。

其次，每一个细分后的客户群体要具有可衡量的特征，即各子群体都有明确的组成，具有共同的需求特征，表现出类似的购买行为。

再次，在客户细分中，对所选的目标客户要根据企业的实力量力而行，充分发挥企业的人力、物力、财力，以及生产、技术、营销能力的作用。反之，那些不能充分发挥企业资源作用、难以被企业所占领的群体，则不能作为目标客户，否则会浪费企业的资源。

最后，细分后的客户群规模必须使企业有利可图，而且有相当的发展潜力。一个细分群体能否达到可以实现具有经济效益的营销目标取决于这个市场的容量，如果容量过小，该目标客户群体就不值得去实施相关营销计划。

## 三、客户关系生命周期

任何关系都可能有一个生命周期，即关系建立、关系发展、关系破裂、关系恢复或关系结束，客户关系也不例外。

客户关系生命周期是指从企业与客户建立关系到完全终止关系的全过程，是客户关系水平随时间变化的发展轨迹，它动态地描述了客户关系在不同阶段的总体特征。

阶段划分是客户关系生命周期研究的基础，目前这方面已有较多的研究。朱埃·哈尔米克认为完善的客户关系管理应该将企业作用于客户的活动贯穿客户的整个生命周期，并把客户生命周期描述为包括客户标识、客户获取、客户分类、客户理解、客户定制、客户交流、客户提交和客户保持八个阶段。

我国学者将客户关系生命周期划分为考察期、形成期、稳定期、退化期四个阶段。

### 1. 考察期

考察期是客户关系的孕育期。由于客户第一次接触企业，需要花大量成本和精力来寻求信息并做出决策，然后尝试性下单，一般交易量较小。企业则需要花费大量人力和物力进行调研，确定其是否为目标客户，此时企业对客户投入较多，但客户尚未对企业做出贡献。

### 2. 形成期

形成期是客户关系发展阶段。此时双方已经建立了一定的相互信任和相互依赖，客户愿意承担部分风险，对价格的忍耐力有所增加，需求进一步扩大。企业从客户交易获得的收入已经大于投入，开始盈利。但是，这一时期客户关系没有固化沉淀，客户在做购买决策时，还会对相关竞争性产品进行评价对比。因此，客户群体表现为稳定性较差、需求的波动性较大、容易受外界影响等特征。针对形成期客户关系的特点，企业要建立和完善客户档案信息，通过恰当的方式与客户保持沟通，了解客户的真实需求和感受，同时向客户传递企业的价值观，通过“承诺和兑现承诺”使客户建立对企业的信任；在满足客户基本预期的基础上，努力实现和超越客户的预期，以帮助客户抵制竞争对手的促销和诱惑。

### 3. 稳定期

稳定期是客户关系发展的最高阶段。此时双方已经建立持续长期的合作关系，客户对产品或服务的数量和质量需求稳定，对价格的敏感度降低，交易量增大，客户对企业的产品和服务有信心，愿意试用新产品和新服务，并主动为企业传递良好的口碑和推荐客户，形成外部效应。

稳定期客户关系管理的任务是“保持”，即将客户关系保持在一个较高的水平，并且延续尽可能长的时间。保持策略是通过恰当的客户接触渠道和客户沟通，传递企业价值观，建立双方信息共享机制和深度合作的平台，提高客户的参与程度，通过企业和客户之间的互动创造价值；构建客户学习曲线，使客户感受到和企业保持现有关系所带来的附加价值和成本节约，培养客户的“主动忠诚”，同时提高客户转移成本，促使客户“被动忠诚”。

### 4. 退化期

退化期是客户关系发展过程中的逆转阶段。此时表现为客户的购买水平下降，这种下降可能骤然发生，也可能是缓慢出现，原因很可能是客户对产品或服务的抱怨增加，满意度下降，客户开始与企业的竞争者来往。退化期的发生并不总是处在稳定期之后的第四阶段，而是在任一关系阶段中都有可能退化。如果客户关系没有存在的必要，企业就采取客户关系终止策略；如果客户关系仍然有存在的必要，企业就应该采取关系恢复策略。采取关系恢复策略时要注意认真倾听客户的心声、了解客户的真实需求，分析客户流失的原因；制定重建信任的关系恢复计划，并且保证承诺的计划能够兑现；即使客户拒绝恢复关系也要表现得大度。

## 四、客户感知价值

1988 年，美国杜克大学学者载瑟摩尔首先从客户角度提出了客户感知价值理论，将客户感知价值定义为：“客户所能感知到的利得与其在获取产品或服务中所付出的成本进行权衡后对产品或服务效用的整体评价。该理论的贡献在于提出了研究客户价值的两个重要因素：一是客户对所获取的价值的感知；二是客户对所付出成本的感知”。但该理论没有明确分析因素的具体内容、如何权衡等问题。

营销大师菲利普·科特勒在客户感知价值理论的基础上进一步提出了让渡价值理论。客户让渡价值是指总客户价值与总客户成本之差。总客户价值是指客户从某一特定产品或服务中获得的一系列利益，包括产品价值、服务价值、人员价值和形象价值等；总客户成本是指客户为了购买产品或服务所耗费的成本，包括货币成本、时间成本、精神成本和体力成本。他认为，客户是以客户让渡价值作为购买价值取向、决定购买及影响以后再购买决策的。客户让渡价值越大，客户满意度就越高；当客户让渡价值为负时，客户不满意就发生了。因此，企业只有努力提高客户让渡价值，才能提高客户的满意度。

## 知识拓展

### 客户经理制

客户经理制（客服代表）是柜台服务的延伸，是企业为了方便客户而提供的一系列套餐式服务的一项制度，它打破了传统的以产品为导向、业务部门各自为政的组织形式，变“等客服务”为“上门服务”，体现了“以市场为导向，以客户为中心”的服务理念，是一种科学的营销组织形式和服务创新模式。

客户经理的职责与作用如下。

一是，开发、发展和巩固客户关系，推广企业的产品或服务，销售谈判，把握合同要点，为客户提供优质的服务。

二是，采集市场、客户、竞争对手的信息，及时反馈市场需求，帮助企业以最快的速度捕捉商机，并抓紧新产品的研制、开发和推出，为客户提供综合化、个性化服务。

三是，利用客户数据库分析客户的交易历史，了解客户的需求和采购情况，关注客户的动态，并强化跟踪管理，对已发生风险的客户实施保全措施，化解经营风险。

四是，整合企业对客户服务的各种资源，根据客户的不同要求设计不同的产品和服务方案，为客户提供全方位、方便快捷的服务，客户只要找到了客户经理，所有需求即可得到“一揽子”服务及解决方案。

五是，客户经理集“推销员”“采购员”和“服务员”于一身，即先把客户的所有需求采购回来，并且通过后台的协同工作，再把企业的所有产品推广出去，这样既发挥了企业的整体优势，节约了经营成本，又提高了工作效率，从而增强了企业的盈利能力。

此外，客户经理在组织中要有一定的权威，否则他将无法调动企业资源去满足客户需求。如果客户认为企业客户经理在组织中没有话语权，就很难与其建立一种信任关系。因此，要不断完善客户经理制度，把客户经理从“大业务员”转化为团队的领导者与管理者。

# 任务四 客户关系管理系统的应用

随着竞争的加剧，企业经营管理模式逐步由以产品为中心转向以客户为中心。客户资源是企业生存与发展的前提，实施客户关系管理是企业与客户建立长期、稳定业务关系的基础。

客户关系管理是现代市场营销理论发展的产物，与企业及信息技术的发展密不可分。关系营销是客户关系管理的雏形。随着信息及互联网技术的迅猛发展，客户关系管理在技术层面也得到了长远发展。

## 一、客户关系管理的思路

### 1. 以营销思想与信息技术为两翼

首先，客户关系管理必须以营销思想为支撑。不论时代怎么发展、科学技术如何进步，客户关系管理都必须以客户为中心，以营销思想为支撑，通过了解和掌握客户需求，为客户提供个性化的优质服务以满足客户需要，并且不断提高客户的满意度和忠诚度，从而提高企业的经营效率，实现销售收入的增长、市场份额的增加，以及企业盈利能力和竞争能力的提升。

其次，客户关系管理必须以信息技术为支撑。虽然过去传统的客户关系管理可以不依赖信息技术，但在信息技术如此发达和重要的今天，客户关系管理必须以信息技术等现代科技为支撑，充分利用数据库、数据挖掘、人工智能技术、应用集成技术、移动与互联网技术等现代技术手段，不断改进和优化与客户相关的全部业务流程，实现电子化、自动化运营。

### 2. 主动地、有选择地建立客户关系

首先，当没有客户关系时，企业就要主动、努力地去建立关系。客户关系的建立就是要让潜在客户和目标客户产生购买欲望并付诸行动，促使他们尽快成为企业的现实客户。

其次，为了降低建立客户关系的难度，也为了日后在维护客户关系时容易一些，企业在建立客户关系之前必须有选择性，而不能盲目地建立客户关系。

### 3. 积极维护客户关系

在建立客户关系之后，企业还必须维护好客户关系。

虽说建立客户关系不易，但维护客户关系更难。这是因为，随着科学技术的发展，企业生产技术和生产效率得到了很大的提高，产品及服务极大丰富，相互之间的差别也越来越小，市场已开始由卖方市场向买方市场发展，所以客户的选择余地越来越大，流失变得越来越容易，因而企业想留住客户变得越来越难。

客户关系的维护是企业通过努力来巩固及进一步发展与客户长期、稳定关系的动态过程和策略。客户关系维护的目标，就是要实现客户的忠诚，特别是要实现优质客户的忠诚，避免其流失。

4. 及时挽救客户关系

在客户关系的建立阶段、维护阶段，随时都可能发生客户关系的破裂，也就是出现客户关系的夭折或终止。如果企业没有快速及时地恢复客户关系，就可能造成客户的永远流失。如果企业能够及时地采取有效措施，就有可能使破裂的关系得到恢复，挽回已经流失的客户，促使他们重新购买企业的产品或服务，使他们继续为企业创造价值。

## 二、客户关系管理的内容

客户关系管理的核心是价值管理，其重要内容是关系管理，客户关系管理的流程就是建立客户关系、维护客户关系和发展客户关系的过程。

从企业营销角度来看，客户关系管理包括三个核心模块，即销售管理、营销管理及服务管理模块。

1. 销售管理模块

销售管理模块是客户关系管理的核心。在销售过程中，销售管理模块针对每一个线索、客户、商机、合同、订单图等业务对象进行有效的管理，通过销售过程的自动化，全面提高销售部门的工作效率，缩短销售周期，提高企业销售业绩。销售管理模块支持总经理、销售总监、销售主管、销售人员等不同角色对客户进行管理，对商业机会进行跟踪，对订单合同的执行进行掌控，有助于实现销售团队的协作。

2. 营销管理模块

营销管理模块最重要的目标是帮助企业营销团队对客户群体进行分析，从而使营销活动更有针对性。营销管理模块涉及扩展客户业务所需的全部功能，如营销计划、活动管理、网络营销、商机管理、市场分析及客户细分等。营销管理模块支持预测市场信息，为业务、客户、联系人建立起营销活动关系，随时跟踪市场信息并提交市场分析报告。

3. 服务管理模块

服务管理模块可以确保新客户获得优质的服务从而转变为老客户，它是三个模块中最重要的模块。服务管理模块有助于计划并实施客户服务管理，使客户能够获得潜在的收益。服务管理模块包括服务请求录入及处理、服务工单派发及服务报告录入等基本操作。

## 三、客户关系管理的战略意义

企业实施客户关系管理，不仅可以提高企业管理的效率，还可以更好地提高客户满意度，增强企业的竞争力。客户关系管理的战略意义主要体现在以下几点。

1. 实现利润最大化

通过采用先进的客户关系管理系统，企业能够对客户信息进行全面整合，在企业内部共享客户信息，从而为客户提供更快捷、更周到的优质服务，吸引更多的客户。企业借助客户关系管理的先进管理理念，可以优化业务流程，把为客户服务的经营理念贯彻于企业经营管理的全过程。企业掌握了客户信息，就可以为客户提供及时、周到、令客户满意的服务，通过客户服务最优化、客户价值最大化，实现企业利润的最大化。

案例

### 良好的客户关系可为企业带来利润

一位客户在银行办理了活期存款账户，而活期存款账户是不会为银行带来很多利润的，但银行仍然为他提供了良好的服务。后来，这位客户申请了一个定期存款账户，接着又申请了汽车消费贷款，再后来又申请了购房贷款……这位客户持续不断地给银行带来了越来越多的利润。显然，这些利润不是活期存款账户带来的。给银行带来利润的是建立在良好客户关系基础上的客户办理的拓展业务。

### 2. 降低客户开发成本和交易成本

如果企业与客户保持良好、稳定的关系，那么客户就会对企业及其产品或服务有一定的了解和信任，这可为企业节省一大笔宣传、促销等活动的费用。好的客户关系会使老客户主动为企业宣传，企业通过老客户的口碑效应能有效地吸引新客户，降低企业开发新客户的成本。好的客户关系还可使企业与客户形成彼此信赖的合作伙伴关系，使逐次逐项的谈判交易发展为例行的程序化交易，大大降低谈判成本和履约成本。

### 3. 降低经营风险

企业的经营环境越来越不确定，主要表现为客户需求的不确定性因素增加、多元化趋势加强等方面。传统的“以产品为中心”的经营理念受到了极大的挑战，因为产品一旦不能满足客户需求，企业将遭受灭顶之灾。而“以客户为中心”的经营理念，由于其出发点是满足客户需求，因此它能够成为企业抵御市场冲击、降低经营风险的有效手段。

### 4. 培育竞争优势

客户资源作为企业的一项无形资产，其重要性已经受到了广泛的关注，成为影响企业经营业绩的要素之一。客户关系管理注重与客户的长期关系，一旦企业与客户建立了持久的关系，这种客户关系就会成为企业的竞争优势。如果这种竞争优势不易为竞争者所模仿，那么这种竞争优势就会演变为企业的核心竞争力。

## 四、客户关系管理的发展趋势

客户关系管理在企业经营中的作用日益突出，越来越受到人们的关注。客户关系管理满足了企业在客户导向时代的经营要求，成为指导企业经营管理的重要方式，企业对客户关系管理系统的需求也逐渐增多。

随着客户关系管理系统逐步与企业资源计划、企业网站融合，基于社交型、移动型的客户关系管理越来越普遍，云技术、大数据技术、商业智能技术及区块链技术也逐步与客户关系管理系统相结合。客户关系管理系统的发展趋势主要体现在以下几个方面。

1. 基于云技术

云技术把传统软件“本地安装、本地运算”的使用方式变为“即取即用”的服务方式，基于云技术的客户关系管理系统是客户关系管理的发展方向。不少客户关系管理产品都开发了云应用，提供基于云技术的服务。客户关系管理系统中最重要的信息来自企业外部，而基于云技术的应用程序非常适合收集这些信息，并且能够将它们转化为有用的商业情报存储于企业数据库中。

2. 基于大数据技术

在市场竞争环境中，差异化营销和个性化服务已成为企业维系客户关系的重要因素。传统客户关系管理系统主要关注企业的内部数据，搜集存在于企业内部各个业务环节中的零散客户信息。在大数据时代，伴随着社交和移动化的盛行，企业外部数据越来越丰富，促使企业不但要关注内部数据，更要整合大量行业内、外部数据，综合运用机器学习、智能推理等技术，充分挖掘行业结构化与非结构化数据信息的价值，通过自动化工作提醒、优化产品解决方案、智能客户推荐等功能，提高企业客户关系管理的工作效率。

3. 基于商业智能技术

随着商业信息数据量的激增和客户需求的多元化发展，客户关系管理商业智能化正成为一种必然。商业智能拥有机器学习、深度学习、预测分析、自然语言处理和智能数据挖掘能力，自动为客户定制需求模型，自动挖掘商业价值，预测客户消费行为，推荐最优解决方案。商业智能技术凭借先进的算法和计算能力，通过机器学习为企业提供更加准确的信息，将大量数据转化为有助于增强客户体验的智能系统，实现个性化的客户营销活动，提高客户关系管理的成效。

4. 基于区块链技术

客户关系管理系统存储了大量的客户数据、订单数据、费用数据等商业信息，这些数据是企业的商业核心数据，企业及客户都担心这些数据的安全问题。区块链技术与客户关系管理系统的融合，可以将企业的这些核心数据进行分布式加密管理。区块链技术保障了企业与客户交易信息的安全，让企业可以更安全地记录客户交易信息，拉近了企业与客户的关系。此外，区块链技术还可以帮助企业全方位地了解客户当前的状态，让企业更加详细地了解客户需求，从而增强企业的竞争优势。

## 五、客户关系管理系统的应用及发展

随着市场竞争的加剧，越来越多的企业认识到了客户关系管理的重要性，客户关系管理系统在国内的应用范围也越来越广。

### 1. 客户关系管理系统的行业应用

在我国，客户关系管理系统应用几乎已经覆盖了所有的行业，但在不同行业的应用程度有所差别。调查显示，应用客户关系管理系统最广泛的是金融、电信及 IT 行业。这些行业的企业信息化程度高，业务流程较为完整，应用客户关系管理系统能迅速建立企业与客户的关系，并产生良好的效益，如图 1–2 所示。随着对客户关系管理系统认知程度的不断提高，客户关系管理系统将逐渐被越来越多的企业所熟悉并接受。

图 1–2　客户关系管理系统

（1）企业规模与客户关系管理系统的应用

不同规模的企业有不同的客户关系管理系统应用需求。例如，与中小企业相比，大型企业在业务方面有明确的分工和纵横交错的庞大而复杂的组织体系，大型企业的业务规模远大于中小企业；此外，大型企业在业务运作上具有严格的流程管理。因此，大型企业所用的客户关系管理系统比中小企业所用的客户关系管理系统要更复杂、更庞大。越来越多的客户关系管理系统软件厂商依据不同企业规模提供不同的客户关系管理系统产品及服务，并逐渐向市场潜力大的中小型企业市场转移。

（2）客户关系管理系统应用集成度

客户关系管理系统涵盖整个客户生命周期，涉及众多的企业业务，如产品销售、技术支持、市场营销、订单管理、数据挖掘、建立电子商务平台等。不同的企业或同一企业处于不同的发展阶段时，对客户关系管理系统整合应用和企业集成应用有不同的要求。为满足不同企业的不同要求，客户关系管理系统在集成度方面也有不同的分类，如客户关系管理系统专项应用、客户关系管理系统整合应用和客户关系管理系统企业集成应用等。随着企业资源计划等信息化系统在企业中的应用日益广泛，未来用户对客户关系管理系统产品和方案中的集成功能会有更迫切的需求。

### 2. SaaS 模式的客户关系管理系统成为应用趋势

随着互联网技术的发展和应用软件的成熟，SaaS 应用模式应运而生。SaaS 是 software–as–a–service（软件即服务）的简称，SaaS 是一种通过互联网提供软件的模式。软件厂商将应用软件统一部署在自己的服务器上，客户可以根据自己的实际需求，通过互联网向软件厂商订购所需的应用软件服务，按订购的服务时间长短向软件厂商支付费用，并通过互联网获得软件厂商提供的服务。

在 SaaS 模式下，用户不用再购买软件，而是向提供商租用基于 Web 的软件来开展企业的经营活动，无须对软件进行维护。对于小型企业来说，SaaS 模式是较好的选择，它节省了企业购买、搭建和维护系统所需的费用。

## 案例

### 希尔顿酒店 OnQ CRM 系统

全球十大酒店集团之一的希尔顿酒店集团于 1907 年在美国得克萨斯州的一个小镇上起家，发展至今已经在全球 90 多个国家和地区拥有 4 000 多家酒店，旗下拥有 Waldorf Astoria、Conrad、Hilton、Double Tree、Garden Inn、Hampton 等十余个国际知名品牌，超过十万名员工每日为数以百万计的全球顾客提供优质、全方位的服务。希尔顿集团坚信信息技术与品牌、企业文化紧密相连，持续稳定的信息技术基础设施可以确保品牌承诺的有效实现。

起初，希尔顿集团投资 9 300 万美元用于建设集团的中枢神经系统——OnQ 系统，其中 4 000 万美元用于软件开发，5 300 万美元用于硬件和实施。2007 年又追加了 1.02 亿美元的建设费用，其中 2 200 万美元用于软件开发，4 000 万美元用于系统的全球化，4 000 万美元用于购买和运行新的硬件。系统建设完成后，每年还要花费 6 000 万美元进行系统维护。在 OnQ 系统上开发的客户关系管理子系统，开发费用仅 65 万美元，而每年的维护费用需要 100 万美元。

希尔顿的顾客可以通过集团网站、呼叫中心、代理机构等各种渠道预订客房，一旦预订成功，希尔顿的 OnQ 系统就会启动对顾客的周期管理，分为顾客画像、入住前、到店、住店、离店、回访等环节。对高价值的顾客，希尔顿酒店会特别关注。每天早上，酒店前台会拿到一份当天入住酒店的高价值顾客报告，列明客户资料和等级；前台会根据客户偏好提前分配和准备好房间；为高价值客户准备好附加服务；对客户曾经的抱怨格外小心，避免同样的错误再次发生；最后会请客户填写有关满意度和忠诚度的问卷。

## 课后实践

学习完本项目的内容后，认真完成表 1-1 的实践清单。

表 1-1　实践清单

| 建立和维护客户关系实践 | |
|---|---|
| 实践任务 | 选择一个实际企业，通过营销思想与信息技术，主动地建立客户关系、积极维护客户关系并及时挽救潜在的问题关系 |
| 实践目标 | （1）理解并应用营销思想与信息技术的原理，建立全面的客户关系管理体系；<br>（2）通过积极的客户关系维护策略，提高客户满意度和忠诚度；<br>（3）学会及时发现并解决潜在的客户关系问题，避免客户流失 |

（续表）

<table>
<tr><th colspan="2">建立和维护客户关系实践</th></tr>
<tr><td>实践步骤</td><td>（1）选择一家实际企业作为实践对象，了解其目标客户群体、竞争环境和营销策略；<br>（2）分析企业目前的客户关系管理状况，包括客户信息收集、分析与利用的过程；<br>（3）基于营销思想和信息技术，制定具体的客户关系建立、维护和挽回计划；<br>（4）使用合适的工具和技术，建立有效的客户信息管理系统，跟踪和更新客户信息；<br>（5）实施客户关系维护策略，包括个性化服务、定期联络、定期回访等，增强客户忠诚度；<br>（6）设定监控机制，及时发现并解决潜在的问题关系，通过个性化的方法挽回濒临流失的客户；<br>（7）定期评估实践效果，总结经验教训，优化客户关系管理策略</td></tr>
<tr><td>实践提示</td><td>（1）需要与企业内部相关岗位的人员进行良好的沟通和合作，确保实践目标的顺利实现；<br>（2）在实施过程中，要注重客户隐私保护和合规性要求，遵守相关法规和政策；<br>（3）注意定期收集、整理和分析客户反馈数据，及时有针对性地进行调整和改进；<br>（4）通过有效的培训和知识传递，提高企业内部员工对营销思想和信息技术的理解和应用能力</td></tr>
<tr><td>实践总结</td><td></td></tr>
</table>

## 实践评价

完成以上实践后，认真完成表 1–2 的实践评价。

表 1–2　实践评价

| 评价内容 | 分值 | 得分 |
|---|---|---|
| 参与实践的积极性、主动性 | 25 | |
| 独立思考能力 | 25 | |
| 创新能力 | 25 | |
| 对客户关系管理的掌握程度 | 25 | |
| 教师点评： | | |

## 项目小结

客户关系管理是指企业通过建立与维护客户关系，提高客户满意度和忠诚度，从而实现企业与客户之间的互利共赢。了解客户关系管理的内涵与发展是实现企业长期发展的关键。

企业与客户建立关系的必要性在于客户是企业生存的基础，只有建立良好的客户关系，企业才能获得稳定的收入来源和持续发展。

关于客户关系管理的再认识，需要关注客户关系管理的发展趋势，如互联网、大数据、人工智能等技术的应用，以及客户关系管理的战略意义，如提高企业竞争力、降低市场风险等。

客户关系管理也存在一些问题，如客户数据安全、客户隐私保护等，企业需要关注这些问题，并采取相应的措施来解决。

客户关系管理的内容、思路和战略意义也是实现企业长期发展的关键。企业需要根据自身情况，制定合适的客户关系管理策略，包括关系营销、客户细分、客户关系生命周期管理等，以提高客户满意度和忠诚度。

企业需要关注客户关系管理的发展趋势，不断创新和完善管理模式和方法，以实现企业的可持续发展。

## 思考练习

1. 企业与客户建立关系的必要性有哪些?
2. 如何划分客户关系的生命周期?
3. 客户关系管理的战略意义有哪些?

# 项目二

# 客户关系管理流程与技术

## 项目导读

客户关系管理是一个涉及多个环节的过程，包括识别、理解、满足和超越客户需求。这个过程包括一系列的技术和工具，如6σ管理法、客户关系链管理流程、客户关系管理系统等。这些技术和工具旨在提高客户满意度和忠诚度，并帮助企业提高效率和降低成本。通过这些技术和流程的应用，企业能够更好地管理客户关系，提高客户满意度和忠诚度，从而实现长期可持续的发展。

## 学习目标

### 知识目标

（1）了解客户关系链管理流程。

（2）熟悉客户关系管理的相关技术。

### 技能目标

（1）熟悉客户关系管理流程和运作框架，掌握客户关系管理的各个环节和关键步骤。

（2）学习收集、处理和分析大数据，以优化客户关系管理策略和决策。掌握使用数据分析工具和技术，提取有价值的信息。

（3）学习利用人工智能技术，例如，聊天机器人和语音识别，提供个性化的服务和支持。了解呼叫中心的功能和技术，以提升客户服务的效率和质量。

### 素质目标

（1）培养学生良好的沟通技巧和协作能力，能够与不同部门和团队合作，实施客户关系管理活动。

（2）培养学生分析问题、提取关键信息和解决问题的能力，能够应对客户关系管理中的挑战和困难。

（3）培养学生的创新思维和创造能力，能够提供创新的客户关系管理策略和方案，以满足不断变化的客户需求。

## 思政目标

（1）培养学生的责任感，使其坚持诚信和道德原则，为客户提供合法、诚信的服务和支持。

（2）培养学生的服务意识，始终将客户需求放在首位，提供优质的服务和支持。

（3）学生应积极参与社会公益活动，关注可持续发展和社会责任，为社会和客户创造价值。

## 案例导入

### 屈臣氏的会员体系

屈臣氏的会员体系是通过会员卡管理提高会员黏性的重要方式。屈臣氏拥有 4 100 家门店和 6 300 万会员，目标顾客是 18 ～ 35 岁的女性，她们注重个性、有消费能力、追求舒适购物环境。会员分为时尚教主（黑卡会员）和潮流小主（绿卡会员）两个等级。会员卡办理需付费，黑卡 39 元，绿卡 25 元。会员等级根据一年内的消费情况确定，通过金额和频次两个维度进行细分。不同等级会员享受不同的积分规则和特权，会员每消费满 10 元获得 1 积分，积分可抵扣消费金额。每月固定一天为会员日，消费满 10 元可获得 5 倍积分，最高 100 积分抵 25 元。屈臣氏通过塑造积分价值和提升购物体验，强化会员卡的价值。屈臣氏还通过数字化会员信息、数据分析等方式实现精准营销。

屈臣氏通过数据应用、自有品牌研发和服务体验提升运营效率。屈臣氏拥有 1 000 余种自有品牌，销售占比达 15%。自有品牌的研发依据市场调研和消费者需求，推出独家产品。屈臣氏将会员信息导入企业微信，为导购提供顾客喜好的数据分析，使其在推送商品和促销信息时实现精准营销。另外，屈臣氏发展电商和增加服务体验。推出“闪电送”服务，实现 1 小时内送达。通过云店模式，门店和导购共享线上线下的销售利润，促进门店接受电商转变。服务体验方面，提供试妆和口红试色等环节的体验服务，引入智能化零售元素，如 VR 试妆镜，提升消费者的购物体验。

以上是屈臣氏的会员体系、数据应用和服务体验方面的重要内容。屈臣氏通过这些方式不断提升运营效率，增强顾客满意度，并在个护美妆领域展现专业性和竞争力。

# 任务一　客户关系管理流程与运作框架

在对关系营销和顾客价值理论深入研究的基础上，在电子网络技术的推动下，客户关系管理进入了实际运作的阶段。由于对客户关系管理存在不同的认识，企业应用分化为三个迥异的层面：分析型 CRM 侧重运用数据仓库和数据挖掘技术来共同提升企业与客户的价值；操作型 CRM 强调客户接触活动的规范化、条理化，努力实现营销规划、销售活动与顾客服务的自动化，从而改善对顾客服务的效率与效果；战略型 CRM 则重视发展客户导向的企业文化，通过关注工作细节和培养员工习惯，逐步实现公司整体战略的转变。这三种应用并不是截然分开或对立的，可以通过科学系统的管理流程将它们整合起来，融入一个完整的客户关系管理运作框架中，实现相关利益者的共赢。

## 一、6σ 管理法

现代企业组织的演化可以追溯至工业革命和法律演变。工业革命以机械动力取代人力，促成了工商组织内部管理机制的发展。《中华人民共和国公司法》的出现促进了职业经理阶层的兴起，使企业内部管理机制变得更加复杂。早期的研究主要聚焦于科学管理学派，将研究重点放在正式组织的结构方面。然而，随后出现的行为学派，强调人与社会因素的重要性，认为死板的工作流程会挫伤员工积极性。在新的市场环境里，企业需要的是灵活、速度和反应，而这一切都有赖于企业内部管理流程的革新与提炼，6σ 管理法逐渐受到人们的推崇。

### 1. 6σ 管理法的产生

6σ 管理法在 20 世纪 80 年代晚期出现于摩托罗拉公司。当时，由于日本竞争对手的猛烈攻击，摩托罗拉公司的市场份额不断下滑，公司的领导人也承认其产品的质量不如日本竞争对手。1987 年，摩托罗拉通信部门的负责人，后来成为柯达 CEO 的费希尔，发明了一种革新性的质量改进方法，即 6σ 管理法。6σ 管理法给予摩托罗拉的是一种对顾客需求满足情况进行简单而持续的跟踪和比较的方法，以及对产品实际使用质量的不懈追求。

在公司主席高尔文的大力支持下，6σ 管理法在整个摩托罗拉公司得到推广，并取得了意想不到的显著成效。实施 6σ 管理法仅仅两年，摩托罗拉就获得了马尔科姆·鲍德里奇国家质量奖；实施 6σ 管理法 10 年后，摩托罗拉的销售额增长了 5 倍，利润每年增加 20%，累计节约 140 亿美元，将摩托罗拉从失败的边缘拉回到正常的发展轨道上来。随后，摩托罗拉 6σ 管理法的咨询人员将它推广到了通用电气和联合信号公司，帮助它们在不到 4 年的时间里获得了数十亿美元的收益。

6σ 管理法的巨大成功吸引了越来越多的追随者，从融服务行业、运输行业到高科技行业，都有许多公司加入实施 6σ 管理法的行列，如杜邦、陶氏化学、σ 联邦快递、强生、柯达、宝丽来、索尼、东芝等。一时之间，6σ 管理法成为质量改进和流程优化的新宠。

在统计学中，希腊字母“σ”（sigma）是标准差的意思，用来衡量任意一组数据偏离平均水平的程度。管理学者借用这个概念来表示工作流程中实际出现差错或缺陷的频率。1σ 表示流程中每一百万次缺陷机会中实际发生 690 000 次缺陷；2σ 表示实际发生 308 000 次缺陷……6σ 表示流程中每一百万次缺陷机会中实际发生的缺陷次数（DPMO）为 3.4 次，此时的成功率为 99.999 7%。简单的 σ 转换见表 2-1。

表 2-1　σ 转换表

| 正品率 /% | DPMO 值 | σ 值 |
| --- | --- | --- |
| 30.9 | 690 000 | 1 |
| 69.2 | 308 000 | 2 |
| 93.3 | 66 800 | 3 |
| 99.4 | 6 210 | 4 |
| 99.98 | 320 | 5 |
| 99.999 7 | 3.4 | 6 |

很明显，6σ 的目标（即流程中每一百万次缺陷机会中实际发生的缺陷次数仅为 3.4 次）是很难达到的，但 6σ 管理法的创始者的真实目的并不在此，他们提出这么一个近乎完美的目标，只是希望企业能够持续不断地优化企业的运作流程，不断地减少缺陷的发生，力争尽善尽美。99.999 7%是激励企业不断改进的动力。

### 2. 6σ 管理法的实施步骤

6σ 管理法的具体实施可以分为以下五大步骤。

（1）辨别核心流程和关键顾客

首先对组织中最为关键的跨部门活动及其与外部顾客之间的联系界面进行清晰、全面的整体了解，重点弄清公司的核心流程或价值附加流程是什么（规模限制在 1～2 个流程）、公司给顾客提供什么产品和服务、公司的流程是怎样的。

（2）定义顾客需要

在对公司的基本情况有一个大致了解之后，接下来要做的是了解顾客到底需要什么，通过各种途径收集顾客需求方面的信息，建立顾客信息系统；从信息系统中剥离、归总出独立的需求属性；对各个需求属性进行排序，从而确定不同的顾客细分市场。

（3）评估公司当前绩效

在明确了顾客的需求之后，接下来就可以根据可定义的顾客需求对每个工作流程的绩效进行精确的评估，从而建立起对关键产出或服务特征的评估体系。这种评估有对当前流程绩效的历史纵向评估，也有对各个流程之间的横向绩效比较，通过评估确定每个流程的 σ 数。

（4）辨别优先次序，分析和实施改进

在对各个流程进行缜密分析和精细评估的基础上，可以按照每个流程在整个企业运行过程中影响的大小和对它实施改进的可行性进行排序，从而确立改进的优先项目。同时，还需要确定流程优化的方式：是连续的流程改进还是激进的流程再造。前者是对现有流程进行修补和完善，后者则是完全废弃原有流程，按照新的需要创立新的流程。

（5）扩展并整合 6σ 管理系统

仅仅通过短期的改进方案是无法达到真正的 6σ 管理法绩效的，企业需要紧紧围绕 6σ 管理法的主题和方法，实行持续的业务流程改进活动，最终使 6σ 管理法的主题和工具成为企业日常业务环境中的一部分，从而形成“6σ 管理文化”。

6σ 管理法能够围绕顾客的需求对企业业务流程进行正确、高效、持续的优化，从而不断提高企业的市场反应速度和运营绩效。这一点正是任何一个实施 CRM 战略的企业必须具备的要求和素质。在 6σ 管理法指导下的业务流程改进或再造是 CRM 实施和推进的基本保障。脱离了业务流程的改进和支撑，CRM 只会成为企业追赶时髦的花瓶。

### 3. 6σ 管理法的特点

与全面质量管理和业务流程再造相比，6σ 管理法的特点如下。

（1）真正从顾客需求出发

最好的 6σ 管理方案不是从企业内部开始的，而是从企业外部出发的。6σ 管理法首先要求企业对自己所服务顾客的需求有一个清晰的认识，以此来确定哪些东西是重要的，哪些东西是次要的。另外，整个流程的运作绩效和改进程度都是以顾客的满意程度和顾客感知价值的大小为标准来测量的。总之，在 6σ 管理法确定的闭环系统中，不仅出发点和回归点都是顾客需求，而且对它的关注贯穿整个系统的运作过程，真正体现了“营销观念”的思想。

（2）注重数据和事实

6σ 管理法拒绝“拍脑袋”式的决策方式，主张依靠数据和事实来进行各项管理。在 6σ 管理法的运用中，统计数据、流程图表和各种分析方法是必备的，每一步行动的开展和推进都是基于对关键变量与最优目标的分解。

（3）关注流程

6σ 管理法不仅强调对单一业务流程的分解与把握，同时要求企业管理层具有全局观念，对本部门和本企业的整个流程有一个总体认识。在 6σ 管理法里，业务流程就是采取行动的地方。不管是设计产品和服务、评估绩效，还是提高效率和顾客满意度，甚至是运作整个业务，6σ 管理法都把业务流程作为成功的关键之处。

（4）主动管理

6σ 管理法要求管理者必须确立远大的目标并且经常加以检查；必须确立各项业务的优先次序、轻重缓急；注重预防而不是忙于救火；经常关注业务运作的细节；经常质疑做事的目的而不是盲目询问如何做。

（5）“无边界”合作

6σ 管理法通过在整个公司范围内的流程整合，打破公司内部部门之间和上下级之间的隔阂与障碍，促进组织内部横向和纵向的合作，创造团结合作的管理结构和文化氛围。6σ 管理法认为，成功的流程改造和优化必须有组织结构优化的配合。

（6）追求完美、容忍失败

执行新方法、贯彻新理念，必然有风险。一味地追求完美而不能容忍失败，只会导致畏首畏尾，永远不敢进行新的尝试。6σ 管理法既鼓励公司朝着更好的方向持续努力，同时也愿意接受并控制偶然的挫折。

## 二、客户关系链管理流程

在借鉴流程管理理论的基础上，理论学者和实业人士对客户关系管理的流程进行了深入的研究探讨。

关系管理链的核心观念是在价值链上自始至终创造和维持互惠互利的优越关系，最终实现客户价值的增加。具体来说，它将六大市场简化为内部和外部两大市场，关系链的管理是在两大市场协调运作的框架下进行的，而关系链管理也必须保证内部市场与外部市场不断融合；同时，内部市场与外部市场的分类，将员工的满意度提高到了非常重要的地位。

在两大市场整合计划的支撑下，整个关系链管理流程分为如下五个步骤。

### 1. 确定价值内涵

企业首先需要明确的，是顾客需要企业提供哪些价值以及企业能够为顾客提供哪些价值。解决这两个问题，需要企业对顾客、企业自身以及竞争者有比较深入的研究。

在服务领域，为了明确顾客的价值内涵，企业需要做的工作具体如下。

（1）确定关键的服务要素

首先，企业需要明确顾客如何衡量服务与 4P 的重要性。相对于 4P 而言，企业赋予服务的权重是多大。其次，顾客对服务单个要素的重要性又如何评价。

（2）测量服务偏好

运用替换技术测量出顾客对服务中每个元素的偏好程度。

（3）竞争标杆测量

明确顾客如何评价公司和竞争者在重要服务要素方面的表现。

### 2. 确定市场细分、目标和定位

在对顾客、公司和竞争者分析的基础上，可以按照顾客的价值需求对顾客进行归类；对每个群体进行营利性分析；完善顾客档案；为不同的群体确定不同的关系战略和服务战略。

### 3. 确定运作和交付系统

明确了顾客价值需求和公司的发展战略后，接下来就是如何以最小的成本将优质的服务交付给顾客，实现顾客价值最大化。

实现这一目的的途径是：大规模定制化、服务交付的细分、建立与供应商的伙伴关系、流程改造与优化。

### 4. 对已交付的价值进行分析、评价

服务交付之后，企业需要对已交付的价值进行分析和评价，大致估算出顾客所获取的净价值 = 服务价值 + 产品价值 + 人员价值 + 形象价值 – 货币价格 – 时间成本 – 精力成本 – 体力成本。

### 5. 控制与反馈

监控整个服务流程，研究员工的满意度和顾客的满意度，作为以后战略制定的基础。

客户关系管理战略流程在关系管理链（图 2–1）理论的基础上，提出客户关系管理的流程应该与战略紧密相关，在确定和选择 CRM 流程时，应该遵循六个标准：有助于组织目标实现、对价值创造过程有贡献、具有战略性、结构清晰、打破部门或职能的界限、有助于实践者理解和开发 CRM 战略活动。客户关系管理的五个通用流程包括：战略开发、价值创造、多渠道整合、信息管理和绩效评估。

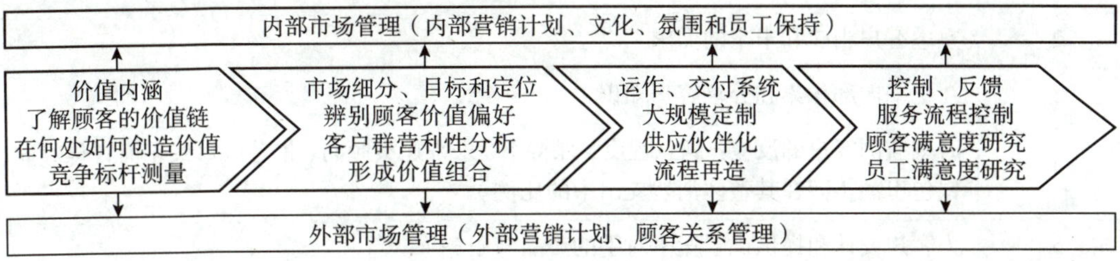


图 2–1　关系管理链

与此同时，实业界也表现出对客户关系管理流程的极大关注。最早提出 CRM 概念的 Gartner 公司强调企业的战略、业务流程、战术、技能与技术五个领域对实现 CRM 的企业来讲同样重要，五个环节相互联系、相互促进。CRM 是一个循环往复的过程，是一个螺旋式提升的过程。这五个领域协同工作，互相驱动，使企业的 CRM 进入良性循环的轨道。

为了成功实施 CRM，首先要领导挂帅，从高层开始建立一个实施客户关系管理的领导小组，授权推动文化的认同和整个项目；其次要对内部的业务流程进行改变，培训和教育员工去适应以客户为中心的理念和要求；最后还要对企业外部的环境进行监控。

甲骨文公司认为所谓的客户关系管理就是为企业提供全方位的管理视角；赋予企业更完善的客户交流能力；使客户收益最大化。它包括一对一和交互式的客户服务、大规模的客户化定制服务、客户关怀和亲密接触服务、最大化客户价值、简化业务处理流程，以及加强客户交流等。与企业资源规划（ERP）应用系统一样，客户关系管理解决方案着重于

业务活动的自动化和改进流程，尤其是在销售、市场营销、客户服务和支持等与客户直接打交道的前台领域。

惠普公司认为一个企业的 CRM 流程应当由四个阶段组成：信息管理阶段；客户价值衡量阶段；活动管理阶段；实施管理阶段。这四个阶段构成企业 CRM 闭环的流程。企业实施 CRM 可以分为六个步骤：定义企业的战略目标；定义 CRM 实施的目标；与客户一起制定 CRM 的进程；与客户一起讨论商业模型和组织结构的状况；根据需求定义需要什么样的 CRM 产品；与客户一起回顾 CRM 项目的全过程。

## 知识拓展

### 企业文化在实施和推广客户关系管理战略中的作用

企业文化在维系企业稳定发展方面的贡献逐渐得到人们的认可。企业文化一般是指企业组织成员的共同价值观和信念，它帮助成员理解组织的职责和目标，并规范个体在组织中的行为。实施和推行客户关系管理需要以客户为中心的企业文化。

表 2–2 为以客户为中心的企业文化表现。

表 2–2　以客户为中心的企业文化表现

| 序号 | 表现 |
| --- | --- |
| 1 | 有选择地为客户提供服务 |
| 2 | 熟悉客户当前和未来的需求 |
| 3 | 在组织内部积累和分享客户知识 |
| 4 | 时刻监测客户的反应：满意程度、保持率、未来购买倾向、推荐或口头正面宣传倾向、钱包份额（即在其整体消费支出中的比例） |
| 5 | 为客户设计和提供优于竞争对手的产品与服务 |
| 6 | 集中全部资源（包括信息、物资、人力和技术等）努力满足客户需求 |
| 7 | 发展面向客户的企业战略、流程和结构 |

客户的体验受到多种因素的影响，包括企业的产品、服务、流程、沟通活动、声誉和人员。其中作为与客户直接接触的一线营销、销售和服务人员，对客户的满意程度和未来购买倾向影响非常大。面向客户的企业文化通过领导层、规章制度和内部关系，可以很好地引导和规范员工的行为，提高客户体验的满意程度。

1. 领导层方面

（1）致力于创造非凡的客户体验。

（2）要求员工时刻为顾客着想，从顾客的需求出发。

（3）以身作则，处处表现出重视与客户发展关系，客户至上。

（4）尽一切可能为下属，特别是一线接触人员提供必要的资源，全力支持他们为客户提供优质的服务。

2. 规章制度方面

（1）设计制度用于识别和奖惩员工在创造客户体验方面的差异。

（2）测量客户满意度和保持率等指标，作为员工业绩考核的基础之一。

（3）对新进职员进行客户至上的系统培训。

（4）邀请客户参与到对一线员工业绩评价的活动中来。

3. 内部关系方面

（1）客户信息与知识在组织内部得到有效传递和共享。

（2）不同部门的人员愿意通力合作来探讨如何改善客户体验。

（3）欣赏他人在创造客户体验方面的成就。

## 三、客户关系管理的核心流程

面向客户的客户关系管理流程包括六个核心环节，它们构成一个闭环的管理过程。以下为各环节的主要内容，以及彼此之间的联系。

### 1. 客户组合分析

客户组合分析是成功运作客户关系管理的前提。为了改善营销活动的效率和效果，企业需要改变以往大规模营销的模式，实施精细化管理，有选择地为客户提供服务。这种选择至少存在三个层次，具体内容如下。

（1）细分客户群

对于掌握有限资源的企业而言，不可能满足所有客户的所有需求，也不能像以往那样推行标准化、大规模的营销模式，必须按照一定的标准对潜在的顾客群体进行细分，根据竞争格局和自身情况，从中选择合适的目标顾客群体，作为今后服务的对象。寻找目标客户的行为往往可以带给企业意想不到的效果。

当全球航空公司在热火朝天地进行价格倾轧时，斯堪的纳维亚航空公司（SAS）对目标市场进行了重新定义：集中发展欧洲民航运输产业中的一个特定市场——经理阶层，即产品——民航运输，需求——商务旅行，客户——经理，地域——欧洲。这一客户群体的特定需要是：在陆上和空中的准时、安全、个性化和舒适。为此，SAS 开发了许多服务项目来应对。

例如，为实现在陆上提供舒适服务的目标，SAS 保证在欧洲和美洲城市的 SAS 宾馆可以直接预订；SAS 拥有一支供租用的运输队，由豪华轿车、直升机和普通轿车组成，用于接送旅客；在一些城市 SAS 还提供将旅客的行李从办公室或 SAS 宾馆运送到机场的特殊服务；在机场备有适当装饰、供旅客使用的特殊房间；更换了服务人员的旧制服；职员重新培训，以改进服务和提高处理突发事件的能力。简言之，即向目标顾客提供门对门的服务。与此同时，SAS 减少了对其他市场领域的关注，包括飞机租赁、经济舱座位提供、货运、旅游航班、低关税航运市场部门等。

（2）对客户进行分级

不是所有的客户都是有价值的客户，企业在确定目标客户群体之后，需要对客户的直接和间接贡献价值进行评估，从中选择有价值的客户为之提供服务。

例如，联想集团综合运用客户终身价值、心理因素和使用频率等细分变量将客户分为四级：铂金客户、黄金客户、钢铁客户和重铅客户，并设立大客户市场部，由熟悉相关行业与领域的专业服务人员组成客户服务小组，向铂金客户和黄金客户等大客户提供最优质的服务，提高客户的满意度。

（3）进行差异化服务

不是所有的客户都应该发展为亲密的关系，这取决于客户的类型和客户对关系的需要。可以根据客户的终身价值对其进行细分，了解他们对关系类型的偏好，进而发展合适的关系战略和策略。

例如，联想集团所划分的铂金层级的客户是典型的产品大量使用者，对价格并不十分敏感，愿意花钱购买，愿意试用新产品，对企业比较忠诚，盈利能力最强，而且有巨大的发展潜力，他们的业务总量在不断增大，未来在增量销售、交叉销售方面尚有巨大潜力可挖。

对于铂金客户应该加大获取和维护的力度，优先、重点向他们配置企业最优的服务与营销资源。但同样是铂金客户，对关系的偏好类型却大相径庭，有的商业用户侧重简单的、自动化的交易，讨厌客户经理天天满怀温情的问候，闲聊一些与业务无关的事情；有的客户却总希望客户经理能记得他喜欢打网球、一起谈谈最近的股票行情，生日的时候希望收到精美的贺卡和温馨的祝福。

### 2. 客户信息积累

企业对目标顾客需求与偏好的深入了解，有利于客户信息的积累，并将客户信息转化为知识，应用到具体的营销决策中。客户信息积累是一个长期、系统的过程，企业应该根据决策需要确定客户信息结构，并持续收集和更新客户信息。完善的客户信息有助于制定科学的营销决策。

利用客户数据库，沃尔玛对商品购买的相关性进行分析，一个意外地发现是：跟纸尿裤一起购买最多的商品竟然是啤酒。按照常规思维，纸尿裤与啤酒风马牛不相及，若不是借助于客户数据库系统，商家不可能发现隐藏在背后的事实：原来太太们常叮嘱丈夫下班后为小孩买纸尿裤，而丈夫们在买完纸尿裤后常常随手带回两瓶啤酒。既然纸尿裤与啤酒一起购买的机会最多，沃尔玛就在商店里将它们摆放在一起，结果纸尿裤与啤酒的销售量双双增长。

### 3. 客户价值设计

客户价值的设计来源于真实需求的挖掘，而需求的真实性取决于对客户理解的完整性。为客户创造价值的途径很多，产品、服务、流程、人员、品牌、渠道等方面的创新或重组都可以提高客户的满意度。

开发出令客户满意的价值组合，首先需要对价值的内涵进行科学的界定，客户重视的是感知价值，而不是让渡价值，是效用与付出之间的对比。所以客户价值设计理论上可以从增加效用和减少付出两个方面着手。

案例

### 英国快餐连锁店 Pret A Manger 的客户价值设计

英国快餐连锁店 Pret A Manger 注意到现在城市里的上班族越来越希望能够更快地进食午餐，饭菜新鲜、有益健康、就餐环境舒适、价格合理是他们的要求。于是 Pret A Manger 用最好的配料，每天按照高级餐厅的标准做出新鲜的三明治，提供食物的速度比餐馆快，甚至比一般快餐店还要快；餐饮环境整洁，价格也合理。走进 Pret A Manger 快餐店，就像走进一家明亮的艺术工作室。靠墙摆放着干净的冷藏货架，里面的三明治达 30 余种，平均价格为 4～6 美元，所有三明治都是在店内用当天早晨送来的新鲜原料做成的。人们也可以选择其他当日制成的新鲜食品，比如沙拉、酸奶、冰激凌、鲜榨果汁和寿司。

每家快餐店都有自己的厨房，非时鲜的食品则来自高品质的生产商，即使是在纽约的店内，长面包也来自巴黎，牛角面包来自比利时，奶制品来自丹麦。任何食物都不过夜，每天剩下的食物都送给无家可归者。除了提供新鲜、健康的食品外，Pret A Manger 还在服务流程方面进行改进，将原先的排队—点餐—付款—等候—接餐—就座的购买程序调整为浏览—取餐—付款—离开，不提供堂食服务，顾客从排队到走出餐厅平均只用 90 秒。

### 4. 客户价值传递

为了将设定的价值交付传递给目标客户，企业需要在内外部构建价值网络，将供应商、分销商、合作伙伴、投资方以及员工等相关利益者整合起来，共同服务于目标客户，对抗竞争对手。在价值交付和传递的过程中，有两条相互连接、彼此依托、一明一暗的主线。明线是客户接触过程，它直接影响客户的感受，是价值传递的最前沿阵地；另一条隐藏于其后的暗线是维持整个交付传递系统正常运转的价值战略网络，是客户接触的支撑平台。二者的结合，为客户价值准确、及时、有效传递提供了有力的保障。

案例

### 乐禾食品集团的客户价值传递

近年来崛起的生鲜农产品供应企业，则充分体现了客户价值传递支撑平台的重要性。生鲜农产品流通具有生产分散、流通渠道长、环节多、易损耗等特点。已经获得多轮融资的乐禾食品集团股份有限公司，一方面积极响应国家“十四五”规划“加快数字化发展、建设数字中国”的指示，在行业内率先启动数字化转型，通过系统来管理从田间到餐桌的全过程，优化从产地源头食材供应、食品安全溯源检测、食材加工到仓储物流配送等各环节，提高生产和经营效率；另一方面，乐禾着力构建食安云平台，秉承“食安大于天”的理念，实现食材来源可溯，检测管理高效透明，全方位把控食材品质安全。同时，乐禾通过不断更新完善信息化系统，对全国营销网络实行数字化管理，实现240多家分子公司的经营数据与总部精准高效对接，从而提升管理效率，用数字技术创造更多价值。

### 5. 客户周期管理

从寻找目标客户、识别客户价值、积累客户信息、设计客户价值到传递客户价值，不是一次性的过程，需要从客户周期的角度来经营客户关系，注意不同阶段客户需求的变化及演进规律，注意不同阶段之间关系营销策略的衔接。

案例

#### 移动通信运营商的客户周期管理策略

一些移动通信运营商为了巩固在大学生群体中的市场地位，根据大学生活的周期性规律开展不同主题的推广活动，极大提高了客户的保持率和满意度。

大学生活的周期性非常明显，处于不同阶段的学生有着完全不同的活动偏好，而处于同一阶段的学生又具有大致相似的活动内容。9月份新生入学是获取客户的最佳时机，通过开展高校迎新促销、迎新晚会冠名、“感师恩”等活动，及时满足新生与师长、学长交流的迫切需要，帮助大家尽快熟悉大学生活环境，同时建立了学生对企业品牌的归属感。

在顾客维持阶段，通过组织校际篮球赛、足球赛和组建动感无线网站与集群网，促进大学生彼此之间的了解，同时创造群体空间增加企业和品牌对用户的吸引和渗透，降低用户流失率。

等到大学生客户对企业和品牌形成一定的忠诚感之后，运营商开始客户开发工作，通过数据业务营销深入挖掘用户需求，开发和介绍新业务，刺激用户使用和消费。

每年6月是学生毕业的季节，运营商会资助举办一些大型的文艺活动，加强宣传介绍高端品牌业务、企业集团业务、企业集群网、移动办公系统等业务，并建立移动求职联盟，在帮助学生了解社会、尽快进行角色转变的同时，实现业务与品牌的提升。

6. 绩效评估

对客户关系管理各个环节的运行绩效进行评估，有助于企业更加深入地了解客户需求，改进工作思路与对策，提高客户满意度与保持率。

案例

**章先生的售后服务**

章先生在父亲去世之后接手了家族建筑公司经理的工作。上任后他决定给所有过去7年内没有消息的客户打电话，之所以选择7年，是因为他知道一般来说平均7年就会有重复的工程。打完一轮电话后，他发现了一些令人震惊的事情。10%的客户对他公司以前的工作并不满意。这还不算很糟糕，只有10%，章先生觉得庆幸，因为任何一家公司都会有一小部分不满意的客户。但是，通过进一步的调查，他发现大多数的客户都不是非常满意，很多客户觉得还有一些地方本来可以做得更好、更快或更便宜。

章先生决定给每一个不太满意的客户提供免费的维修服务，向每一个客户保证愿意上门对他们觉得不够好的地方进行免费维修、替换和加固。令人惊讶的事情发生了，大概有30%的客户让他的公司接手了新的工程，只有5%的客户要求他去修理以前的工程。事实就是，他问客户是否满意，并保证让他们满意，这没有多花钱，却为公司赢回了1/3的老客户。

## 四、客户关系管理系统

客户关系管理系统

当企业面对较大的客户群时，需要建立客户关系管理系统来完成客户信息的调查、收集、登记、更新、分析、分类和营销等工作。该系统利用现代信息技术、网络技术、电子商务和系统集成等多种技术，记录企业与客户之间的交互行为和各类活动的状态，从而建立一个客户信息的收集、管理、分析和利用的系统，实现以客户为中心的管理模式。

客户关系管理系统的主要工作包括记录和管理所有企业与客户的交易记录，通过分析识别有价值的客户及其特征，实现自动化管理，以跟踪客户需求和状态的变化，记录客户意见，并通过自动的电子渠道承担对客户的某些管理任务，如短信、邮箱和网站等。

1. 客户关系管理系统的主要功能

（1）接触功能

客户关系管理系统应当能使客户以各种方式与企业接触，典型的方式有呼叫中心、面对面的直接沟通、传真、移动销售、电子邮件、互联网，以及其他营销渠道，如中介或经纪人等。

客户关系管理系统应当能够或多或少地支持各种各样的接触活动，企业必须协调这些沟通渠道，保证客户能够按其方便或偏好的形式随时与企业交流，并且保证来自不同渠道的信息完整、准确和一致。

（2）业务功能

企业中每个部门必须能够通过上述接触方式与客户进行沟通。营销、销售和服务部门与客户的接触和交流最为频繁，因此客户关系管理系统主要应对这些部门予以支持。

① 营销自动化

营销自动化也称为技术辅助式营销，主要是通过设计、执行和评估营销行动和相关活动的全面框架，赋予市场营销人员更多的工作手段及能力，使其能够对营销活动的有效性加以计划、执行、监视和分析，并能够运用工作流技术来优化营销流程，从而使营销任务自动完成。营销自动化的目的在于使企业能够在活动、渠道和媒体选择上合理分配营销资源，以达到收益最大化和客户关系最优化的效果。

② 销售自动化

销售自动化是以自动化方法替代原有的销售过程，这种方法主要是基于信息技术而形成的。销售自动化的实施可以帮助企业的销售机构及销售人员高质量地完成日程安排、进行有效的客户管理、实现销售预测、制作和提交销售建议书、制定定价与折扣策略、分配和管理销售地域，以及报销报告制度的建立与完善等。

③ 服务自动化

服务自动化是企业依靠信息技术与手段，根据客户的背景资料及可能的需求，与客户进行的多种交流与沟通，并且在特定的时机提示客服人员有效、快捷、准确地满足客户的需求，从而进一步发展、维系与客户的关系。

（3）技术功能

客户关系管理系统一般包含六个主要的技术功能，即信息分析的功能、对客户互动渠道进行集成的功能、支持网络应用的功能、建设集中的客户信息仓库的功能、对工作流进行集成的功能、与企业资源计划集成的功能。

（4）数据库功能

数据库管理系统是客户关系管理系统的重要组成部分，是客户关系管理思想和信息技术的有机结合，是企业前台各部门进行各种业务活动的基础。

从某种角度来说，数据库甚至比其他业务功能更重要。其功能体现在：帮助企业根据客户终生价值来区分各种现有客户；帮助企业准确地找到目标客户群；帮助企业在最合适的时机以最合适的产品满足客户需求，降低成本，提高效率；帮助企业结合最新信息和结果制定出新策略，塑造客户忠诚。

运用数据库这一强大的工具，企业可以与客户进行高效的、可衡量的、双向的沟通，真正体现了以客户为导向的管理思想。

### 2. 客户关系管理系统的类型

客户关系管理系统通常分为以下三种类型。

（1）操作型客户关系管理系统

操作型客户关系管理系统也称为“前台”客户关系管理系统，它包括与客户直接发生接触的各个方面，是通过为客户服务的自动化来改善与客户接触的流程，进而提高工作效率，使客户满意。

操作型客户关系管理系统的设计理念在于：客户管理在企业经营中的地位越来越重要，它要求所有的业务流程流线化与自动化，包括各种渠道的客户接触点的整合，使前台与后台在管理上保持平滑的无缝连接。其目的是企业直接面对客户时能够提供自动化的业务流程，为各个部门的业务人员的日常工作提供客户资源共享，减少信息流动的滞留点，为客户提供高质量的服务。

操作型客户关系管理系统面向的是营销、销售、客户服务等一线、前台的工作。它主要是运用现代技术手段解决“以客户为中心”所带来的一系列问题，如销售信息管理、销售信息分析、销售过程控制、销售过程监控、销售预测功能、营销活动的环境分析、信息管理、计划预算、项目追踪、成本核算、回报预测、营销效果评估、客户服务请求，以及投诉反应机制的建立、分配、解决、跟踪、反馈、回访等。

（2）分析型客户关系管理系统

分析型客户关系管理系统通常也称“后台”客户关系管理，它不需要直接同客户打交道，其作用主要是从操作型客户关系管理系统应用所产生的大量交易数据中提取各种有价值的信息，分析理解发生在前台的客户活动，为企业的经营管理和决策提供有效的量化依据。

分析型客户关系管理系统主要面向客户数据分析，针对一定企业的业务主题，设计相应的数据库和数据集市，利用各种预测模型和数据挖掘技术，对大量的交易数据进行分析，对将来的趋势做出必要的预测或寻找某种商业规律。

作为一种企业决策支持工具，分析型客户关系管理系统用来指导企业的生产经营活动，提高经营决策的有效性和成功率。

（3）协作型客户关系管理系统

协作型客户关系管理系统基于多媒体联系中心，将多渠道的交流方式融为一体，建立统一的接入平台——交互中心，为客户和企业之间的互动提供多种渠道和联系方式，提高企业与客户的沟通能力。

从上面三类客户关系管理系统的介绍和分析可以发现，操作型和协作型系统主要解决内部工作效率和交易数据的采集问题，并不具备信息分析的能力，只有分析型客户关系管理系统具有价值分析功能。如果将客户关系管理系统比作一个人，分析型是人的大脑，操作型是人的手和脚，而协作型有点像人的感觉器官，这个比喻虽不完全贴切，但它们的确有一定的相似性。

企业是先采用分析型，还是先采用操作型，或者协作型客户关系管理系统，完全取决于企业的现状。不论怎样，一定要整体设计，先从最紧迫的需求做起，这样投资小、见效快、风险少，是非常切合实际的做法。

此外，这三种类型的客户关系管理系统都是侧重某一个方面的问题，因此是不完全的。要实现企业与客户之间的联动机制，就需要将它们结合在一起。在客户关系管理系统实际项目中，三种类型的客户关系管理系统往往是相互补充的关系。一个完整的、典型的客户关系管理系统在实际应用中并没有严格意义的操作型、协作型和分析型之分，通常为三者共居于一个系统之中，共同完成同一个企业目标——为客户服务。

# 任务二　客户关系管理中互联网的应用

## 一、互联网的作用

互联网能够突破时空限制，让用户随时随地进行信息的发布与获取，是当今最先进的信息载体。互联网技术是建立在计算机技术基础上的信息技术，能够实现信息的存储、处理、传输。互联网技术的数字化、网络化、高速化能够让客户享受方便快捷的服务。

网络环境下，客户可通过互联网向企业定制产品、发送订单、提出服务请求和服务类型、查询常见的问题、检查订单状态，实现网上的自助服务。企业可以利用网络建立属于本企业的站点，将大量的产品信息和企业信息放在网站的主页上，客户可以随时上网了解这些信息。

对于企业而言，通过网络获得潜在客户也变得更为快捷、简单。当客户在浏览企业产品信息时产生兴趣、想进一步了解更多的信息时，可以注册、填写有关资料，这些注册人极有可能成为企业的潜在客户，而他们浏览过的信息对于企业也是极有价值的，销售人员可以有目的地向他们宣传和推销这些产品，使得他们最终成为企业的客户。

在利用网络发布产品信息的同时，企业还可以在网上开展问卷调查，了解当前客户对产品的意见及发现客户的诸多个性化需求，从而使产品的设计和服务更接近客户的需求，提高客户的满意度。

案例

### 强生公司的网上客户关系管理

强生公司选择婴儿护理品为公司网站的形象产品，将企业网站变成了一部“个性化的、记录孩子出生与成长历程的电子手册”，增强了强生品牌的感召力。由于企业网站变成了一部记录孩子整个成长过程的电子相册，所以“强生”这个名字可能伴随其一生。

强生公司网站界面设计得清新淡雅，明亮简洁，设有“宝宝的书”“宝宝与您及小儿科研究院”“咨询与帮助中心”“母亲交流圈”“意见360度反馈”等创新栏目，让年轻的家长产生想去体验的欲望。强生公司网站时刻提醒年轻的父母们关注宝宝的睡眠、饮食、哭闹、体温等，并且有相关的栏目帮助人们解答育儿疑问。随着孩子的成长，强生会不时递来沐浴露、纸尿裤、围嘴、爽身粉等孩子所需的产品。年轻父母们会突然发现，孩子的成长已离不开强生。

## 二、移动互联网的应用

移动互联网时代，人们追求更加方便快捷的生活方式，而传统的沟通方式日益不适应现代快节奏的生活，移动社交软件的出现带来了沟通方式和生活方式的变革，其中以QQ、微博、微信、陌陌、抖音等应用软件为主要代表。这些应用软件都具有移动互联网时代全新的技术特征，带来了沟通方式的转变，它们实现了人们沟通交流的无距离感、无阻碍，以更加直接的语音通话和在线视频方式突破了传统沟通方式的局限性，以更加简单的认识渠道和沟通方式打破了忙碌生活状态下都市人群的交流壁垒，如图2–2所示。

图2–2 移动互联网的应用

案例

### 移动互联网在商业银行客户关系管理中的应用

商业银行可通过微信公众号和手机银行等移动互联网应用推送营销软文、优惠信息等。其目的一是向潜在客户进行信息推送，吸引新客户；二是向老客户推送信息，维护老客户的关系。

软文方面，商业银行可根据最新发生的新鲜事、节日等热点撰写软文来营销产品，促进客户了解甚至购买和使用产品。

优惠信息主要包括信用卡支付优惠、网上商城的折扣商品介绍等，提醒客户使用信用卡或购买优惠产品，以提高客户的满意度和黏合度。

手机银行是商业银行线上流量的主要入口，主要包括支付、交易、理财融资、消费四大功能，银行可以结合营销活动引导客户使用移动端渠道。

随着移动互联网的发展，网络社交购物市场越来越受到各方平台和资本的青睐，是未来发展的一片蓝海。

社群营销是基于社群形成的一种新的营销模式，通过互联网超强的传播效应，借助社群成员对社群的认可和归属感建立良好的互动体验，增加社群成员之间的黏合度，从而让社群成员自觉传播品牌，甚至是直接销售产品，达到营销目的。

**知识拓展**

### 社交网络的特性

社交网络具有三大特性：一是传播速度快，以微博、微信为代表；二是情感共鸣强，一则消息一旦抓住用户的“痛点”，引发其共鸣，便会产生大范围的传播，一个热点事件引爆网络后很可能引发全民讨论，瞬间点燃整个网络；三是黏性强，以微信、微博、直播等主导的社交网络平台将目标客户群聚集在一起，通过互动运营、情感营销增加客户对企业的好感，而这种好感不仅影响到社群成员本身，还会通过社交网络的发散性影响到社群成员周围的人。

## 三、新媒体的应用

新媒体是一个相对动态的概念，与报纸、广播、电视等传统媒体不同，主要依赖现代化的数字技术和通信技术，借助计算机、手机、平板等用户终端，将视频、文字、图片、语音等多种数字化信息实时、快速、便捷地传输，是一种全新的传播方式和手段。

新媒体时代，受众既是信息的接受者，同时也是信息的创造者，可随时随地将自己看到的内容通过视频、图片等方式，借助网站、论坛、微信、微博、QQ、抖音等平台迅速发布、传播和评价，体现出更强的自主性。图 2-3 为用户通过微信平台分享的图片。

图 2-3　用户通过微信平台分享的图片

新媒体为企业开展客户关系管理提供了新的传播平台，企业可以对用户信息进行分类汇总，根据用户的需求和消费喜好开发潜在客户，针对产品进行文字描述并配备相应的图片及视频，更好地实施网络推广、广告植入等，从而扩大产品宣传的范围，提升产品宣传的有效性和时效性。

案例

**良品铺子的微信运营**

在没做微店之前，最让良品铺子头痛的是，有限的线下实体店完全无法容纳品种丰富的产品，很多情况下由于储藏位置有限，爆款产品常常断货，微信很好地解决了这一问题。良品铺子将线下忠实客户聚集在微信公众号，实体店中只展示零食样品及试吃。若客户决定购买，则由店员指导其在微店下单，已购产品会从仓库直接邮寄至客户指定的地点。此外，原本良品铺子得先向供货商拿货储存在库房，再从库房调货至每个门店，然后根据每家店的销售情况定时补货。现在，良品铺子可依据销售情况向供应商按量拿货，且产品可从供应商处直接送到客户手中，从而大大节省了物流成本。

# 任务三　客户关系管理中大数据的应用

## 一、数据挖掘技术的应用

数据挖掘是从大型数据库中提取人们感兴趣的知识，这些知识是隐含的、未知的、有用的信息，提取的知识表示为概念、规则、规律、模式等，如图 2–4 所示。

### 1. 数据挖掘的流程

数据挖掘的大致流程如下。

（1）掌握企业内部各部门各自所负责的业务和这些业务的特点，并把这些特点归纳为对现有数据进行分析的必要条件和参数。

（2）对现有数据进行详细归类整理和系统分析。对同类数据进行转换，对不符合条件和参数的数据进行清理，有时还要从数据库的多个数据源中抽取相关联的数据并加以组合。

图 2–4　数据挖掘技术的应用

（3）建立数据挖掘模型，为数据挖掘打造良好的基础框架。数据库技术在客户关系管理系统中起到了技术支撑平台的作用，客户关系管理系统在以数据库技术为代表的信息技术集成作用下，基本摒弃了市场营销领域靠经验决策的做法，极大地提高了决策的科学性和准确性。

（4）对数据挖掘进行评估，在不同的时段让系统对已发生的情况进行预测，然后比较预测结果和实际情况以验证模型的正确性。

案例

**沃尔玛对数据的挖掘**

沃尔玛的信息系统是非常先进的，其主要特点是：投入大、功能全、速度快、智能化和全球联网。目前，沃尔玛中国公司与美国总部之间的联系和数据都是通过卫星传送的。沃尔玛能够跨越多个渠道收集最详细的客户信息，并且能够造就灵活、高速供应链的信息技术系统。通过信息共享，沃尔玛能和供应商们一起推动业务的发展，能帮助供应商在业务的不断扩张和成长中掌握更多的主动权。

沃尔玛的模式已经跨越了企业内部管理（ERP）和与外界“沟通”的范畴，而是形成了以自身为链主，链接生产厂商与客户的全球供应链。沃尔玛能够参与上游厂商的生产计划和控制中去，因此能够将消费者的意见迅速反映到生产中，按客户需求开发定制产品。

### 2. 数据挖掘技术的应用

（1）客户细分

通过数据挖掘技术，可以将客户按照不同的特征和行为分成不同的细分群体，如年龄、性别、消费偏好等。这有助于企业更好地了解客户需求，并为他们提供个性化的产品和服务。

（2）客户价值评估

通过数据挖掘技术，可以分析客户的消费行为和交易历史，计算客户的价值指标，如消费频率、购买金额和生命周期价值等。这有助于企业确定哪些客户对企业收益贡献最大，并制定相应的营销策略。

（3）客户流失预测

通过数据挖掘技术，可以分析客户的行为模式和特征，识别出可能流失的客户，提前采取措施进行挽留。这有助于企业降低客户流失率，保持客户的忠诚度。

（4）交叉销售和推荐系统

通过数据挖掘技术，可以挖掘客户之间的关联关系和购买行为模式，提供个性化的交叉销售和推荐建议。这有助于企业增加交叉销售率和提升客户满意度。

（5）客户反馈分析

通过数据挖掘技术，可以分析客户的反馈数据，如评论、投诉和调查结果等，提取其中有价值的信息和洞察，并将其应用于产品改进、服务优化和营销决策。

## 二、大数据技术的应用

大数据的特点可以概括为5V，即大量（volume）、高速（velocity）、多样（variety）、价值密度（value）、真实性（veracity）。大数据分析指的是在数据密集型环境下，对数据科学的再思考和进行新模式探索的产物。随着大数据技术的发展，企业可以得到关于客户的各种数据，如年龄、性别、住址、收入、购物习惯……可从众多的数据中勾勒出客户的虚拟画像。

大数据的计算和运用，可以帮助企业搜集并对消费数据进行分析，可推断出客户的个人偏好、需求等，进一步预测客户将来的购物行为和需求，从而将相对应的产品信息精准地推送到客户面前，最大限度挖掘市场机会。

## 知识拓展

### 大数据技术在商业银行客户服务中的应用

1. 个性化推荐和营销

商业银行可以通过大数据技术分析客户的交易历史、资产配置和消费偏好等数据，实现个性化的产品和服务推荐。例如，根据客户的消费习惯和偏好，向其推荐合适的理财产品或信用卡。这样可以提升客户满意度和交叉销售率。

2. 欺诈检测和风险管理

商业银行可以利用大数据技术监测客户的交易行为，识别异常活动和风险信号，以便及时发现和防范欺诈行为。例如，通过分析客户的交易模式、地理位置和金额等数据，识别出异常的交易行为，并及时进行风险评估和调查。

3. 客户流失预测和挽留

通过大数据技术，商业银行可以分析客户的交易历史、投诉反馈和社交媒体数据等，预测客户可能的流失倾向。通过提前识别潜在流失客户，并采取相应的挽留措施，例如，个性化优惠、专属服务等，以保持客户忠诚度。

4. 实时风险评估和信贷决策

商业银行可以利用大数据技术实时监测和评估客户的信用风险，以便更准确地做出信贷决策。通过分析客户的借贷记录、财务状况和社交媒体数据等，评估其还款能力和信用历史，提供更精准的信贷产品和利率定价。

5. 客户服务优化

商业银行可以利用大数据技术分析客户反馈和投诉数据，了解客户关注的问题和痛点，及时进行改进和优化。例如，通过分析客户服务中常见的问题和解决方案，优化自助服务系统和客户支持流程，提升客户满意度。

在大数据时代，企业可以利用大数据分析提取逻辑信息，准确预测和分析市场，并据此制定服务策略。通过大数据分析平台，企业可优先满足高价值、高贡献的客户需求，实现资源回馈。

新兴技术如大数据和云计算蓬勃发展，企业可通过移动通信、物联网、数据分析等技术应用了解用户购买偏好、频率、忠诚度等消费行为，提供个性化定制的产品和服务。

大数据和云计算带来了技术和思维方式的变革，从因果关系挖掘转变为相关关系挖掘。通过相关性和聚类分析可对客户群体进行分类，如偏好、年龄层、消费习惯，为不同分类制定销售和服务策略，满足个性化需求。

总而言之，大数据技术改变了客户关系管理，取代了昂贵的用户调研和焦点小组。如今，企业和客户之间的触点丰富多样，如用户论坛、社交网络、浏览记录、智能交互。通过数字化触点，企业可以更好地了解客户需求，并快速响应。

# 任务四　客户关系管理中人工智能的应用

## 一、人工智能的应用

人工智能的语音识别技术、人脸识别技术、情感感知技术，能够识别客户，并且在和客户交流过程中熟悉客户，回答客户提出的问题、介绍产品、语音引导客户办理业务。机器人在客户输入数据办理业务的同时，可以将数据传送到后台进行分析，了解客户的需求并智能地向客户进行产品推荐。例如，智能语音客服主要运用语音识别功能和语音数据挖掘功能，当客户提出的问题比较简单时，语音客服可以直接回答，如果问题比较复杂，则会转接人工服务进行解答。

新零售是在移动互联技术和新兴消费者群体的带动下产生并发展起来的以大数据、云计算、物联网、系统仿真、虚拟现实等人工智能技术为支撑，以线上线下物流结合为特点，以消费者为中心的新型零售业态。新零售商业模式下，企业利用人工智能技术更好地分析消费者的需求，锁定并抓住目标消费者，精准推送消费者需要的购物信息，分析目标消费者内在的需求。通过客户关系管理系统将消费者的信息收集起来加以分析利用，利用现代化的通信方式向顾客传递购物信息、优惠活动等。人工智能的大数据计算可以保留顾客的信息，更好地对顾客的购物需求及购物能力做出预测，实现客户管理的智能化。

**知识拓展**

### 人工智能在客户关系管理中的应用

1. 聊天机器人

通过自然语言处理和机器学习等人工智能技术，企业可以创建聊天机器人来与客户进行实时互动。聊天机器人可以回答常见问题、提供产品信息、处理投诉，并根据客户的需求和行为提供个性化建议，提升客户体验和满意度。

2. 情感分析

人工智能可以帮助企业分析客户在社交媒体、在线评论和调查等渠道表达的情感状态。通过情感分析，企业可以了解客户对产品、服务和品牌的态度，发现潜在的问题和改进空间，并做出相应的营销和服务策略。

3. 社交媒体监测

人工智能可以监测和分析客户在社交媒体平台上的活动和言论。企业可以通过人工智能技术及时了解客户对产品和服务的反馈、投诉以及参与有关品牌和行业的对话，进一步加强与客户的互动和关系。

4. 推荐系统

人工智能可以建立个性化的推荐系统，根据客户的偏好和历史行为推荐相关的产品和服务。通过分析大量的用户数据，人工智能可以理解客户的兴趣和需求，提供更精准的推荐，增加交叉销售和提升客户满意度。

5. 客户预测和细分

通过人工智能技术，企业可以分析大量的客户数据，预测客户的行为和需求，并将客户分成不同的细分群体。这有助于企业针对不同群体制定个性化的营销策略，提供更好的产品和服务。

## 二、呼叫中心技术的应用

### 1. 呼叫中心技术

现代通信技术的发展让消费者享受到了舒适和便利。只需通过电话，消费者就能够购买所需产品、享受所需服务，解决疑问或故障。呼叫中心是庞大的服务系统，利用先进的通信和计算机技术，集成各种资源，实现信息处理、语音应答、资源分配和管理等功能。呼叫中心的别名有客户服务中心、客户关怀中心、客户接触中心、电话销售中心等。与互联网结合的互联网呼叫中心，通过语音呼叫、文本交谈等方式，为客户提供个性化、快捷的服务，提高业务代表的能力。

### 2. 呼叫中心技术在客户关系管理中的应用

（1）协调内部管理，为客户提供一站式服务

通过呼叫中心，可将企业内分属各职能部门的客户服务集中在一个统一的对外联系“窗口”，采用统一的标准服务界面，最终实现一个电话解决客户所有问题的目标，有助于进一步协调企业的内部管理，避免了企业内部门之间相互推诿的现象，有效地为客户提供高质量、高效率、全方位、“一站式”的服务。

（2）提高企业运作效率，降低企业成本

由于高新技术的采用，呼叫中心有效地减少了通话时间，降低了网络费用，提高了员工及业务代表的业务量，特别是自动语音应答系统可以将企业员工从繁杂的工作中解放出

来，去管理更复杂、直接和客户打交道的业务，提高了工作效率和服务质量。无须增加服务人员，企业便可以提高服务的等级，同时提高业务代表的利用率。在提供新产品、新业务或增加新系统、新设备时，也能够减少业务代表的培训时间。

此外，呼叫中心统一完成语音与数据的传输，用户通过语音提示即可轻易地获取数据库中的数据，有效地减少每个电话的时长。每位业务代表在有限的时间内可以处理更多电话，大大提高电话处理的效率及电话系统的利用率，降低企业成本。

（3）个性化服务提高客户满意度，强化客户忠诚

呼叫中心可为客户提供更好的，而且往往是普通营业网点提供不了的服务。例如，自动语音设备可不间断地提供礼貌而热情的服务，即使在晚上客户也可以利用自动语音设备提取所需的信息，而且由于电话处理速度的提高，大大减少了用户在线等候的时间。

呼叫中心的业务代表可以在接听电话时，从计算机屏幕上了解到有关来电客户的基本信息，如客户的姓名、住址、个人爱好等，这就可以减少向用户提供所需信息的查询与响应的时间，根据这些资料，业务代表还能为客户提供更加亲切的“个性化”服务，使服务质量得到提高，增加客户价值，提升客户满意度。另外，不少呼叫中心在接受客户呼叫的同时，也能主动向客户进行产品宣传，实现客户购买，在扩大市场份额的同时，也强化了客户忠诚。

（4）提升企业商机，优化资源配置

呼叫中心集中了企业的所有客户信息资料，并实施完善的客户信息管理、客户分析、业务分析等，从而帮助企业判断最有价值客户，留住企业的老客户，找出客户的需要并满足他们的需要，在挖掘商机的同时，为企业的发展、决策提供事实依据。

呼叫中心也为企业提供了更好地了解客户、与客户保持联系的机会，使企业能从每次呼叫中捕捉到新的商业机遇，能增加企业的收入。呼叫中心的建立还有助于企业充分掌握客户的情况，使企业能在自身资源和能力范围内，合理分配有限的人力、物力、财力，按业务重要性程度进行资源的最优化利用，实现资源的优化配置。

案例

### 电信公司使用呼叫中心技术改善客户关系管理

某电信公司建立了一个先进的呼叫中心，整合了计算机技术、语音处理、智能分配和客户关系管理系统。

当客户拨打电话寻求服务或解决问题时，他们可以直接接入呼叫中心。呼叫中心的自动语音应答系统会引导客户进行选择，例如，选择账单查询、故障报修、套餐变更等。一旦客户选择了相关选项，即会被转接给相应的客户代表。

通过呼叫中心，客户代表可以实时获得客户的基本信息、历史服务记录和个人偏好。

帮助客户代表更好地了解客户需求，并提供个性化的服务建议。客户代表可以处理客户的问题、提供技术支持、解答疑问等。

此外，呼叫中心还能提供自动化的服务，例如，自助查询账单、套餐订购和故障排查等。客户可以通过呼叫中心的语音导航系统进行操作，节省时间、操作快捷。

通过呼叫中心，该电信公司能够提供更加高效、个性化的客户服务。客户通过电话即可获得所需的支持和解决方案，无须亲自前往营业厅或等待客户代表的上门服务。这一技术的应用提升了客户满意度，改善了客户关系管理，并提升了公司的业务效率。

## 课后实践

学习完本项目的内容后，认真完成表 2-3 的实践清单。

表 2-3　实践清单

| 使用微信公众号进行客户关系管理 | |
|---|---|
| 实践任务 | 设计并实施一个使用微信公众号进行客户关系管理的实践项目。通过微信公众号，建立与目标客户群体的有效沟通渠道，并提供个性化的信息、服务和支持，以增强客户的满意度和忠诚度 |
| 实践目标 | （1）熟悉微信公众号的功能和特点，以及在客户关系管理中的应用；<br>（2）学习设计和运营一个吸引人、实用性强的微信公众号，以满足目标客户的需求；<br>（3）掌握使用微信公众号与客户进行互动、提供信息和支持的技巧与策略；<br>（4）提升客户的满意度和忠诚度，建立良好的客户关系，实现客户关系的持续发展 |
| 实践步骤 | （1）了解目标客户的特点、需求和行为习惯。明确目标客户的关键特征，以便更好地定位和提供服务；<br>（2）根据目标客户的特点和需求，设计一个具有吸引力和实用性的微信公众号，包括菜单栏设置、自动回复、图文消息等功能，以提供信息、交流和服务；<br>（3）根据目标客户的需求和话题，策划有趣、有益的内容，通过文字、图片、视频等形式发布，定期推送内容，保持与客户的持续互动；<br>（4）通过微信公众号提供个性化的互动和服务，使客户感受到关怀，例如，回复客户的留言和提问，提供定制化的信息和优惠活动等 |
| 实践提示 | （1）不断收集客户的反馈和意见，关注客户的需求和关注点，及时调整微信公众号的内容和服务策略，以提高客户的满意度；<br>（2）运用微信公众号的互动功能，组织抽奖、问答等活动，激发客户的参与度和忠诚度，提高互动的趣味性和吸引力；<br>（3）加强微信公众号的品牌宣传和推广，通过线下活动、社交媒体等方式吸引更多的粉丝和客户关注；<br>（4）定期进行数据分析和评估，了解微信公众号的运营效果和客户反馈，据此优化运营策略和服务内容 |

（续表）

| 使用微信公众号进行客户关系管理 | |
|---|---|
| 实践总结 | |

## 实践评价

完成以上实践后，认真完成表 2-4 的实践评价。

表 2-4　实践评价

| 评价内容 | 分值 | 得分 |
|---|---|---|
| 参与实践的积极性、主动性 | 25 | |
| 独立思考能力 | 25 | |
| 协作能力 | 25 | |
| 对客户关系管理中互联网的应用的掌握程度 | 25 | |
| 教师点评： | | |

## 项目小结

客户关系管理流程是实现企业长期发展的关键。通过建立完善的客户关系管理体系，包括客户识别、需求分析、个性化服务、反馈处理等环节，企业可以提供高质量的产品和服务，提高客户满意度和忠诚度。

客户关系管理系统是实现客户关系管理的重要工具。它能够收集、整理、分析客户数据，提供个性化的服务和解决方案，提高客户满意度和忠诚度。

互联网、移动互联网、新媒体等技术的发展，为企业提供了新的平台和机会。这些技术能够快速传递信息、增强互动性，提高客户参与感和忠诚度。

数据挖掘、大数据、人工智能等技术也在客户关系管理中发挥着关键作用。它们能够提供更精确的个性化服务，提高企业的决策能力和效率。

呼叫中心技术也是客户关系管理的重要组成部分。它能够提供 24 小时的客户服务，及时解决客户问题和投诉，维护良好的客户关系。

企业应该重视客户关系管理流程与技术的应用，以适应不断变化的市场环境。同时，企业也需要不断创新和完善管理模式和方法，以实现企业的可持续发展。

## 思考练习

1. 客户关系链管理流程有哪些?
2. 客户关系管理系统的类型有哪些?
3. 数据挖掘有哪些流程?

# 项目三

# 客户开发管理

## 项目导读

客户开发管理是指企业通过各种途径和策略，寻找、识别、选择和开发潜在客户的过程。客户开发管理是企业成功的关键之一，它可以帮助企业寻找潜在客户，提高销售业绩和市场份额。这个过程需要深入了解客户需求和市场趋势，制定有针对性的策略和工具，以提高客户开发的有效性和成功率。同时，企业也需要注重营销导向的开发策略，以适应不断变化的市场环境。

## 学习目标

### 知识目标

（1）了解客户分析方法。

（2）了解客户选择的标准。

### 技能目标

（1）了解市场调研方法。

（2）掌握客户分类和筛选技巧，能够根据客户特征和需求，进行有效的客户选择。

（3）学习客户开发的销售技巧，包括营销沟通、客户关系建立和维护、谈判技巧等，以提高客户的满意度和忠诚度。

### 素质目标

（1）培养学生良好的人际沟通与合作能力，能够与不同的客户进行有效的沟通和关系建立。

（2）培养学生的创新思维和解决问题的能力，能够灵活运用不同的策略和方法，满足客户需求。

（3）培养学生的服务意识和团队合作精神，能够以客户为中心，与同事紧密合作，共同实现客户开发目标。

## 思政目标

（1）培养学生正确的市场观和商业伦理，注重客户的合法权益和长期合作关系。

（2）培养学生的社会责任感和协作精神，将客户的需求与社会及环境可持续发展相结合。

（3）鼓励学生积极探索新的客户开发方法和策略，推动企业的业务发展和社会经济进步。

## 案例导入

### 小米科技开拓印度市场

受人口众多优势的影响，印度手机市场受到很多厂商的青睐。主流品牌相继在印度布局。小米科技是最早进入印度发展的国产智能手机厂商之一，其不仅在印度销售手机，而且在印度建立了手机生产基地。当年，小米科技进军印度市场时，印度还没有建立起成熟的手机线上销售渠道。小米科技将自己的线上销售方案移植到了印度，通过节省门店和仓储成本，将手机生产及营销成本降下来。小米手机物美价廉的特点给印度民众留下了良好的印象。截止2023年底印度智能手机市场数据来看，小米手机在印度市场占有率为18%，无论是在营销战略还是营销策略上，都证明了小米科技的强大生命力。

# 任务一　客户的寻找与识别

客户是企业的重要资源，客户资源决定着企业的未来。企业要想在激烈的市场竞争中发展壮大，就要设法吸引消费者，并与其建立长期、良好的关系。客户识别是客户关系管理过程中不可缺少的管理环节，是客户关系管理的前提。

客户开发是一种以企业与客户的现有关系为基础，以客户为中心，发现客户多种需求，去销售更多的产品，满足其多种需求的营销方式。

客户开发实际上是客户需求的开发，通过寻找客户、分析客户的行为，发现客户新的需求，为客户提供更多更好的服务。客户开发工作不仅可以提高顾客满意度和忠诚度，稳固客户关系，还可以给企业创造更多的利润与销售，提高企业的盈利水平与竞争能力。

## 一、客户分析

洞察客户行为是客户关系管理的基础。给用户画像，对用户行为进行分析是深度了解客户需求、应对客户需求变化的重要手段。

### 1. 客户洞察

客户洞察是一种关于客户的普遍性认知，它揭示了客户需求的底层逻辑。客户洞察不是指某个营销人员对客户的熟悉与了解的能力，它指在企业层面对客户数据的全面掌握，以及在市场营销与客户关系管理决策方面的有效运用。

客户洞察步骤如下：客户数据采集、客户数据分析及客户洞察应用。

客户分析

（1）客户数据采集

客户数据采集是利用硬件设备或软件程序，从企业内外部获取有用客户信息的过程。在互联网快速发展的今天，数据采集已经被广泛应用于各行各业。

客户数据采集要满足以下三个基本要求。

① 数据采集的全面性

例如，查看 App 使用行为，需要采集从用户触发时的环境信息、会话，以及背后的用户 ID，最后需要统计这一行为在某一时段触发的人数、次数、人均次数、活跃比等。

② 数据采集的多维性

例如，查看 App 的使用情况，需要采集用户使用 App 的哪些功能、点击频率、使用时长、各 App 使用时间间隔等多个属性。

③ 数据采集的高效性

高效性包含技术执行的高效性、团队成员协同的高效性，以及数据采集目标实现的高效性。

（2）客户数据分析

客户数据分析是企业根据客户信息来分析客户特征，评估客户价值，从而有效制定客户关系管理策略的过程。客户数据分析包含商业行为分析、客户特征分析、客户忠诚度分析，以及客户价值分析。通过客户分析，企业可以了解不同客户的需求、不同客户的消费行为，以及不同客户的商业价值，为客户识别、策略选择与开发提供依据。

（3）客户洞察应用

客户洞察是企业了解客户需求及偏好的客观真实反映手段，企业通过跟踪客户交易或消费行为数据，建立客户消费模型，为制定客户识别、客户选择、客户分级、客户沟通与体验以及客户服务等策略提供决策依据。

### 2. 用户画像

用户画像是根据用户的社会属性、生活习惯和消费行为等信息进行数据分析，形成特定用户模型。它可以帮助企业更好地把握用户群体。用户画像代表了不同用户类型及其相似的态度和行为，描述了用户的目标、动机、习惯和喜好。它将人们划分为不同的群体，每个群体具有相似的购买行为、价值观和消费偏好，并对品牌、产品或服务表现出类似的消费态度。用户画像已广泛应用于市场营销和客户关系管理领域，尤其随着大数据技术的发展，在线下和线上场景都得到了运用。

用户画像流程一般可以分为目标分析、标签体系构建、画像构建三个步骤。

（1）目标分析

明确用户画像的目标是构建用户画像的第一步，也是设计标签体系的基础。目标分析一般可以分为业务目标分析和可用数据分析。画像的目标确立要建立在对数据深入分析的基础上，脱离数据绘制的画像目标是没有意义的。

（2）标签体系构建

用户画像的核心工作就是给用户打标签，构建什么样的标签是由业务需求和数据的实际情况决定的。标签体系具有类别属性，同时又具有层次化。一级标签有人口属性、行业偏好、购物偏好，这些标签都是抽象化的标签集合。二级标签是一级标签的具体化，三级标签又是二级标签的具体化。

底层标签设计要求如下：每个底层标签只能表示一种含义，避免标签间冲突；标签必须有一定的语义，方便人员理解；标签要具有一定的区分度，区分过粗或过细都会影响标签的通用性。

需要说明的是，标签体系并不是一成不变的，随着业务的发展，标签体系也会发生变化。例如，电商行业最初只需要消费偏好标签，随着智能手机的普及，卫星定位数据易于获取，而且线下营销也越来越注重场景化，因此卫星定位标签也有了构建意义。

（3）画像构建

用户画像构建涉及以下三类标签。

① 人口属性标签

人口属性标签包括年龄、性别、学历、人生阶段、收入水平、消费水平、所属行业等，这一类标签比较稳定，标签体系也比较固定。

② 兴趣属性标签

兴趣属性标签主要从用户海量的行为日志中进行抽取，具有一定的时效性，标签体系不固定。

③ 地理属性标签

地理属性标签比较容易构造且标签比较稳定，卫星定位标签一般从手机端获取，需要实时更新。

**知识拓展**

### 客户开发与交叉销售

很多管理人员往往将客户开发与交叉销售相混淆，实际上客户开发的内涵要宽于交叉销售。交叉销售的产品之间往往具有一定的关联性，销售人员往往以先前已经出售给客户的产品或公司的主打产品为基础，将一些与之功能或效用相关的其他产品推荐给客户。例如，销售个人电脑的业务人员同时向客户推销打印机；商业银行在个人金融业务方面推出各种存款产品、理财产品、贷款产品、中间业务产品，以及各种个人金融服务的交叉销售。

客户开发不强调产品之间存在某种功能或效用上的关联性，而是强调客户多种需求的满足。客户开发过程中提供的产品之间可以是有关联的，也可以是毫无关系的，关键是客户是否需要。

所以交叉销售只是客户开发的一种形式而已，例如，移动通信公司向客户推销语音信箱新业务，既是交叉销售，也是客户开发行为；联合某个金融机构向客户提供移动通信信用卡，是客户开发活动，但不是交叉销售行为，因为信用卡与移动通信服务之间没有效用上的关联性，但是满足了客户的需求。

## 二、客户识别对策

客户识别对策是根据客户特征或购买记录等信息，判断客户需求及客户价值，从而确定企业的潜在或现实客户的过程。客户识别对策也是从目标市场客户群体中识别出对企业有意义的客户，并将其作为企业实施客户关系管理对象的过程。

### 1. 识别客户需求

客户需求是客户有能力购买并愿意购买某种产品或服务的消费需要。

在客户需求识别的过程中，企业外部因素会影响客户的需求，内部因素则会影响企业的识别能力。因此，识别客户需求时必须考虑这两个方面的因素。同时，在客户需求的不同阶段，其影响因素和识别方法也不同。

（1）体验中心法

设立体验中心是识别客户需求的有效方法。对一些高科技产品、时尚产品而言，这是一种新颖而有效的识别客户潜在需求的方法。

案例

**大疆的用户体验中心**

以技术创新为导向的深圳大疆创新公司（以下简称“大疆”）是全球领先的无人机制造商。为了让无人机爱好者更好地了解大疆产品，大疆陆续在线下设立了用户体验店，深圳欢乐海岸是大疆设立的首家体验店。大疆体验店造型现代，使用了不规则玻璃幕墙和白色外墙，内部以黑、白两色为主，科技感十足。体验店内设有产品静态展示区、飞行演示区、“天空之城”体验区、交流展示区、飞行影院等功能性区域。店内的产品种类也相当齐全，从悟系列、精灵系列，再到御系列无人机，从手持云台到运动相机，大疆产品都悉数亮相。体验店可以让用户充分领略大疆产品的特点和实际使用效果，同时也能获取用户使用过程中的一些实际感受，从而有助于大疆制造出用户想要的产品。

（2）深度访谈法

深度访谈可用于采集被调查者对企业产品或服务的看法，如用于了解客户如何做出购买决策、产品或服务如何被使用，以及客户需求倾向等。

（3）竞争对手研究法

竞争迫使企业不断寻找新的、更有效的方法来使企业得到长久的发展。通过研究竞争对手的产品或服务，企业可以了解客户的基本需求，推动企业对客户需求的识别。

（4）数据挖掘法

基于人工智能、机器学习、大数据分析等技术的数据挖掘，可以高度自动化地分析客户需求信息，从中挖掘客户需求模式，预测客户需求趋势，帮助企业进行决策，减少企业经营风险。

### 2. 识别潜在客户

客户可以分为非客户、潜在客户、现实客户和流失客户等类型。在四类客户当中，潜在客户、现实客户为有效客户，是企业需要重点关注的对象。

案例

#### 成功挖掘客户——慧眼识珠

两名客户在某银行营业厅内绕行一圈后准备离开，大堂经理见状，主动上前询问他们要办理什么业务。客户表示想开立个人结算账户，但想要优先办理。大堂经理听后，立即向客户推介了理财金卡，并通过言谈判定此客户为潜在优质客户，便将其引至理财室，做进一步深入交流。

理财经理通过与客户进一步交谈得知，客户在多家银行都有大额存款，对银行提供的高端服务有强烈需求，便带领客户参观了银行的财富管理中心，向客户详细介绍了中心的功能和服务，推介了财富管理中心的专属理财产品，鼓励客户成为会员，以便享受预约式服务、专属理财服务及专属泊车位服务等。客户对财富管理中心优雅的环境与周到的服务印象深刻，当场表示将从他行转100万元至财富管理中心成为会员。如今，该客户已在这家银行购买了共计1 200万元的理财产品，成为财富管理中心又一高端客户。

（1）识别潜在客户的MAN法则

潜在客户是企业潜在的客户资源，开发潜在目标客户是企业保持客户关系、培养忠诚客户的前提。满足一定条件，如“用得着”或“买得起”的客户才能称得上潜在客户。

① “买得起”是指客户的支付能力（money）

例如，虽然客户家里有台式机、笔记本电脑、平板电脑或智能手机，但其基于经济原因而不愿意开通千兆光纤接入业务，这类客户也不是潜在客户。

② “用得着”是指客户有购买需求（need）

不是所有客户都对企业某一产品或服务有需求，有需求的客户一般是具有一定特性的群体。如确定千兆光纤接入业务的潜在客户时，客户如果连台式机、笔记本电脑、平板电脑或智能手机等都没有，就根本不会办理光纤业务，即这类客户就不是潜在客户。

③ “说了算”是指客户的购买决定权（authority）

满足“用得着”或“买得起”条件的客户并不能构成潜在客户，只有具备“用得着”和“买得起”条件的同时能够“说了算”的客户才是企业真正的潜在客户。

因此，企业在选择潜在客户时必须遵循一定的条件，即 MAN 法则——具有购买能力、购买决定权及购买需求。

（2）识别潜在客户的对策

潜在客户应该符合 MAN 法则，但在实际操作中，企业识别潜在客户应根据具体情况采取不同的对策，见表 3-1。

表 3-1　企业识别潜在客户的对策

| 对策 | 措施 |
| --- | --- |
| M+A+N | 该客户是标准潜在客户，是企业理想的销售对象 |
| M+A+n | 进行客户跟踪，一旦客户有需求，销售就要跟上 |
| M+a+N | 与客户深入沟通，设法找到具有购买决定权的人 |
| m+A+N | 与客户深入沟通，调查客户企业状况，根据信用条件给予其融资 |
| m+a+N | 考虑对客户进行长期跟踪，观察其是否具备条件 |
| M+a+n | 考虑对客户进行长期跟踪，观察其是否具备条件 |
| m+A+n | 困难客户，可对其采取放弃策略 |
| m+a+n | 非客户，可对其采取放弃策略 |

可见，潜在客户有时欠缺了某一条件，如购买能力、购买需求或购买决定权等，企业仍然可以考虑对其进行开发，只要应用适当的开发策略，便能使其成为企业的新客户。

### 3. 识别价值客户

现实中，并不是所有客户都能与企业保持长久关系，总存在着一些客户，他们的购买决策只受价格因素的影响，客户会因价格因素而流失。但也有一些客户更关心商品的质量、价值和服务，能与企业建立长久关系。因此，客户可以被划分为两种类型：交易型客户和关系型客户。

交易型客户只关心商品的价格，他们会因为买到便宜的东西而沾沾自喜；关系型客户希望能找到一个可以依赖的供应商，并与之建立长久的关系。交易型客户给企业带来的价值有限，而关系型客户却能给企业带来长久的价值。

企业可以通过数据库营销系统计算单个客户的销售总边际贡献和折扣百分比来跟踪客户，以区分交易型客户和关系型客户。将交易型客户剔除，仅分析关系型客户价值的大小。

关系型客户的价值具体可划分为两个维度，即当前价值和潜在价值。当前价值是客户按照目前的购买模式能为企业创造的价值；潜在价值是客户未来有望为企业带来的利润现值。根据每个客户的当前价值和潜在价值，企业可以将所有客户分成四类：铂金客户、黄金客户、铁质客户及铅质客户。四类客户价值矩阵如图 3-1 所示。

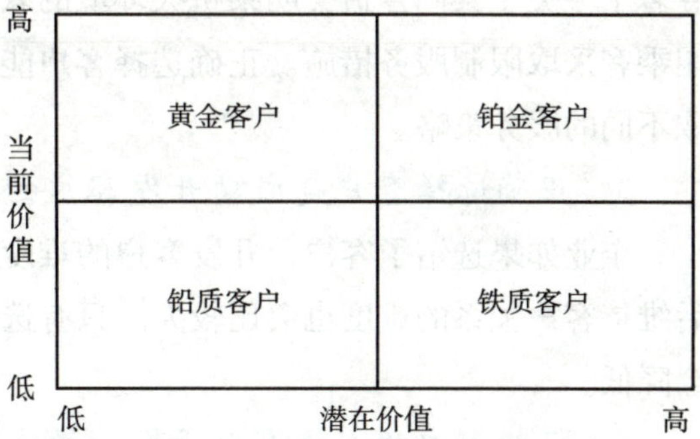


图 3-1　四类客户价值矩阵

企业可以根据不同客户价值合理分配有限资源：铂金客户为企业创造的利润最多，对企业价值的贡献最大，是企业重点进行客户关系管理的对象；黄金客户对企业贡献的价值次之，也是企业利润的贡献大户，企业应维持并发展与这类客户的关系；铁质客户属于具有价值潜力的客户，企业可通过再造客户关系，让该类客户在未来转化为黄金客户或铂金客户；铅质客户的当前价值较低、潜在价值也较低，企业可以尝试通过再造客户关系将其转化为铁质客户，或在企业资源有限的情况下对其采取一般性对待。

# 任务二　客户选择策略

客户是企业经营的基础和价值创造的源泉，但并不是所有的购买者都是企业的有效客户，也不是所有的客户都能给企业带来收益，只有优质的客户资源才是企业取得竞争优势的法宝。因此，正确选择客户是成功开发客户的前提。

## 一、客户选择的必要性

客户是企业利润的源泉，企业在一定环境因素的约束下选择什么样的客户，是企业需要面对的问题之一，也是企业开发客户的基础。

### 1. 不是所有的购买者都是企业的有效客户

不同客户需求的差异性以及企业自身资源的有限性，使每个企业能够有效服务的客户类别和数量是有限的，市场中只有一部分客户能成为企业产品或服务的实际购买者。企业如果能准确地选择属于自己的客户群体，那么可以降低客户开发成本，从而有效减少企业的费用支出。

### 2. 不是所有的客户都能给企业带来收益

客户间存在差异，并不是每个客户都能为企业带来价值。一般来说，优质客户带来高价值，普通客户带来低价值，劣质客户带来负价值，有些客户甚至是问题的制造者。

例如，中国国航、东方航空、南方航空、海南航空、春秋航空五家航空公司曾在三亚签署了《关于共同营造文明乘机大环境的联合声明》，通过建立信息共享机制合力对不文明乘客采取限制服务措施。正确选择客户能增加企业盈利，这就要求企业针对不同客户采取不同的服务策略。

### 3. 正确选择客户是成功开发客户的前提

企业如果选错了客户，开发客户的难度将会比较大，开发成本也会比较高，开发成功后维持客户关系的难度也会比较大。只有选对了目标客户，开发客户和维护客户的成本才会降低。

### 4. 目标客户的选择有助于企业的准确定位

不同客户群的消费需求具有差异性，企业只能为特定的目标客户提供适当的产品或服务。如果企业对客户不加选择，则可能造成客户定位模糊，不利于树立鲜明的企业形象。

## 二、客户选择的标准

目标客户是企业客户选择的对象。企业应该在市场细分的基础上，对各客户群的盈利水平、需求潜力、发展趋势等情况进行分析、研究和预测，最后根据自身状况进行选择。

### 1. 理想客户的衡量标准

理想客户指的是本身素质高、对企业贡献大的客户，至少是给企业带来的收入要比企业为其提供产品或服务所花费的成本高的客户。理想客户应满足的条件包括：购买欲望强烈，购买力强，有足够大的需求量来消费企业提供的产品或服务，特别是对企业的高利润产品的采购数量多；能够保证企业盈利，对价格敏感度低，付款及时，信誉良好；服务成本较低或不需要服务或对服务的要求低；经营风险小，有良好的发展前景；愿意与企业建立长期的合作伙伴关系。

### 2. 大客户不等于理想客户

通常，将购买量大的客户称为大客户，将购买量小的客户称为小客户，大客户往往是所有企业关注的重点。但是，并不是所有大客户都是理想客户。大客户存在的问题主要表现在以下几个方面，见表3-2。

表 3-2 大客户存在的问题

| 问题 | 原因 |
| --- | --- |
| 大客户的财务风险大 | 大客户在付款方式上通常要求赊销，这就容易使企业产生大量的应收账款，而较长的账期可能会给企业经营带来资金风险，因而大客户往往也容易成为欠款大户，使企业承受呆账、坏账的风险 |
| 大客户利润风险大 | 大客户所期望获得的利益大，有些大客户会凭借其强大的买方优势和议价能力，或利用自身的特殊影响与企业讨价还价，向企业提出价格折扣、回扣、提供超值服务甚至无偿占用资金等方面的额外要求 |
| 大客户管理风险大 | 大客户往往容易滥用其强大的市场影响力，扰乱市场秩序，如窜货、私自提价或降价等，给企业的正常管理造成负面影响，尤其对小客户的生存构成威胁，而市场却需要这些小客户，因为他们能对企业起到拾遗补阙的作用 |
| 大客户流失风险大 | 激烈的市场竞争往往使大客户成为众多商家极力争夺的对象。在生产过剩的背景下，产品或服务日趋同质化，品牌间的差异越来越小，大客户选择新的合作伙伴的风险不断降低。因此，大客户流失的可能性在加大 |

### 3. 小客户有可能是理想客户

小客户不等于劣质客户。理想客户也经历过初创阶段，也有一个从小到大的发展过程。例如，家电经销商苏宁电器和国美电器在初创阶段的业绩并不突出，但其都有着与众不同的经营风格，后来成长为家电零售业的龙头企业。衡量客户对企业的价值要用动态的眼光，要从客户的成长性、增长潜力及其对企业的长期价值等方面来判断。对于当前利润贡献低，但是有增长潜力、具有高终身价值的小客户，企业应积极为其提供相关的支持与帮助。

案例

**大公司的小客户**

江浙一带经济比较发达，多数企业都是从小客户着手、从做小起步，最后企业越做越大，成为巨头公司。例如，这里有卖水发家的娃哈哈、有卖锅上市的苏泊尔、还有卖抽油烟机的方太、做插线板的正泰、做皮鞋的康奈……江浙一带不少企业都凭借做小东西取得了可观的市场份额，这些小东西包括眼镜上的小螺丝、低压电器、打火机、袜子、皮鞋等许多不起眼的东西，但其产销量相当可观。

## 三、客户选择对策

一般来说，企业可考虑以下几种客户选择对策。

### 1. 选择与企业定位一致的客户

企业要从实际出发选择客户，要结合企业定位及产品定位，尽量选择与企业定位一致的目标客户群体。例如，小米科技专注于智能手机软件的开发，坚持为忠实用户而生的设计理念。小米科技将手机用户定位为年轻、高学历的用户，他们多为理工科专业背景，对IT痴迷，习惯通过网络获取信息，易接受新事物，期待手机更具应用延展性和娱乐性。由于小米手机用户的需求与小米品牌定位一致，小米智能手机一经问世就大受欢迎，颇受年轻人追捧。

### 2. 选择理想客户

企业应当首选理想客户，这样会给企业带来理想的盈利水平。例如，浪潮集团为了避免与其他计算机厂商直接竞争，将产品规划为以服务器为主的硬件产品、以管理软件为主的软件产品，以及以云服务为主的创新业务。这些产品或服务针对的都是高端企业级市场，公司成为国内服务器行业龙头厂商，市场份额也一直位居国内服务器市场前列。

### 3. 选择有潜力的客户

企业选择客户不应局限于客户当前对企业盈利的贡献，还应考虑客户的成长性、资信、核心竞争力及未来对企业的贡献。例如，麦当劳通过调查发现，去哪个餐馆吃饭并不全是由父母决定的，他们往往会尊重孩子的意见，而只要吸引一名儿童，就等于同时吸引了两个大人。麦当劳决定将目标市场主要定位在儿童和家庭成员上。为此，麦当劳在各个分店设置了游乐区，并且专门为孩子们提供了生日聚会的服务项目。

### 4. 选择与自己实力接近的客户

如果企业和客户的实力过于悬殊，企业可能难以满足客户的需求，其维护客户关系的难度较大。例如，一家生产手机锂电池的企业把客户锁定为老年手机制造商，而这些老年手机制造商也正在寻找物美价廉且有一定生产能力的供应商，于是双方建立了长期稳定的合作关系。可见，企业和客户双方实力和规模相互匹配才具有合作的基础。

### 5. 选择对自己产品或服务满意的客户群

企业选择对自己产品或服务满意的客户，可以使开发和维系客户关系变得相对容易。例如，肯德基的忠诚客户主要有三类：儿童、学生和上班族。儿童喜欢肯德基好吃的炸鸡腿、汉堡等食品，还有可以玩耍的儿童乐园；学生喜欢肯德基的食品味道；上班族喜欢肯德基的便捷快餐。

# 任务三　客户开发策略

客户开发又叫获客或拓客。对新企业来说，其任务就是吸引和开发新客户；对老企业来说，其发展也需要不断地开发新客户。客户开发是企业将潜在客户转化为现实客户的过程。

## 一、线下客户开发策略

线下客户开发，一般是通过人员推销形式，引导或者说服客户购买，从而将目标客户开发为企业现实客户的过程。线下客户开发过程包括寻找客户、接近客户以及说服客户。

### 1. 寻找客户

线下寻找客户的途径多种多样：一是以行业展会、公开课、沙龙、论坛等为主的线下活动；二是以招募代理、异业合作、渠道合作为主的线下渠道；三是以线下拜访、用户介绍为主的地推活动；四是以线下广告投放为主的线下宣传。企业可以根据产品和业务，选择适合自己业务场景的客户寻找方式。

（1）线下活动获客

① 活动赞助

企业可以参加一些对潜在客户有影响或特别关注的活动。赞助这样的活动，不仅可以向目标客户彰显企业实力，而且可以快速获取销售线索。例如，中国国际大数据产业博览会是很多大数据公司会参加的活动，因为大型企业和各地的政府机构都会参加，而大型企业和政府机构恰恰是这类大数据公司的目标客户。

② 参加展会

参加行业展会可以有效提升企业形象，提高产品知名度和市场竞争力，重要的是展会可以提供更多的销售和合作机会。

③ 沙龙培训

沙龙培训活动不仅可以持续对产品进行曝光，而且可以给目标客户提供价值内容、搭建一个可以互相交流和学习的平台，会潜移默化地影响潜在客户。例如，美团就经常为商家举办培训活动，帮助商家熟悉软件、提升管理技能。

④ 企业参访

企业可以定期组织一些邀请社会人士参加的企业开放日活动，也可以把自己塑造成标杆企业，这样也会吸引目标客户主动到企业来。

（2）线下渠道获客

① 招募代理商

企业如果有好的产品和技术，可以采取代理模式，与一个或者多个销售公司达成代理销售合作协议，利用代理商开拓当地市场。

② 与关键意见领袖合作

关键意见领袖（KOL）是指在某一特定的目标客户群中有影响力的人物。这些人有很强的网络影响力，他们的购买与消费行为具有示范和引导作用，可以将潜在目标客户转化为现实客户。

③ 内部合作

如果所在企业有其他产品线，并且面向的用户群有重合，也可以利用现有销售团队开发这类潜在目标客户。

④ 与政府合作

企业产品如果属于政府鼓励范畴，企业可以申请政府项目，获得政府认证资质和官方推介，或者让项目进入政府的采购名录，这些都有助于吸引目标客户。

⑤ 与培训机构合作

企业可以选择与一些管理咨询培训机构合作，利用线下培训展位、课程讲师推广，或产品植入展示来授课。

（3）地推活动获客

① 逐户访问法

逐户访问法又被称为“地毯式寻找法”或“扫街法”，是营销人员在所选择的目标客户群的活动区域内，对目标客户进行挨门挨户的访问，然后对其进行说服的方法。一般来说，推销人员采用此法成功开发客户的数量与走访的人数成正比，要想获得更多的客户，就得走访更多的人。

案例

### “洋参丸大王”庄永竞的“笨”办法

被誉称为“洋参丸大王”庄永竞，本来是做药材小本生意的，但经营却十分艰难，甚至到了连房租都付不起的地步。后来他制作了2 000盒洋参丸，取名“一洲洋参丸”，刚开始这种药的销路依旧不佳。走投无路之下他想出一条妙计，他每天拿着刊登“一洲洋参丸”广告的报纸，到各个药店走访：“老板，你这儿有一洲洋参丸吗？”他装成客户拿广告给老板看，通常药店老板都会说：“对不起，我们存货刚卖完，想要的话请留下电话，明天通知你。”庄永竞笑着说：“不用打电话，过两天我再来，先买一打，这是订金。”就这样，他一连跑了十几家，进行强化宣传，效果很好。五天后，他派伙计将一洲洋参丸推销到这些商店，取回一叠订单并连夜送货，体现办事效率。第二天庄永竞又辛苦一趟，把各店铺的货统统买回来，这样由批发价送出去，又用零售价买回来，虽然白白送人几块钱，但终于打开了一洲洋参丸的销路。

② 亲朋好友寻找法

在亲朋故旧中寻找是指将自己接触过的亲戚、朋友列出清单，然后一一拜访，争取在这些人中寻找自己的客户。每个人都有一个关系网，如同学、同乡、同事等，可以依靠关系网进行客户开发。

亲朋故旧寻找法的优点：容易接近，不需要过多地寒暄和客套即可切入主题；较易成功，比陌生拜访的成功率要高出许多倍。

亲朋故旧寻找法的缺点：因为是亲朋故旧，所以可能会害怕遭拒绝、丢面子而患得患失，不敢开口。

采用这种方式时，推销人员要对亲友负责绝不强迫营销，为他们提供最优质的服务，绝不欺骗、隐瞒，否则将可能面临众叛亲离的下场。

案例

### 李经理的客户开发策略

李明是某小型金融咨询公司新上任的客户经理，他一直面临着客户开发的难题。由于公司规模不大，资源有限，他不得不寻找一种高效且成本较低的客户开发方式。在经过一番思考后，他决定尝试“亲朋故旧寻找法”。

李明首先列出了一份清单，上面包含了他所有的亲戚、朋友、同学、同乡和前同事。他仔细分析了这些联系人的职业背景、经济状况以及可能存在的金融咨询需求。然后，他开始逐一与他们联系，了解他们的近况，并自然而然地提及自己所在公司的服务。

在联系过程中，李明特别注意了与亲朋故旧的关系维护。他真诚地询问他们的近况，倾听他们的需求，并尽量提供有价值的建议。当提及公司的服务时，他从不夸大其词，而是实事求是地介绍。这种真诚和负责的态度赢得了亲友们的信任。

不久，李明的努力开始得到回报。他的几位前同事和同乡表示有金融咨询的需求，并愿意成为他的客户。其中一位前同事甚至为公司介绍了一位大型企业的高管客户，为公司带来了可观的收入。

这个案例的成功在于李明充分利用了自己的关系网，并通过真诚和负责的态度赢得了亲友们的信任和支持。他并没有因为害怕被拒绝而患得患失，反而以积极的态度面对挑战，最终实现了客户开发的目标。

③ 客户转介绍法

营销人员可以让现有客户帮忙推荐可能购买自己商品或服务的准客户。运用客户转介绍法的关键是让第一个客户认可企业的产品或服务。知名推销员乔•吉拉德曾说过他 60% 的销售业绩都来自老客户及老客户所推荐的新客户。这种方法在旅游、保险、金融、教育、工业品等行业尤为适用。

④ 电话寻找法

打电话寻找客户是一种方便快捷的营销手段，但这种方式容易遭到对方拒绝。另外，电话营销是通过声音联系客户，因此很难取得客户的信任，成功率相对较低。

⑤ 俱乐部寻找法

在生活中，每个人都有自己的小圈子和自己特定的活动场所。因此，如果能够进入目标客户的社交圈子，对其的开发工作也就容易进行了，胜算也大一些。

例如，打高尔夫球的一般是高收入阶层的人士，一名保险推销员为了能够接触到这类人士，花了不少钱，参加了一家高尔夫球俱乐部，这使得他有机会经常与这些高收入人士交流球技，与他们做朋友……结果，他签下了许多金额很大的保险单。

（4）线下宣传获客

线下宣传获客主要围绕触达目标客户决策者展开，目标客户决策者在哪里，广告就要在哪里投放。在互联网发达的今天，线下广告的价值依然不可忽视。线下广告的投放渠道有写字间楼宇广告、机场广告等。

### 2. 接近客户

接近客户是营销人员与客户沟通洽谈业务的过程。接近客户是客户开发的一个重要步骤，这一步做得好，不仅可以拉近与客户的心理距离，而且可以促成交易，成功开发客户。

接近客户的方法如下。

（1）馈赠接近法

馈赠接近法是指推销人员通过赠送礼物来接近客户的方法。此法比较容易博得客户的欢心，取得他们的好感，从而拉近推销员与客户的关系，而且客户也比较乐于合作。

（2）赞美接近法

赞美接近法是指推销人员利用客户的虚荣心，以称赞的语言博得客户的好感，从而接近客户的方法。需要注意的是，推销人员称赞客户时要真诚、要恰如其分，切忌虚情假意，否则会引起客户的反感。

（3）服务接近法

服务接近法是指推销人员通过为客户提供有效的，并符合需求的服务。例如，推销员以维修服务、信息服务、免费试用服务、咨询服务等来博得客户的好感，赢得客户的信任，从而接近客户。

（4）求教接近法

求教接近法是指推销人员通过请客户帮忙解答疑难问题，从而接近客户的方法。使用该方法时要注意提出对方擅长的问题，而不要考问对方，如果客户答不出来、下不了台，也就无法达成销售目的。在求教后要注意及时、自然地将话题导入有利于促成交易的谈话中。

### 3. 说服客户

说服客户的技巧如下。

（1）介绍到位

大大方方地介绍自己的公司，介绍自己的名字，自信地说出拜访理由，让客户感觉你专业及可信赖。要向客户介绍企业的情况和产品的优点、价格及服务方式等信息，及时解答和解决客户提出的问题，消除客户的疑虑，并且根据客户的特点和反应，及时调整策略和方法。

推销人员可以运用富兰克林式的表达方法，即向客户说明，如果你买了这个产品，能够得到的第一个好处是什么，第二个好处是什么，第三个好处是什么，第四个好处是什么……同时也向客户说明不买这个产品，蒙受的第一个损失是什么，第二个损失是什么，第三个损失是什么，第四个损失是什么……这样，客户权衡利弊得失之后，就会做出选择。

（2）善于倾听

要想更多地鼓励客户参与，了解更多的信息，还要善于倾听。倾听不仅有助于了解客户，而且也显示了对客户的尊重。良好的倾听表现如下。

① 身体稍微前倾，眼睛保持与客户的视线接触（不时对视，但不是目不转睛），经常点头，表示在听。

② 认真听客户讲的话，把客户所说的每一句话、每一个字都当作打开成功之门不可缺少的密码，绝不放过，还要意会客户讲话时的表情和动作。

③ 适当地做笔记，适时地提问，确保理解客户的意思，并且思考客户为什么这么说，或为什么不这么说。

如果能够有意识地从这些方面提高技巧，那么大多数客户都会乐意讲出自己的需求和想法。

（3）换位思考

一般来说，客户只关心自己能够从企业那里得到什么，因此，企业应当站在客户的立场上去想问题。

**案例**

### 润滑油推销员的故事

20 世纪 60 年代，美国一家润滑油企业的销售人员到南美洲一著名的矿厂推销润滑油。这里的机器设备很多，每年需要大量的润滑油，因此世界上许多润滑油生产厂家都把它作为重点的目标客户。为了应对竞争，美国的这位销售人员不得不把价格压得很低，并许下很多承诺，但矿厂老板不为所动。

在一次次的失败之后，这个销售人员苦思冥想，终于发现了真相——客户根本不需要润滑油，他需要的是机器设备能够正常运转！在发现了客户的根本需要之后，销售人员找到矿厂老板，对他说："我负责赔偿你的机器设备出现故障停工造成的各种损失。"矿厂老板颇感意外，但显然这句话引起了老板极大的兴趣。

销售人员接着说："条件是你要按照我提出的保养计划保养机器，并要使用我的润滑油……"不用说，这个销售人员成功了，而他的成功应归功于他将自己的身份由润滑油推销员转换成机器设备的保养顾问。

（4）投其所好

每个人都有自己的爱好，而这种爱好往往又希望得到别人的赞赏和认同。因此，推销人员应当积极发现客户的爱好和兴趣，迎合他、欣赏他，尽量满足对方的爱好和愿望，投其所好，这样客户会把你当成“知音”，双方之间的距离一下会拉近很多，甚至成为好朋友，那么接下来的推销工作就容易得多了。

案例

**招商银行通过特色金融服务吸引客户**

招商银行通过提供信用卡特色服务，吸引了众多的客户。例如，针对经常乘坐飞机的人，招商银行推出“刷卡买机票，送百万航空意外险”的活动。针对有车一族，招商银行和国际SOS救援中心签署协议，持有招商银行信用卡的有车一族，每月只需投入10元，就可以享受国际SOS救援中心提供的每年一次30千米之内免费拖车、不限次数免费路边维修等九项服务。针对都市商务女士，招商银行率先推出国内首张女士专用国际借记金卡“一卡通•规卡”，该卡具备自助贷款、银基通、银证通、购买保险、自助缴费、委托购汇等各项功能。此外，办理该卡的女士还可以享受美容健身、休闲娱乐、餐饮等贵宾服务或折扣优惠。

## 二、线上客户开发策略

随着移动互联网及智能手机的普及，线上获客日益成为企业开发客户的重要途径之一。

### 1. 线上获客方式

线上获客方式主要有关键词竞价排名、搜索引擎优化及互联网应用平台或工具。

（1）关键词竞价排名获客

关键词竞价排名是一种按效果付费的网络推广方式，竞价排名按照付费最高者排名靠前的原则，对购买了同一关键词的网站进行排名的一种方式。广告主在购买该项服务后，通过注册一定数量的关键词，按照付费最高者排名靠前的原则，购买了同一关键词的网站按不同的顺序进行排名，出现在用户相应的搜索结果页。由于竞价广告可以出现在搜索结果页靠前的位置，容易引起用户的关注和点击，宣传效果比较好，有助于企业获客。

（2）搜索引擎优化获客

关键词竞价排名需要向搜索引擎服务方付费，如果不想付费而又想提高关键词排名，可以考虑搜索引擎优化（SEO），百度搜索引擎如图3–2所示。搜索引擎优化是目前较为流行的搜索引擎营销（SEM）手段，也是互联网获客的重要方式。搜索引擎优化是利用搜索引擎索引算法，使网站要素适合搜索引擎检索原则，从而更容易被搜索引擎收录及优先排序的线上获客方式。

（3）互联网应用平台或工具获客

企业可以根据产品或服务特点选择网店、电子邮件、公众号、微信朋友圈本地广告、小程序、博客、微博，以及抖音短视频平台等互联网平台或工具进行获客，也可以在同城网站发布供应信息或登录专业商务网站，如阿里巴巴的商务通、贸易通等寻找客户。

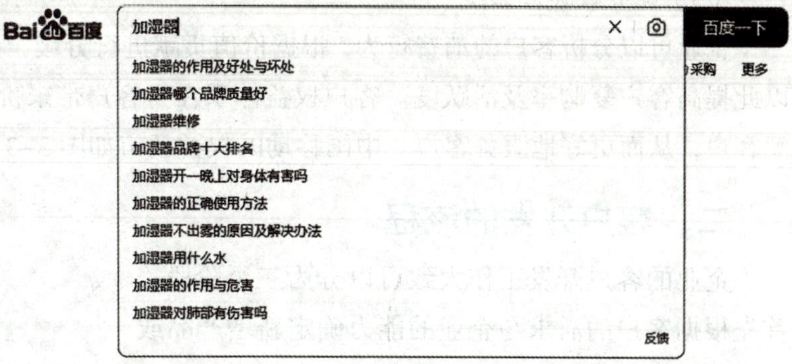


图 3-2　百度搜索引擎

2. 线上获客对策

随着移动互联网的快速发展，越来越多的传统企业开始进行数字化转型。这些企业通过互联网社群经济、粉丝经济，逐步与客户建立一种长期互动关系。借助这种企业与客户互动关系，企业可以增强客户黏性、提升客户满意度与忠诚度，从而提升客户留存率。一般来说，线上获客对策或要点有以下几项。

（1）建立客户反馈机制

企业与客户进行双向互动，可以了解客户需求、把握客户机会，这是以往传统企业所不具备的优势。客户是产品的使用者或服务的接受者，这些客户在不同的场景中使用企业的产品或接受企业的服务，他们对产品、服务的好坏最具有发言权，他们会给企业产品或服务改进、升级等提出合理的建议，促进企业提升产品或服务价值。

（2）重视客户体验

客户体验的价值已被互联网行业所验证。良好的客户体验会给客户留下美好的印象，客户有相关需求时，就会想起某产品或服务，促进客户主动选择相关产品服务，形成良性循环，降低客户流失率。

（3）开展客户运营

企业每一次与客户的互动都要给客户带来价值，而不是进行无效互动。例如，飞鹤奶粉教授客户识别好奶粉、冲调奶粉等知识，来形成客户对飞鹤品牌的信任和认同。

（4）建立社群文化

社群是客户运营的一种重要方式，优秀的社群具有很强的凝聚力与传播力，是企业展现品牌理念与文化的重要平台。随着移动互联网的发展，特别是微博、微信、抖音等新媒体的出现，企业组织社群变得更加容易。企业建立符合产品和客户定位的社群文化、让客户形成身份认同和文化认同，会极大地提高客户的信任感和忠诚度，并为企业带来持续收益。

（5）建立权益体系

企业可以分析客户的消费行为，根据价值贡献进行分级，不同等级客户享有不同权益，以此提高客户复购率及活跃度。客户权益体系在为客户带来价值的同时，也让企业更加了解客户，从而更好地服务客户。中国移动的权益超市如图 3-3 所示。

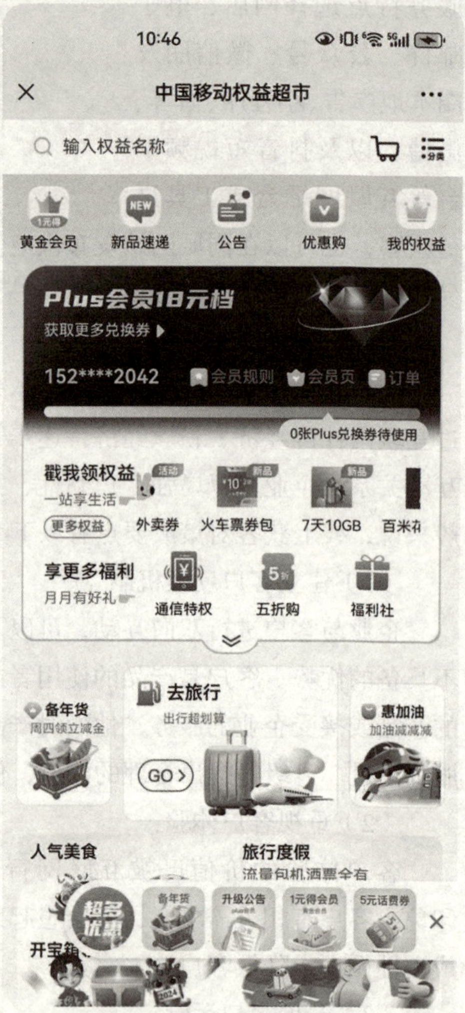

图 3–3　中国移动的权益超市

## 二、客户开发的流程

企业的客户开发工作大致可以分为三个阶段，首先根据客户的需求与企业的能力确定新增产品或服务的类型与数量；其次预测和评估客户开发的可行性和效果；最后有针对性地开展客户亲和管理的活动。

### 1. 客户挖掘与产品开发

客户开发的成功与否，取决于企业对客户的熟悉程度。完善的客户数据库是了解客户的关键。通过分析客户数据，企业可以确定存在交叉销售和升级销售机会的客户需求。现今的技术支持使得客户开发可以在客户获取后立即进行，网络技术和信息技术的发展缩短了了解客户的过程。

在锁定客户需求后，企业需要明确能够为客户提供哪些产品和服务。客户开发通常会超越现有业务交易范围，需要企业提供新的产品和服务。这些可以在企业内部或外部获得，内部可以通过重新组合现有产品或开发新产品来实现。如果企业已经进行了多元化扩张，可以考虑不同业务单元间的搭配或组合，提供全方位服务。

如果当前业务无法提供新产品或服务，企业需要考虑启动新产品开发项目，可以要求自身的研发部门独立承担任务，委托外部研发机构进行开发，或直接从外部购买成品，与现有产品搭配销售。在选择自行开发还是外部购买时，企业可以考虑以下几个因素。

（1）客户需求水平与不确定性

一般而言，从企业外部获取客户开发所需要的产品和服务，比企业自行开发的风险低。所以，当客户开发的需求比较低或者不稳定，交叉销售、升级销售等业务开发的条件还不十分成熟时，企业应该倾向于从外部购买产品和服务，反之，就可以在企业内部自行开发。

（2）企业研发的能力

有的时候，企业并不具备研发和生产客户开发所需产品与服务的能力，或者缺乏相关的专业人员与专家，或者缺乏相应的生产设备与设施，外部采购可以帮助企业集中精力于主业。

（3）企业外包管理的能力

企业一旦决定将客户开发所需要的产品或服务外包出去，就应该着手组建采购团队，对产品及供应商进行挑选和评估，全程监控产品的质量。如果企业缺乏外包管理的能力或人才，潜在的风险也非常大。

（4）外包产品和服务的质量

如果外包产品与服务的质量低于客户预期的标准，或者外包质量不够稳定，企业不仅无法获取客户开发的利益，之前的主营业务也会受到负面的影响。企业在选择供应商的时候，可以考虑优先选择采取相同和相似质量控制标准与系统的厂商。

（5）外包的风险

外包的风险包括供应商破产、所有者变更导致成本和质量发生变化、产品质量出现波动、违约等。为了尽量降低这些风险发生的概率，企业需要从各个职能部门（如财务、法律、生产和营销等部门）抽调人手，组成工作团队，对外包合同的签订与执行进行严密的监控。

（6）成本结构对比

在对比自行开发和外包的成本结构时，企业应该全面考虑各种显性和隐性成本，从中选择成本效益更优的方案。有些企业在评估内部开发的成本时，只计算了直接成本，忽略了管理费用、财务费用等间接成本，造成成本的低估；或者只计算当前产量规模下的成本，忽略了规模经济、范围经济和学习曲线的效应，没有看到随着产量增加、与其他业务的协同，以及工作效率的提高而导致平均成本的降低。

### 2. 客户开发绩效预测

预测和评估客户开发的可行性和效果，需要考虑以下几个因素：反应率、购买数量、提供成本以及盈利情况。

（1）反应率

客户对开发的产品及服务的反应率直接影响客户开发的成本与效率，对整个客户的贡献价值也有着重要的影响。客户的反应率越高，则客户开发的成本越低，企业就可以提供更多的产品与服务，并从中获得更多的收入和利润。

**知识拓展**

#### 影响客户反应率的因素

影响客户反应率的因素包括以下几个方面。

（1）产品和服务的价值，产品与服务的感知价值越高，客户的反应率越高。

（2）与公司以往产品的匹配程度，匹配程度越高，客户越容易将以往的消费体验延伸到新产品上，从而产生更高的反应率。

（3）企业的亲和力，企业的亲和力与感召力越高，客户的反应率越高。

（4）客户支付的成本，客户获取新产品与服务的总成本越高，反应率越低。

（5）客户沟通的情况，企业传递的信息越有针对性，客户对产品和服务产生兴趣和购买欲望的可能性越大，反应率越高。

（2）购买数量

一般而言，客户反应率越高，客户越有可能购买更多的产品与服务。但也不排除例外的情形，客户的反应率高，但购买量小。影响客户购买产品数量的因素除了以上影响反应率的因素之外，还取决于产品的类型与价格。

（3）提供成本

决定提供成本的因素包括产品与服务的类型、客户的特征，以及企业接触客户的效率等。客户数据库和其他技术的运用可以极大提高企业接触客户的效率，如果企业有完善的客户资料，识别、寻找和联系客户就是一件非常容易且便捷的事情，无须花费太多的成本。如果客户生活缺乏规律，居住或工作地方比较偏远，或者没有任何通信方式只能登门拜访，购买的产品属于非标准产品等，都会提高企业的提供成本。

（4）盈利情况

产品的反应率、销售数量以及提供成本直接决定其盈利状况。有购买意愿的客户数量越多，每个客户购买的产品数量越多，企业为客户提供产品的成本越低，客户开发的盈利则越大。企业不要局限在单一产品或服务的盈利状况上，而是应该关注客户开发的利益和整体客户价值的提升。

### 3. 客户亲和管理

客户开发的成功需要借助现有关系和新产品与服务，以提高企业的感召力和亲和力，并维系和升华与客户的关系。企业的亲和力取决于现有关系的稳定性和客户对其专业能力的信任。

在客户开发阶段，客户与企业之间的关系越稳定，企业越具备亲和力，客户开发的推行也更可能成功。同时，如果客户对企业的专业能力越信任，企业亲和力也越强。在获取和保持客户活动之后，客户已对企业及其专业能力产生了一定的信任，但这种信任不会自然延伸到新产品和服务上，企业需要转移或重新培养客户的专业信任。

为培养客户对新产品和服务的专业信任，企业需要明确自身的核心竞争力，并将其转化为专业能力。同时，需要评估这种能力是否与客户相关，并能够扩散到其他领域。

通常情况下，产品的相关性越强，企业的专业扩散性越明显。设计和实施客户管理方案时，可以依托现有品牌形象、企业形象和营销手段，逐渐引导客户接受新的产品和服务。如果客户不认可企业在新领域的专业能力，可以考虑采取新品牌或新事业部的策略，重新建立客户信任，或与在该领域有知名度的企业进行合作营销或战略联盟。

企业需要监控整个企业管理过程，及时发现问题并调整策略，以保护原有产品和企业利益，维系与客户的良好稳定的关系基础。

## 三、客户开发的工具

客户开发为企业提供了一个增进客户关系、增加客户资产的显著机会，但也同样会给企业带来成本增加、信誉受损的潜在危机，所以客户开发工作一定要小心谨慎，要建立在科学、定量的分析基础之上，不要仅凭经验或直觉而盲目决策。

### 1. 客户数据库

客户数据库和数据库营销技术可以帮助企业更有效地识别潜在客户需求，开发合适的产品与服务，设计有针对性的沟通传播策略和其他营销策略，显著改善客户开发工作的效率与效果。在进行客户开发工作的过程中，企业需要注意收集和分析每个客户购买行为的历史信息，特别是购买的产品种类、数量和价格，购买日期，购买地点等信息，这些都是客户开发所需要的基本数据。

### 2. 数据挖掘

客户开发所进行的数据挖掘可以有很多不同的方法，比如产品交叉分析、客户匹配分析和客户反应分析等。产品交叉分析是为了识别出哪些产品和服务最有可能同时购买。客户匹配分析则是通过识别出哪些客户具有相似的购买行为，进而为客户推荐其他客户已经购买过的产品。客户反应分析是利用一些统计方法来识别出哪些客户对新产品与服务具有较高的反应率。

产品交叉分析往往是测量每两个产品之间同时购买的可能性。假设要测量 A 产品和 B 产品之间的交叉性，首先要从客户数据库中统计出以客户为单位，有多少人次购买了 A 产品而没有购买 B 产品（记为 $P_A$），有多少人次购买了 B 产品而没有购买 A 产品（记为 $P_B$），有多少人次同时购买了 A 和 B 两个产品（记为 $P_{AB}$），那 A 产品与 B 产品之间的交叉性就表示为 $CB_{AB}=P_{AB}/(P_A \cdot P_B)$，如果 $CB_{AB}$ 的值大于 1，则表示 A 产品与 B 产品被客户同时购买的可能性高，可以考虑进行搭配销售，$CB_{AB}$ 的值越大，搭配销售的成功概率越大；如果 $CB_{AB}$ 的值小于 1，则表示 A 产品与 B 产品被客户同时购买的可能性低，捆绑销售的效果不会很好。

客户匹配分析是基于相似的购买行为预示着相似的品位与兴趣的假设之上的。如果两个客户在某个阶段购买了基本相同的产品类型或品牌，那么他们在其他产品方面也会有共同的偏好与购买欲望。比如张三和李四都购买了 Z5 系列的宝马车和联想 X 系列笔记本电脑，如果张三还购买了 iPad 而李四暂时还没有购买，就可以向李四推荐，应该会得到他的青睐。亚马逊网上书店通过分析顾客的浏览与交易数据，识别出购买相同或类似书籍的群体，然后有针对性地向客户推荐其他客户购买过的书籍。

客户反应分析可以利用客户的一些数据如购买间歇、购买频率、购买金额、人口统计特征进行分类，然后从各个群体中随机抽取出一些样本，进行小范围的测试，识别出对新产品最有兴趣的群体，然后对他们进行有针对性的宣传推广。

案例

**塔吉特的大数据营销**

消费者每一次进行消费，其实都会将自己的消费模式细节透露给销售方。现在的销售商，尤其是电子商务销售公司，致力于利用数据挖掘分析出消费者的个人偏好、需求、对不同优惠券的反应等，从而进行客户信息管理，向客户精准推销，提高销售效率。

塔吉特（Target）是美国最大的连锁超市之一，该公司使用数据挖掘极其有效地提高营销精准率，能做到在事情显现之前就预测到它的发生，旨在“提供最专业的建议”。比如塔吉特能够通过分析女性客户购买记录，“猜出”哪些是孕妇。它从自己的数据仓库中挖掘出 25 项与怀孕高度相关的商品，制作怀孕预测指数。

为了保护顾客的隐私，塔吉特有针对性地改变营销策略，把母婴系列产品的优惠券和信息混合在其他产品的信息里发给顾客，结果塔吉特的母婴产品销量猛增。

### 3. 绩效考核

评估客户开发效果的指标主要是现有客户额外购买所产生的销售额及利润的变化情况。具体指标包括以下方面。

（1）现有客户开发的销售额及利润变化额度，用于衡量企业的客户开发活动所获得的收益。如果现有客户额外购买的支出和贡献利润有所增加，说明客户开发工作取得了一定的效果。

（2）现有客户开发的销售额及利润变化幅度，用于衡量企业的客户开发活动的长期发展状况，如果变化幅度呈持续增长趋势，说明企业的客户开发潜力巨大，可以成为企业今后利润增长的新源泉。

（3）现有客户开发的销售额及利润与企业整体销售额及利润的对比，用于衡量客户开发工作对企业整体发展的贡献。现有客户开发的销售额及利润与新客户的销售额及利润的对比，可以衡量企业资源分配的合理性。如果客户开发的销售额及利润低于新客户获取，说明企业应该集中更多的资源来获取更多的新客户。

## 四、营销导向的开发策略

营销导向的开发，就是企业通过有吸引力的产品策略、价格策略、分销策略和促销策略，吸引目标客户和潜在客户产生购买行动的过程。

营销导向开发策略的特点是“不求人”，即想办法让客户主动上门，自己主动和自愿地被开发。因此，营销导向的开发策略是客户开发策略的最高境界，也是获得客户的理想途径。

例如，麦肯锡公司从来没有在大众媒体上投放过广告，更没有通过营销人员主动打电话给客户，但麦肯锡却从来不缺客户。对于麦肯锡而言，成功的营销不是去推销，而是能识别客户需求，创造客户需求，然后利用企业的优势与专业技术去满足客户的需求。

### 1. 产品策略

（1）功能效用

功能效用是吸引客户最基本的立足点，功能越强、效用越大的产品或服务对客户的吸引力就越大。

例如，海尔在做市场调研时，一个客户随意提到冰箱里的冻肉拿出来不好切，海尔立刻意识到这是一个未引起冰箱生产企业重视的共性问题。于是，根据食品在 -7 ℃时营养不易被破坏的原理，海尔很快研制出新产品“快乐王子 007”。这款冰箱的冷藏冻肉出箱后可即时切，于是销量很快走俏。可见，好东西自然使客户愿意被“吸引”。

**案例**

## 陌陌的客户开发

陌陌在推广初期资金有限，所以渠道选择需要用户基数大、花费比较少的社区进行推广。符合条件的有 QQ 空间和新浪微博。由于 QQ 空间使用者年龄偏小，所以，陌陌将运营重心放在了新浪微博上。

一开始，陌陌只在微博上发布传统信息，说有产品上线啦，亲朋好友帮忙给推一下。结果做了些推广之后，每小时的下载量居然最高能达到几百，这让公司推广人员觉得这条路子是对的，但是形式肯定要继续优化。所以，陌陌开始把产品放在场景里去讲故事，让用户置身那个场景的时候会想起来使用。

在运营过程中，陌陌认为一个社区的活跃度取决于女性用户的活跃度，而女性用户的活跃度取决于她的需求是否被满足、这里是否有安全感。所以，陌陌在新浪微博上针对女性做了很多推广，用一些情感方面的文案获取她们的好感，并且组建了一个七八人的团队，每天处理举报信息，保证女性用户的使用体验。同时增加了群组功能，做基于地理位置的关系沉淀，如基于小区的业主群，用户可以利用它找到自己的邻居，慢慢转化成熟人关系，构建城市的社区文化。至此，陌陌完成了场景的转变，从一对一的网上社交场景，慢慢向社交、本地化方向转变，从线上走向了线下。

（2）质量

“好东西自己会说话”——质量优异的产品或者服务总是受到客户的青睐，质量在吸引客户上起到了至关重要的作用。

一个质量有问题的产品或者服务，即使非常便宜也没有人愿意购买。相反，对于高质量的产品，即使价格高些人们往往也愿意接受。因为质量往往代表着安全、可靠和值得信赖，人们之所以购买名牌产品或服务最主要的就是看中其过硬的质量。

（3）特色

如今市场上同类同质的产品或者服务越来越多，因此企业要想在激烈的市场竞争中脱颖而出，其产品或者服务必须有足够的特色才能吸引客户的注意或光顾。

例如，沃尔玛针对不同的目标消费者，采取了不同的零售经营形式：针对中层及中下层消费者的沃尔玛平价购物广场；只针对会员提供各项优惠及服务的山姆会员商店；深受中高收入消费者欢迎的沃尔玛综合性百货商店等。通过这些不同的经营形式，沃尔玛分别吸引了零售领域各档市场的消费者。

（4）品牌

品牌是用以识别某个产品或者服务，并使之与竞争对手的产品或者服务区别开来的商业名称及标志。品牌对于客户的吸引力在于，品牌是一份合同，是一个保证，是一种承诺。无论购买地点在哪里、无论分销形式如何，品牌向客户提供了一套统一的标准，减少了客户可能遇到的风险，能够更好地维护客户的利益。

当客户对产品或服务的安全和质量要求很高时（如给婴儿购买护理产品）或者当客户难以事先评估产品的性能时（如购买电脑、音响等高科技产品），品牌的作用尤为突出。因为品牌能够让客户信任、放心，尤其是久负盛名的品牌更能增强客户购买的信心。

品牌对于客户的吸引力还在于，品牌不仅有利于维护客户的利益，还有助于提升客户的形象，特别是有些产品的购买被称为社会地位标志性的购买，如服装、酒、汽车等，由品牌产生的附加值是根本性的，起着绝对的作用。品牌将自己的身份传递到人们的身上，提高了使用它或消费它的人的身价，给人们带来心理上、精神上更高层次和最大限度的满足。

（5）包装

包装是指为产品设计并制作的容器或包扎物，是不属于产品本身地又与产品一起销售的物质因素。包装能够方便产品的保护、运输、储存、摆放上架、被消费者识别、携带和使用。

包装是产品的“无声销售员”。一方面，当产品被放到自选柜台或者自选超市时，好的包装能够吸引客户的视线，引起或加强客户的购买欲望。例如，好的食品包装可以提示产品的口感和质量，并能够引起人们的食欲，令人垂涎欲滴。另一方面，当各个品牌之间的“内在”差异很小或很难被消费者感知的时候，包装在功能方面或视觉方面的优势就会让产品"占上风"，并左右客户的购买决策。研究发现，63%的消费者是根据产品的包装来选择产品的。

颜色、造型、风格、陈设、标签等，实际上都是"大包装"的范畴，它们可以塑造产品赏心悦目的形象，吸引客户的光临。

（6）服务

服务是指伴随着产品的出售，企业向客户提供的各种附加服务，如产品介绍、送货、安装、调试、维修、技术培训、产品保证等。企业向客户提供的各种服务越完备，产品的附加值就越大，客户从中获得的实际利益就越大，也就越能够吸引客户。

海尔集团是第四大白色家电制造商、中国最具价值品牌。为了获得这些荣誉，海尔推行的"全程管家365"服务立下了汗马功劳。在全年365天里，海尔的服务人员全天候24小时等待客户的来电，无论一年中的哪一天，只要客户打电话到海尔当地的服务热线，服务人员会随时按客户下达的需求上门服务。"全程管家365"的服务内容包括：售前上门设计、售中咨询导购、售后安装调试、定期维护保养等，这些优质的服务使客户购买海尔产品的信心大幅提升了。

一般来说，用户在购买产品和服务时有三种担忧：一是担忧经常出故障；二是担忧由于产品故障带来的停工周期，停工周期越长，使用者的成本越高；三是担忧产品保养和维修服务的高额费用。

如今，为了提供优质和完善的服务，争取更多的客户，越来越多的企业还延长了营业时间。有些企业则开展流动服务和上门服务，如北京邮政局用流动服务车向居住在市郊的外来民工提供服务。

案例

## 代客保管剩酒

近年来，在我国香港地区刮起了一股"代客保管剩酒"之风，各家酒店先后都增设了精巧的玻璃橱窗，里面陈列着各式各样的高档名酒，这些名酒都已经开了封，在这些酒瓶的颈上都系有一张小卡片，上面写着客户的姓名，这就是为客户保存的剩酒。客户上次用餐时酒没有喝完，店里可替他保存下来，以便他下次来时再喝。

"保管剩酒"这招一问世，马上受到客户的欢迎和青睐。其魅力在于以下方面。

一是，可以有效地招徕回头客。客户剩的酒在这家餐馆里存着，下次当然还是要去这家，而客户下次用餐时可能还会要新酒，也就可能还会剩酒……如此良性循环，餐馆的生意会越做越红火。

二是，有助于激发客户消费高档酒的欲望。客户一般不想喝低档酒，而喝高档酒又担心喝不完，白白浪费了，拿走又不雅观，就干脆不喝了，而有了保管剩酒这项服务，就可以一次喝一点，分几次喝完，分摊下来，花费也不大，于是客户就可以大胆地消费高档酒了。

三是，可以增进与客户的亲切感。有半瓶酒在这里存着，显得该酒店好像是自己的家，来此就餐便会有宾至如归之感，与酒店的感情也自然拉近了。

（7）承诺与保证

由于客户的购买总隐含着一定的风险，因此在一定程度上会限制其购买欲望，而卖方提供的承诺可以起到一种保险作用。如果企业对提供的产品或者服务做出承诺与担保，就可以降低客户购买的心理压力，会引起客户的好感和兴趣，从而促进客户放心地购买和消费。实际上，敢于做出承诺和保证就已经体现了企业的一种气魄、一种精神，有利于吸引客户。

例如，航空公司承诺航班准点，同时承诺当航班因非不可抗拒因素的延误、延期、取消、提前时，保证赔偿乘客的损失，这样便可使乘客在一定程度上增强对航空服务可靠性的信心。

### 2. 价格策略

价格是指企业出售产品或者服务所追求的经济回报。价格对客户而言，不是利益的载体，而是代表一种牺牲。因此，价格既可能表达企业对客户的关心，也可能给客户留下企业利欲熏心的印象，企业要想开发客户就应制定有吸引力的价格策略。

客户购买产品或服务时一般都有一个预期价格，当市场价格高于预期价格时，就会有更多的客户放弃购买这个产品或减少购买量。而当市场价格低于预期价格时，客户又可能产生怀疑而不购买，认为“便宜没好货”；特别是当客户不能客观地鉴别产品质量且这种产品又涉及他们的形象和威望时，就会把价格当作一个质量标准，认定只有贵的产品才会是好的产品。可见，定价太高、太低都不行，企业应当根据产品或者服务的特点，以及市场状况和竞争状况，为自己的产品或服务确定一个对客户有吸引力的价格。

一般来说，企业通过价格吸引客户的策略有如下几种。

（1）低价策略

低价策略即企业用较低的价格来吸引客户的购买，如宾馆把客房的价格定得低一些，就可以吸引更多的住客；或者将原定的价格打个折扣，如原来每购买 1 箱啤酒 30 元，现在打 8 折按每箱 24 元售卖，以鼓励客户购买。

例如，汇丰银行澳大利亚子银行作为外资银行，在进入澳大利亚市场初期为争取市场份额，推出了比本地银行优惠的存款、贷款利率吸引客户，而近年来随着市场对汇丰银行的认可和该行市场份额的扩大，利率水平已与本地银行接近。

（2）高价策略

高价策略即企业利用有些客户往往以价格高低来判断产品的质量，认为高价位代表高质量，尤其是当这种产品会影响他们的形象、健康和威望时，从而把产品或者服务的价格定成高价。

高价策略适合有声望需求的产品或服务的定价，如高档的汽车、别墅、西装、香水，高级酒店、著名医院、学校的服务费用等。

（3）心理定价

心理定价即依据消费者对价格数字的敏感程度和不同联想而采取的定价技巧，常见的有以下两种形式。

① 套餐定价

套餐定价是将商品打包成套餐或捆绑销售，以更吸引消费者。套餐定价可以给消费者一种获得更多产品或服务的感觉，并增加购买的价值感。

② 锚定定价

锚定定价是以高价或特价来作为参考点，再设置一个相对较低的价格。高价可以让消费者觉得他们获得了折扣或特惠，而特价则可以创造紧迫感和促使消费者快速购买。

③ 威权定价

威权定价以高价定价商品，给人一种高质量和高端的印象。这种策略利用了人们对价格和质量之间的心理关联，从而增加购买者的信任和欲望。

④ 分期付款定价

分期付款定价是将商品价格分摊为可接受的月付款项，这可以让消费者感觉购买商品更加轻松和可承受，从而增加购买意愿。

⑤ 99 定价

99 定价是将价格设置为以 .99 结尾（如 19.99），而不是整数（如 20），这是因为人们往往会忽略小数部分，只关注整数部分。这给人一种较低的价格感觉，即使实际上价格只相差一点点。

（4）差别定价

① 客户差别定价

客户差别定价是指针对不同的客户制订不同的价格，以吸引特定类型的客户群。例如，银行房贷对不同客户实行差异化定价，根据客户首付比例、信用记录、购买类别等情况对不同客户实行差异化定价。

② 消费时间差别定价

消费时间差别定价是指按照不同的时间，如不同的季节、不同的时期、不同的日期、不同的钟点来制定不同的价格，从而达到吸引客户、刺激消费的目的。例如，在旅游淡季时，将旅游景点的门票改定低价，或使用折扣价、优惠价等，可以吸引游客。

③ 消费量差别定价

消费量差别定价是指按照消费量的不同来制定不同的价格，从而达到刺激批量消费的目的。例如，城市公园和博物馆推出的通用年票平均每场的价格远低于单场票，从而吸引了频繁光顾的客户的购买。

（5）招徕定价

招徕定价是利用部分客户求廉的心理，将某种产品的价格定得较低以吸引客户，而客户在采购了廉价品后，还往往会选购其他正常价格的产品，从而促进企业的销售。

例如，超市为了增加客流量，吸引更多的客户光顾，而把一些广大客户熟悉的产品的价格定得很低。超市并没有打算从这些产品上赚钱，而是寄希望客户被这些产品吸引来，并且购买其他可为超市带来较多利润的产品。

这种定价方式可用于很多行业，如饭店通过价格相对较低的食品来吸引客户前来用餐，而在酒水上获利。当然，也有的饭店会将酒水的价格压低来吸引爱喝酒的客户，而将食品的价格提高，从中获利。

（6）关联定价

关联定价是指企业对其关联企业的客户的消费实行优惠价，这种优惠是相互的，互惠互利的，其目的是通过互相关照对方的客户来实现客户的开发。

例如，书店和快餐店联手，规定在书店一次性购买 50 元图书就可获得 10 元的餐饮券，而在快餐店一次消费满 50 元，在书店购买所有图书就可以享受 95%的优惠。书店和快餐店相互借力、聚敛人气，乃“双赢”之举。

（7）结果定价

对客户来说，产品或者服务的价值取决于使用或消费的效果，因此企业可以根据产品或者服务的使用效果或者服务效果进行定价，即保证客户得到某种效用后再付款，这有利于吸引客户放心地购买或消费。

例如，职业介绍所做出“等到当事人获得了适当的工作职位后才收取费用”的承诺，这样就可以吸引求职者放心、大胆地来接受职业介绍所的服务。

结果定价方法可以降低客户的风险，对客户有吸引力，尤其是当高质量的产品或者服务无法在削价竞争的环境中获取应有的竞争力，以及企业提供的产品或服务的效果是明确的、有把握的时候，特别适合使用。

### 3. 促销策略

（1）广告

广告就是广而告之，是大众传播的一种形式，它可以大范围地进行信息传播和造势，起到提高产品或服务的知名度、吸引客户和激发客户购买欲望的作用。

此外，广告运用象征、主题、造型等方式，也适合于品牌形象的推广及创造品牌的特色和价值，从而吸引客户采取购买行动。例如，美国著名的旅游者保险公司在促销时，用一个伞式符号作为象征，促销口号是“你们在旅游者的安全伞下”。又如，蒙牛的标识以绿色为底，白色作图，给人一种清新明快的感觉。绿色，容易让人联想到大草原；白色，容易让人联想到新鲜的牛奶。这样就会吸引人们想要去尝试蒙牛乳品的冲动。

广告如果能突出给客户带来的利益，也能够吸引客户的购买。要善于挖掘产品的功能、效用，并且通过恰当的措施引起目标客户或者潜在客户的注意，这样就能够顺利地吸引客户。

（2）销售促进

销售促进是企业利用短期诱因，刺激客户购买的促销活动，其主要手段如下。

① 免费试用

为打消用户对产品质量的顾虑或产品所能带来收益的怀疑，企业可以采取免费试用的方式，促使用户下定决心购买。免费试用是吸引潜在客户或者目标客户迅速认同，并且购买企业的产品或者服务的有效方式。在买方市场条件下，顾客更精明、挑剔，免费试用是“欲擒故纵，先予后取”。

例如，在我国改革开放之初，美国的国际商业机器公司（international business machines corporation，IBM）曾经赠送给中国工业科技管理（大连）培训中心 20 台计算机。该中心的学员都是来自全国各地的大中型企业的厂长和经理，他们在培训中心使用IBM计算机后，印象很好，很多人回到企业后就做出了购买 IBM 计算机的决定。IBM 公司正是通过这种方式打开了中国市场。

② 免费服务

免费服务，即企业为购买者提供免费送货上门、免费安装、免费调试等产品以外的附加服务。例如，皮革行除免费为客户保修外，还免费为用户在夏季收藏皮夹克……从而吸引了对服务要求甚高的客户前来购买。

酒楼看准每年有很多新人办喜事的行情，而竞相推出免费代送宾客，免费提供新婚礼服、化妆品、花车及结婚蛋糕等，谁的服务好，谁的生意就兴隆。

③ 奖金或礼品

企业提供奖金或礼品这种促进手段，是指与购买一件产品相关联的奖金或礼品馈赠活动。如购买一辆汽车可获赠一辆自行车，酒厂承诺凭若干个酒瓶盖就可换得若干奖金或者一瓶酒等。

口香糖刚问世时，销路不畅，后来厂家制定了一个新的规则，即回收一定数量的口香糖纸就可以换得一个小礼品，从而打开了市场。

④ 优惠券

优惠券是指企业印发的给予持有人购买产品时一定减价的凭证。由于能够得到价格优惠，所以对价格敏感的客户有很强的吸引力。优惠券可在报纸或杂志上刊印，还可以在产品中或在邮寄广告中附送。

在美国，很多人会在周五下班后到商店采购，用来度过周末。而在前一天，许多商店已经在报纸上刊登了减价广告和赠券，客户如被赠券所说的产品吸引，就会将赠券剪下来，然后持券购买该产品便可获得相应的优惠。

案例

## 京东商城客户关系的建立

京东商城是一个以科技为驱动的自营电商平台，是品牌方与消费者之间的纽带，所以京东的客户除了消费者外，还有供应商。

1. 消费者的选择与开发

京东的目标消费者为经常性网络购物的网民，一般为3C产品的主流消费群体，主要是18～35岁的白领阶层、公务人员、事业单位员工、在校大学生和其他有稳定收入但又没有时间上街购物的消费人群。

京东商城为目标消费者提供了品类丰富的商品，且拥有高效的、高度标准化的后台支撑系统，能够严格掌控从生产需求、产品选购到购买决策，再到支付、配送和售后服务的各个环节，带给用户专业的一体化购物体验。此外，京东商城价格只是在商品的采购价之上加上5%的毛利即为京东价。这个价格要比3C实体渠道之王的国美、苏宁低10%～20%，比厂商指导价低10%～30%。京东没有实体门店可以节省销售额的10%，没有批发环节可以节省销售额的20%，没有中间商可以节省销售额的20%，而节省下来的费用体现在商品价格上，毫无疑问比传统零售企业的商品更具有竞争力。

除了线上京东商城外，京东还在线下一二线城市的核心商圈建设了多家3C零售体验店“京东之家”和“京东专卖店”。在京东之家，不仅有各个品牌的热卖爆品，更有一些线上难以抢购的首发爆品、专供线上的商品，可以让客户一次体验过瘾。这里的所有商品均来自有品质保障的京东自营，并与京东线上实时同价，不管客户看中哪个商品，都可以当场下单提货，也可以选择京东配送到家，省时又省力。

2. 供应商客户的选择与开发

京东商城签约的供应商涉及IT数码、消费电子、日用百货、图书音像等多个产品领域，并包含自营合作与开放平台的联营品牌。在最具优势的3C领域，京东与宏碁、戴尔、富士通等主流电脑品牌厂商分别签署了独家首发、旗舰店计划，并与包括索尼、TCL、三星等在内的家电、通信厂商达成了采购协议。

京东还具有持续优化供应链的能力，能够聚拢更多品牌商、供应商，形成规模化效应，让产业链的各方获取更大价值，实现多方共赢。

## 课后实践

学习完本项目的内容后，认真完成表3-3的实践清单。

表 3–3　实践清单

| 为某学校进行招生宣传及生源开发 | |
|---|---|
| 实践任务 | 设计并实施一项线下客户开发计划，旨在提升某学校的知名度、吸引潜在生源并与其建立联系，增加报名人数 |
| 实践目标 | （1）提升学校在目标地区的品牌知名度；<br>（2）吸引潜在学生及家长的关注并与其建立联系；<br>（3）提高学校的报名人数和生源质量；<br>（4）建立稳定的与学生和家长的合作关系 |
| 实践步骤 | （1）根据学校招生计划和自身实力，确定目标地区，例如，某城市或地区；<br>（2）制作宣传册、海报、校园导览图等宣传材料，准备学校简介和特色介绍；<br>（3）设计并组织校园开放日活动，包括校区参观、课程展示、交流座谈等，吸引学生和家长参加；<br>（4）报名参加当地或周边地区的教育展览，展示学校特色，与潜在学生及家长面对面交流；<br>（5）组织面向学生和家长的招生宣传活动，如讲座、主题沙龙、户外运动等，增加学校的曝光度；<br>（6）与当地中小学、培训机构等教育机构合作，进行学术交流、互助合作，吸引优秀学生申请该学校；<br>（7）在各项活动中收集潜在学生和家长的联系信息，建立客户数据库，方便后续跟进和持续沟通 |
| 实践提示 | （1）通过市场调研或与学校的现有学生和家长进行访谈，了解他们的需求和关注点，制定有针对性的宣传策略；<br>（2）在宣传材料和活动中突出学校的特色，展示学校的优势和核心价值，吸引学生和家长的兴趣；<br>（3）在活动和跟进过程中，了解学生和家长的具体需求，提供个性化的服务和解决方案；<br>（4）在活动结束后及时与潜在学生和家长进行跟进，通过电话、邮件等方式保持沟通，提供进一步的支持和信息；<br>（5）寻找与学校愿景相符的教育机构和社会资源，建立合作网络，共同服务学生和家长，提升学校声誉和招生质量 |
| 实践总结 | |

## 实践评价

完成以上实践后，认真完成表 3–4 的实践评价。

表 3–4 实践评价

| 评价内容 | 分值 | 得分 |
| --- | --- | --- |
| 参与实践的积极性、主动性 | 25 | |
| 宣传策划能力 | 25 | |
| 信息采集能力 | 25 | |
| 对线下客户开发的策略的掌握程度 | 25 | |
| 教师点评： | | |

## 项目小结

企业应该重视客户开发的应用和发展，以适应不断变化的市场环境。

了解客户需求和特点是企业进行客户开发的基础。通过客户分析，企业可以制定有针对性的开发策略和工具，提高客户开发的有效性和成功率。

客户识别对策是实现客户开发的关键。企业需要根据客户需求和特点，制定个性化的识别对策，以提高客户满意度和忠诚度。

客户选择的必要性和标准也是企业进行客户开发的重要依据。企业需要根据市场和自身情况，制定合理的选择标准，以确保客户选择的准确性和有效性。

企业需要制定有效的线下线上客户开发策略，包括线上广告、社交媒体、线下活动等途径，以提高客户开发的效率和成功率。

营销导向的开发策略是实现企业长期发展的关键。企业需要注重产品和服务的质量和差异化，同时加强与客户的沟通和互动，提供个性化的服务和解决方案，以提高客户满意度和忠诚度。

同时，企业也需要关注客户的反馈和投诉，及时解决问题并改进服务，以维护良好的客户关系。

## 思考练习

1. 识别客户需求的方法有哪些?
2. 客户选择对策有哪些?
3. 线上获客方式有哪些?

# 项目四

# 客户沟通与服务管理

## 项目导读

客户沟通与服务管理是指企业与客户之间的交流和互动过程，包括与客户建立联系、提供服务、解决问题和维护关系等方面。这个过程需要企业建立完善的沟通渠道和服务体系，提供个性化的服务和解决方案，以满足客户需求和提高客户满意度。同时，企业也需要关注客户反馈和投诉，及时解决问题并改进服务，以维护良好的客户关系。客户沟通与服务管理是企业成功的关键之一，它可以帮助企业提高客户满意度和忠诚度，从而实现企业的长期发展。因此，企业应该重视客户沟通与服务管理的发展和创新，以适应不断变化的市场环境。

## 学习目标

### 知识目标

（1）了解客户沟通的内容与作用。

（2）了解客户体验的含义与作用。

（3）了解客户投诉对企业的意义。

### 技能目标

（1）掌握有效的客户沟通方法，包括倾听技巧、积极表达和善于解释等。

（2）能够理解客户的需求和意见，并以客户为中心进行问题解决和服务提供。

（3）掌握客户满意度调研和反馈收集的技巧，以改进产品和服务。

### 素质目标

（1）培养学生良好的沟通和交流能力，包括口头和书面沟通的能力。

（2）发展学生的客户导向的思维和工作态度，学会以客户为中心的服务理念。

（3）培养学生耐心和细心的态度，能够仔细倾听客户的需求和问题。

## 思政目标

（1）培养学生正确的职业道德和职业操守，尊重客户的权益和需求。

（2）培养学生服务社会的意识和责任感，将客户服务视为社会责任的一部分。

（3）培养学生的团队合作和沟通的能力，形成共享知识和经验的文化。

## 案例导入

### 戴尔与客户的沟通

戴尔公司自创建以来，一直以两位数的百分比增长，在不足20年的时间里，以1 000美元起家的戴尔公司已发展成为年销售额达320亿美元以上、股票上市10年就增值三百倍的行业翘楚。戴尔公司带给人们的经验和启迪是不可忽视的，其中在与客户沟通方面的成功经验就值得许多企业借鉴。

戴尔公司以独特的“按需配置、直线订购”的销售模式，允许客户自定义设计其喜欢的产品，自由选择和配置计算机的各种功能、型号和参数。同时，戴尔公司还根据客户的性质（企业或个人）、用途、资金预算等信息推荐合适的机型和配置，再与客户进行进一步的沟通和商讨，最后按客户确认的配置订单通知生产线。由于从产品的最初设计开始就是和客户互动的过程，因此这种灵活的定制方式真正实现了产品功能的满意和需求个性化的满足。

戴尔公司的客户可以通过800免费销售热线订购自己所需的电脑，在使用过程中遇到任何问题也只需拨打全国统一免费电话，就会直接得到厂家的专业化的服务。戴尔公司也由此及时、准确地了解了客户的使用体验和反馈意见，而这正是其他厂商花大力气也难以获取的信息。为确保服务的及时、周到，戴尔在全球各个客户服务中心都建立了一个服务电话网络。

戴尔公司通过计算机电话集成系统对打入的电话进行整理，并建立了一个客户信息数据库，开展售后服务时，客户只需把计算机序列号告诉服务的工程师，他们便能准确地查出客户所购计算机的所有配置和当地采购信息，并据此提供及时、准确的方案。

在按照客户的要求设计、生产并交付产品后，戴尔公司还想方设法了解客户使用产品的体验以获得修改设计或改变制造程序的灵感，根据客户的直接反馈改进产品。例如，公司技术支持工程师通过拜访重要客户、接听客户打入的免费技术咨询电话获得相关信息，经过归纳整理后提交公司研发部门进行进一步的分析和研究。因而，戴尔公司的主导产品始终能够围绕着客户完美的使用体验不断地改进，新产品的开发也始终适应了客户需求的发展趋势。

对于大客户，戴尔对个性化需求的满足更是做到了细致入微的程度，专门派驻小组，针对每位客户的特殊需要提供“专一整合服务”，为客户提供终生的技术支持和服务，以维持客户关系。

1995年，戴尔公司建立了戴尔在线网站www.dell.com，客户也可以直接登录网站，通过界面友好的人机对话，让客户在网上获得信息并进行交易，完成从配置到价格、从定购到交付及售后服务的全过程。

戴尔在线网站帮助戴尔公司更准确、快捷地了解客户需求，有计划地组织生产，提供直销服务、网上查询和预订，根据客户订货组织生产，最大限度地满足了客户的需要。服务主要包括客户自助查询产品信息、客户自助查询订货数据、支付或调整账单、网上故障诊断和技术支持等。戴尔公司还建立了一个全面的知识数据库，包含戴尔公司提供的硬件和软件中可能出现的问题和解决方法。

总之，戴尔公司坚持以客户为中心，利用先进的计算机技术、便捷的现代通信手段和蓬勃发展的互联网络，与客户进行完美的沟通，使大规模定制生产得以完美实现，最大限度地满足了客户个性化的需求，实现了客户满意。

# 任务一 客户沟通

沟通是指在两个或两个以上的人之间进行的信息、观点或想法的交流，也是人们分享信息、思想和情感的过程。客户沟通是企业通过建立信息交流平台，拉近企业和客户的距离，加深彼此感情，从而建立良好的合作伙伴关系的过程。良好的沟通对合作双方来说是双赢的，企业进行积极有效的客户沟通，有利于发展和巩固与客户的关系。

企业通过与客户沟通，可把企业的产品或服务信息传递给客户，把企业的宗旨、理念介绍给客户，使客户知晓企业的经营意图；还可以把有关政策向客户传达，并向客户征求对产品或服务的意见和建议，了解他们的期望，从而加强与他们的情感交流。

## 一、客户沟通概述

### 1. 客户沟通的内容

客户沟通的内容主要包括信息沟通、情感沟通、理念沟通、意见沟通，有时还要有政策沟通，见表4–1。

表4–1 客户沟通的内容

| 类型 | 内容 |
|---|---|
| 信息沟通 | 就是企业把产品或服务的信息传递给客户，也包括客户将其需求或者要求的信息反映给企业 |
| 情感沟通 | 主要是指企业为加强与客户的情感交流、加深客户对企业的感情依恋 |
| 理念沟通 | 主要是指企业把其宗旨、理念介绍给客户，并使客户认同和接受所采取的行动 |

（续表）

| 类型 | 内容 |
|---|---|
| 意见沟通 | 主要是指企业主动向客户征求意见，或者客户主动将对企业的意见（包括投诉）反映给企业的行动 |
| 政策沟通 | 主要是指企业把有关的政策、规定、制度等向客户传达、宣传所采取的行动 |

### 2. 客户沟通的作用

企业通过与客户沟通，可把自己的产品或服务信息传递给客户，把企业的宗旨、理念介绍给客户，把有关的政策传达给客户，使客户知晓企业的经营意图，还可以主动向客户征求意见或建议，加强双方的合作。

客户沟通的作用

（1）客户沟通是实现客户满意的基础

根据美国营销协会的研究，不满意的客户有三分之一是因为产品或服务本身有毛病，其余三分之二的问题都出在企业与客户的沟通不良上。可见，客户沟通是使客户满意的一个重要环节，企业只有加强与客户的联系和沟通，才能了解客户的实际需求，才能理解他们的预期。特别是当企业出现失误时，有效的沟通有助于更多地获得客户的谅解，减少或消除客户的不满。此外，企业与客户进行售后沟通，还能够减少退货的发生。

例如，通用汽车公司的做法是向新车主发祝贺信，信中祝贺他选中了一辆好汽车，并且说明通用公司可以提供的售后服务。与此同时，通过广告来宣传其他购买者对产品满意的信息。

（2）客户沟通是实现客户忠诚的基础

企业经常与客户进行沟通，向客户灌输双方长远合作的意义，描绘合作的远景，才能在沟通中加深与客户的感情，稳定客户关系。如果企业与客户缺少沟通，那么好不容易建立起来的客户关系，可能会因为一些误会没有得到及时消除而土崩瓦解。因此，企业要及时、主动地与客户保持沟通，并且要建立顺畅的沟通渠道，这样才可能实现客户忠诚，才可能赢得一大批稳定的老客户。

案例

#### 沟通使经销商抵御了竞争者的诱惑

某企业近期发现自己的经销商在面对竞争者的宣传时有些蠢蠢欲动了，为了维护自己的经销商，企业是通过以下方面说服他们的。

“他们许诺的高利润和高返利从哪里来呢？没有人会做亏本买卖！‘羊毛出在羊身上’，他们一定在产品质量上打了折扣，或者在其他方面做了手脚，你们如果经销这样的产品就会有很大的风险，弄不好还可能会触犯法律！”

“我们企业的产品虽说价格高点，但产品质量可以保证，而且我们生产的这种产品有一定的科技含量，市场潜力巨大，我们还有很好的信誉，返利可以顺利到达你们手中，经销我们的产品保证你们能得到稳定的收益。”

就这样，通过及时的沟通，经销商没有被竞争者动摇，依旧为该企业服务。

## 二、客户沟通的途径

### 1. 通过业务人员与客户沟通

企业业务人员可以向客户介绍企业及其产品或者服务的信息，及时答复和解决客户提出的问题，并对客户进行主动询问和典型调查，了解客户的意见及客户对投诉处理的反馈等。业务人员与客户沟通如图 4–1 所示。

图 4–1　业务人员与客户沟通

例如，雅芳通过专业的美容代表与客户进行面对面的沟通，她们不仅把雅芳的产品和服务信息、促销活动等传递给客户，还向客户传授各种美容心得及教给客户一些美容方面的技巧。通过业务人员扎实的专业美容知识和亲切耐心的讲解，不仅让客户更直接地了解雅芳，还让客户懂得更多美容方面的知识，从而更加信赖雅芳。

### 2. 通过活动与客户沟通

通过以下各种形式的活动，可以增强与目标客户的沟通效果和建立良好的关系。

（1）座谈会和意见征询表可以提供面对面的沟通平台，让客户畅所欲言，同时也为客户提供广交同行朋友的机会。

（2）定期拜访客户，面对面交流，倾听他们的意见、看法，消除企业与客户之间的隔阂。

（3）邀请客户参加联谊活动，如晚会、宴会、娱乐活动等，拉近企业与客户的距离，建立朋友式的关系。

（4）通过促销活动与客户沟通，给潜在客户试用新产品的理由，鼓励现实客户再次购买或增加购买，加强客户关系的发展。

（5）开展公益活动，展现企业的社会责任感，树立公益形象。

例如，花旗银行为了加强与客户的联系，定期举办招待酒会、观看演出和运动会等活动；雅芳通过大型活动，将每种产品的特性与爱情联系起来，传递给客户深刻的感受；沃尔玛积极开展社区服务和慈善公益活动，捐赠给非营利组织和公益事业，树立良好的公益形象。

通过以上方法，企业可以有效地与目标客户进行沟通，增加彼此的了解和信任，促进客户关系的提升和发展。

### 3. 通过新渠道与客户沟通

随着技术的进步和沟通实践的发展，新的沟通渠道在不断地出现，特别是互联网的兴起彻底改变着企业与客户沟通、交流的方式，企业可以在强大的数据库系统支持下，通过电子商务的手段，开设自己的呼叫中心和服务网站，为客户提供产品或服务信息，与客户进行实时沟通，从而缩短企业与客户之间的距离。

例如，北京智齿博创科技有限公司是国内知名的一体化客户联络解决方案提供商，可以为企业提供基于客户联络领域的三维一体化解决方案，包括公域 + 私域范围一体化、营销 + 服务场景一体化、软件 +BPO 业务一体化。

### 4. 通过广告与客户沟通

广告的形式多样，传播范围广，可对目标客户、潜在客户和现实客户进行解释、说明、说服、提醒等，是企业与客户沟通的一种重要途径。

广告沟通的优点是：迅速及时，能够准确无误地刊登或安排播放的时间，并可全面控制信息内容，能让信息在客户心中留下深刻的印象。

广告沟通的缺点是：单向沟通，公众信任度较低，易引起客户逆反心理。这就要求企业的广告要减少功利的色彩，多做一些公关广告和公益广告，才能够博得客户的好感。

案例

#### 雅芳的全方位广告

雅芳色彩全效唇膏的广告语为：“唇膏，怎样才更好？颜色要饱满漂亮。雅芳色彩全效唇膏，四种功效，智慧锁定，四重美丽，创造美唇奇迹”，短短 14 秒的广告，充分诠释了雅芳色彩全效唇膏的特性和功效。同时，广告词的最后一句“雅芳，比女人更了解女人”，再次向客户展示了雅芳的宗旨和理念，赢得了客户的信赖。

除了电视广告外，杂志也是雅芳选择的主要广告媒体之一，如在《瑞丽》《消费者》等杂志上，雅芳进行了大量的广告宣传，包括产品、理念、促销活动等方面的宣传。同时，雅芳还利用自己创办的电子杂志，为客户更好地了解雅芳提供了一个平台，促进了雅芳与客户更有效的沟通。雅芳还通过网站发布视频、图片等各种广告形式，利用网络信息量大、受众面广的优点增强了沟通的效果。另外，雅芳还通过留言板等形式与客户进行互动，并且及时得到了客户的反馈，与客户进行沟通的效果非常明显。

### 5. 通过宣传活动与客户沟通

企业可以通过公共宣传与客户沟通，这种宣传信息的可信度强，因为它是一个与获利者无关的评论，比较可靠；另外，公共宣传还可使企业欲与客户沟通的信息得到免费曝光的机会，从而提高对客户的影响力。但这种与客户沟通的方式，企业对信息没有控制权，企业希望得到宣传的未必被新闻机构所采用，即使采用，企业也无法控制时间。

企业还可通过内部刊物发布企业的政策与信息，及时将企业经营战略与策略的变化信息传递给客户。这里的信息包括新产品的开发信息、产品价格的变动信息、新制定的对客户的奖励政策、返利的变化以及促销活动的开展等。

例如，宜家就精心为每件商品制订“导购信息”，有关产品的价格、功能、使用规则、购买程序等几乎所有的信息都一应俱全。对于组装比较复杂的家具，宜家则在卖场里反复放映录像和使用挂图解释如何组装该家具。此外，宜家的《商场指南》里写着：“请放心，您有 14 天的时间可以考虑是否退换。”

#### 6. 通过包装与客户沟通

企业给客户的第一印象往往是来自他的产品，而产品给客户的第一印象，不是来自产品的内在质量，而是包装。包装是企业与客户沟通的无声语言，好的包装可以吸引客户的视线，给客户留下良好的印象，引起客户的购买欲望。

包装还可以传达企业对社会、对公众的态度以及对自然和环境的态度。现在有越来越多的生产厂商采用了无污染的、能够生物分解或循环利用的包装材料，这就向客户传达了自己对环境的爱护，从而给客户留下这家企业爱护环境、富有责任感的印象。

**案例**

### 招商银行的服务环境“包装”

招商银行就非常重视服务环境的“包装”，投入了大量资源进行营业厅环境改造，如提高装修水平，设置服务标识，配备饮料，设置报纸、杂志，安装壁挂电视；让客户休闲地坐在椅子上，享受着书报杂志、牛奶、茶水、咖啡，看着电视等着办理业务，并由此衍生出微笑站立服务、设置低柜服务，改变了传统银行冷冰冰的面孔和服务模式；当其他银行的客户在柜台前排起长龙等待办理金融业务的时候，招商银行率先推出叫号机，后来又改善排队叫号器设置，在叫号器界面上设立不同业务种类，客户按照银行卡的种类取号，分别在不同的区域排队等候，减少了相互干扰，保证营业厅秩序，从而营造舒适的氛围。

总之，客户沟通的途径多种多样，其目的是通过经常性的沟通，让客户清楚企业的理念与宗旨，让客户知道企业是他们的好朋友，企业很关心他们。为了不断满足他们的需要，企业愿意不断地提升产品或者服务的品质及其他一切方面，这样才能够提升客户关系。

## 三、客户沟通技巧

#### 1. 向客户表明诚意

由于沟通的成功有赖于双方的共同努力，因此企业与客户沟通时，首先要向客户表明自己是很有诚意的，可安排企业高层进行拜访，通过真诚的交流和情感沟通，增进彼此的理解。如果企业没有诚意，就不要指望得到客户的响应，也不要指望与客户的沟通能够获得成功。

### 2. 站在客户的立场与客户沟通

企业只有站在客户的立场上，充分考虑客户的利益，把客户放在一个合作伙伴的角色上，才能获得沟通的成功。一方面，客户通常关心的是自己切身利益的事；另一方面，客户购买的不仅是产品或者服务，还包括企业对客户的关心及客户对企业的信任。

### 3. 建立有利于客户与企业沟通的制度

企业要积极建立客户沟通制度、建议制度、投诉制度，使客户清楚客服中心和投诉管理部门的联系方式与工作程序。

### 4. 掌握客户沟通的特点

不同客户在沟通中表现出的特征不一样，只有了解不同客户在沟通过程中的不同特点，客服人员才有可能采用相应的方法与其沟通，以达到良好的沟通效果。

### 5. 沟通时学会倾听

在与客户沟通中，专心倾听往往比滔滔不绝地发表意见更为重要。学会倾听才能了解客户的心理活动，观察和发现其兴趣所在，从而了解客户的真实需求。

### 6. 使用有效的沟通语言

客服人员的语言是否热情、礼貌、准确、得体，会直接影响客户的购买行为，并影响客户对企业的印象。一个具备客户关系管理知识的客服人员的话语，应具备以下特点：有逻辑性、层次清楚、表达明白；突出重点和要点；真实、准确、文明；因人而异；适时调整声音大小和语速。

（1）掌握沟通提问技巧

此外，提问是控制沟通和谈话方向的一种非常重要的沟通方式。

① 开放式提问

开放式提问不限制客户对问题的回答，完全让客户根据自己的喜好，围绕谈话的主题自由发挥。例如，“您对华为手机的拍照效果怎么看？”这样的开放式提问会让客户告诉你很多信息。开放式提问有助于使谈话气氛轻松愉快，令客户感到自然并畅所欲言，又有助于客服人员根据客户的谈话了解更有用的客户信息。开放式提问有时会偏离主题，这时可用封闭式提问的方式来弥补。

② 封闭式提问

封闭式提问限定了客户的回答范围，客户只能在有限的选项中进行选择，例如“你使用过本公司某产品吗？”。封闭式提问可以帮助客户进行判断。一般而言，当客服人员发现谈话偏离主题时，可问客户一个封闭式的问题；当发现对方比较紧张时，可以问一个开放式的问题，以使对方放松。

## 知识拓展

### 提问时的要点

向客户提问时一般需要注意以下几点。

1. 保持礼貌和谨慎

在与客户沟通的过程中，客服人员对客户进行提问时，必须保持礼貌，不要给客户留下不被尊重和不被关心的印象。同时，客服人员还必须在提问之前谨慎思考，切忌信口开河。

2. 少说“为什么”

在沟通过程中，尽可能少说“为什么”，要用其他的话来代替。例如，“您能不能说得再详细一些”“您能不能解释得再清楚一些”，这样给对方的感觉就会好一些。

3. 少问带有引导性的问题

“难道你不认为这样是不对的吗”这样的问题，不利于客服人员收集信息，而且会给对方留下不好的印象。

4. 避免多重问题

不能一口气问对方很多问题，使对方不知道从哪一个问题开始回答，而且也不利于客服人员收集信息。

（2）掌握沟通回答技巧

在沟通中，客服人员应消除客户的疑虑，纠正客户的错误看法，用劝导的方式说明、解释并引导客户对问题的认识。

① 及时调整谈话的速度

客服人员要根据客户是否能理解谈话的主旨及其对谈话中重要情况的理解程度来调整说话的速度。在向客户介绍一些主要情况和重要问题时，语速要适当放慢，使客户易于领会；同时，要随时注意客户的反应，以根据客户的理解程度来调整谈话的速度。

② 不要直接否定客户的观点

在与客户沟通时，最忌讳与客户争论。在任何情况下，都不要直截了当地反驳客户，否则容易使客户产生抵触情绪。在特定的情况下，客服人员可以采用“尽管很对，但是……”的表述方法，首先明确表明同意客户的看法，然后再委婉地提出自己的观点，这样往往比较容易使客户接受自己的观点。

③ 保持沉着冷静

在与客户沟通时，客户有时带有偏见或成见，一些看法带有强烈的感情色彩，这时用讲道理的方法并不能改变客户的看法。此时，客服人员沉着冷静的言行不仅会赢得客户的信任，而且在一定程度上会使沟通的气氛好转。

# 任务二 客户体验

产品是有形的，服务是无形的，体验却是令人难忘的。企业能提供的不仅有产品或服务，还有令人难忘的愉悦回忆。

## 一、客户体验概述

现在处在一个以客户为中心的时代，仅仅有好的产品或服务是远远不够的，还需要有与产品、服务及品牌相结合的客户体验。

人们的日常生活自始至终都离不开体验。当某人购买一种服务时，他购买的是一种符合自己要求的非物质形态的活动；当参与一种体验活动时，他能从中获得美好的记忆。例如，当咖啡被当成货物出售时，一千克咖啡豆卖数百或上千元；当咖啡被包装为商品时，一包咖啡豆可以卖 10 元；当咖啡加入了服务，在咖啡店中出售时，一杯可以卖到二三十元；如果能让客户体验咖啡的香醇与生活方式，一杯就可以卖到上百元。美国连锁咖啡企业星巴克能成功就在于其带给顾客良好的体验。

### 1. 客户体验的含义

客户体验是企业通过服务和产品为客户创造愉悦和赞赏的活动。它是客户在情绪、知识和互动中获得的内在体验，对企业的印象和感受。客户体验发生在客户与企业互动时，是客户对产品和服务的直接感受。每个人的体验都是独特的，因为它源于个人心态和事件的互动。

客户对企业的印象和感觉从接触产品广告或宣传开始形成，并在使用产品和接受服务的过程中延续。客户体验是一个过程，理想的客户体验包括舒适、欣赏、赞叹和回味等心理过程，给客户带来有价值的强烈心理感受。

客户体验由一系列附加于产品或服务之上的要素组成。这些要素突出产品或服务的价值，加强企业的专业形象，促使客户重复购买并增强对企业的认可。要传递理想的客户体验，企业需要在产品、服务、人员和流程管理等方面表现出色。在网络经济时代，客户通过互联网与企业建立联系，从广告、宣传品或首次访问企业网站开始形成印象和感受，然后在实际使用产品或享受服务时得到延伸。

### 2. 客户体验的作用

客户体验在当今激烈的市场竞争中已成为一个区别于其他竞争对手的差异化指标，有效管理客户体验能够为企业带来更多的商业价值。

（1）增强客户对品牌的偏好

好的客户体验能增强产品或服务的差异化，培养客户的消费偏好，使客户能够把本品牌的产品或服务同竞争对手的产品或服务有效区分开来，从而使企业在市场竞争中占据有利的竞争地位。

例如，OPPO 旗舰店并没有过多地展示或介绍产品，而是留出更多的空间让消费者自由体验，传达企业面对市场的开放、包容及创新的态度，以增加品牌与消费者的对话和接触机会。

（2）传递口碑营销效果

好的客户体验通过现有客户的口口相传带来新的销售收入。消费者之间对企业产品或服务自由交流和评论，可以使企业产品或服务成为一个备受关注的社会热点，从而影响其他消费者的购买决策。例如，春秋航空公司凭借“99元特价机票”的促销口号吸引了不少工薪族乘客，并形成了口口相传的广告营销效果。

（3）提高客户忠诚度

忠诚的根源是客户对自己与产品生产者、服务提供者之间关系的良好感受。企业提供有价值的、令人印象深刻的客户体验，可以有效提高客户满意度和客户忠诚度，从而避免客户流失。

例如，以前人们在使用手机的过程中，都可能遇到过手机放在口袋中却误拨电话的情况，为了避免出现这种情况，小米手机特意为用户设计了“防误触模式”，用户打开防误触功能后，当手机顶端的区域被遮挡时，手机就无法解锁，从而避免了误拨电话的情况。

案例

## 注重客户体验的海底捞

海底捞品牌创建于1994年，经过20多年的发展，海底捞国际控股有限公司已成长为大型餐饮企业。公司秉承“服务至上、顾客至上”的理念，以创新为核心，改变传统的标准化、单一化的服务，提倡个性化的特色服务，致力于为顾客提供愉悦的用餐体验。在管理上，实施人性管理模式，提升员工价值。

因为顾客很多，经常要排队，海底捞就为等待的顾客提供免费美甲、美鞋、护手服务，并为顾客提供免费的饮料、零食和水果。店里的服务员来自五湖四海，顾客可以找老乡为其服务，这样会让顾客倍感亲切。每个门店的服务都细致周到，甚至在卫生间里都会有专人为顾客提供服务。海底捞实施这样极端差异化的服务模式，在竞争激烈的餐饮业中脱颖而出。通过互联网的口碑传播，海底捞很快成为全国知名的火锅品牌，成为优质服务的代名词。

### 3. 客户体验的模式

客户体验的模式主要包括感官体验、情感体验、思考体验、行为体验及关联体验等。

（1）感官体验

感官体验是一种相对感性的体验，它包括了视觉、听觉、触觉、味觉及嗅觉等在内的各种感官体验。在感官体验的建设中，需要体验设计者对客户心理有足够的了解，从客户的角度来进行思考。例如，在一些网店中，可以加入与品牌相关的视频、音乐以及全方位的细节图片，让客户产生一种良好的感官体验。

（2）情感体验

情感是一个人在需求得到满足或不能得到满足时，所产生的一种对客观事物的态度和内心感受。消费者在选购商品的过程中，对能够满足其需求的商品或服务会产生积极的情绪或情感，从而增强购买欲望。制造情感体验常用的联系纽带有友情、亲情、恋情。作为含有某种感情的心境体验——情怀体验，更是一些企业所追寻的。

（3）思考体验

思考体验是以创意的方式引起客户的兴趣，使其对问题集中或分散地思考，为客户创造认知和解决问题的体验。思考体验营销强调的是通过体验让客户产生理性思考，从而产生购买行为。对于高科技产品而言，如 VR 技术，思考体验活动被普遍使用。在许多其他产业中，思考体验营销已应用于产品的设计、促销及客户沟通之中。

案例

### 在虚拟会议室内沉浸式开会

元宇宙是 2021 年、2022 年的热词，简单来说它就是一个沉浸式的虚拟世界，可以给人们带来更真实的感受。实现这个虚拟世界的技术主要有 VR（虚拟现实）技术、AR（增强现实）技术、3D 技术等。

国内外科技公司，如腾讯、字节跳动、百度、微软迅速进入这一领域，甚至国外某社交媒体巨头将自己公司的名字都改成了“Meta”（元宇宙的英文是 Metaverse）。

以虚拟会议室为例，一个个虚拟形象可以聚集在虚拟会议室内沉浸式开会，投屏分享真实的计算机屏幕内容，或走到白板处记下头脑风暴碰撞出的火花……完全实现居家办公，员工不再需要写字楼的办公位。

（4）行为体验

行为体验是客户通过互动形式参与特定的生活形态而感受企业产品、服务或品牌价值的体验方式。行为体验的目标是通过互动与参与影响客户的生活形态。例如，宜家的很多产品简约时尚，但需要客户自己动手组装，客户对于这种“自己动手丰衣足食”的消费理念也都认可，如图 4-2 所示。行为体验也可以通过艺人等的行为方式来影响消费者，改变其生活行为，从而促进企业产品或服务的销售。

（5）关联体验

关联体验是感官、情感、思考及行为的相互结合，是一种高层次、深层次的体验类型。关联体验是在感官、情感、思考和行为等体验基础上的一种升华式体验。关联体验通过各种体验方式，建立起品牌和品牌传递的精神的联系。

例如，有时候，人们把清新、唯美风格的文艺作品、生活方式或商品称为“小清新”。“小清新”风格的商品设计如图 4–3 所示。“小清新”实质上就是清新、唯美、随意的意思，但这些词不够特殊、不够酷，才被别具一格的“小清新”一词所代替。

图 4–2　客户自己动手组装家具

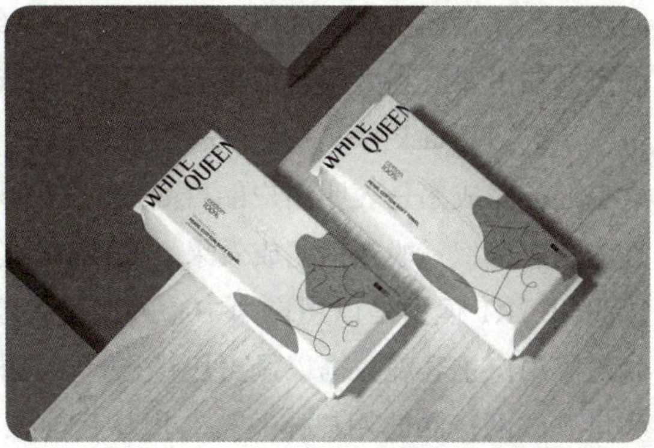


图 4–3　“小清新”风格的商品设计

案例

## 用户体验至上

从企业角度而言，用户体验至上意味着企业既要充分考虑用户的需求，又要考虑用户的承受能力。苹果公司早期的产品，如 1983 年推出的丽萨（Lisa）计算机，是世界上首款采用图形用户界面和鼠标的个人计算机，其标志着用户逐渐摆脱键盘敲命令的束缚。从 iPod 到 iPod Touch，从 iPhone 到 iPhone15，从 iPad 到 iPad Pro，苹果公司每一次的产品升级都大幅提升了用户体验。作为一个高科技公司，苹果公司始终坚持不变的是产品创新；作为一个电子消费品企业，苹果公司始终坚持不变的是满足用户的体验需求，不断推出能更好地满足用户体验需求的产品。

### 4. 客户体验的度量

在评估客户体验效果方面，可以采用 HEART 模型。HEART 模型的出发点是做以用户为中心的、能够用于大范围的用户体验度量模型。HEART 分别代表以下五个维度。

（1）H（happiness）——愉悦度

愉悦度是用户在使用产品过程中的主观感受。例如，一个产品被夸赞或分享，就是用户愉悦度的体现。愉悦度可以通过可用性、易用性、视觉感受、满意度、推荐意愿等指标来衡量。

（2）E（engagement）——参与度

参与度包括一个新功能或新模块推出时，用户访问频次、访问时长等指标，代表用户对产品内容感兴趣并愿意经常使用的倾向。

（3）A（adoption）——接受度

接受度是用户看到新产品或新功能并愿意使用的倾向。为了让用户快速接受某个新产品或新功能，产品设计时需要在新产品或新功能发布方面投入更多关注。

（4）R（retention）——留存率

留存率是在一段时间内，表明用户愿意继续使用该产品或功能的指标。留存率是互联网产品的主要获利因素，留存率越高说明稳定用户越多，越能带动更多用户参与进来。

（5）T（task）——任务完成率

任务完成率是表明用户能否高效、准确地完成任务的指标。任务完成率通常指核心任务的完成率，一般包括完成效果、完成效率、操作错误率等维度。

HEART 模型是以用户为中心的度量模型，也是一个构建完善的用户体验度量模型，涵盖了用户主客观数据以及可用性指标。该模型虽然是为了互联网产品而设计的，常用于测量互联网产品的用户体验度，但从目前来看，HEART 模型仍旧可以指导一些行业的客户体验度量，是各企业构建与设计客户体验评估模型的基础。

## 二、客户体验设计

客户体验设计是以客户需求为目标进行的体验设计活动。客户体验设计包括分析客户的体验世界、建立客户体验平台、设计以品牌为核心的体验内容、建立客户接触点及不断创新等步骤。

### 1. 分析客户的体验世界

客户的体验世界包括客户体验需求、生活方式以及影响客户体验的方式。

（1）确定客户体验需求

不同客户群体有不同的体验需求，企业需要充分了解不同类别客户的内在需求。同时，还要利用满意度及忠诚度等指标识别这些客户体验需求的变化，关注他们体验需求的深度和广度。例如，初次来景点旅游的游客的期望与多次来景点旅游的游客的期望存在很大不同。

（2）满足客户生活方式

客户体验世界可以分为产品或品牌体验、产品品类体验、使用和消费环境体验以及社会文化、商务环境体验等层次，这些不同的体验层次可以反映客户的生活方式，如图 4-4 所示。

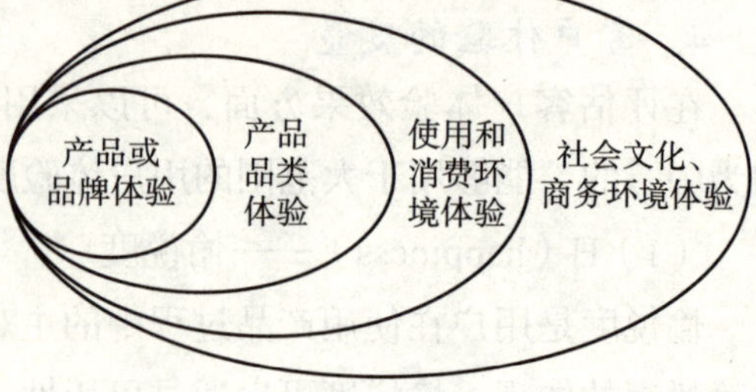


图 4-4 客户体验世界的层次

以剃须刀为例，产品或品牌体验表现为剃须刀看起来怎样，使用的手感怎样，给用户带来的价值如何等；产品品类体验表现为产品的技术优势及创新，如刀片由两片改成三片且可以水洗等；使用和消费环境体验表现为早晨起床后，客户可以快速、安全、彻底地剔除胡须，而不会占用其过多的时间；社会文化、商务环境体验表现为用户使用该产品可以融入职业生活场景。

（3）确定适应接触点的体验方式

从客户认识产品或服务的需求开始，经过信息收集、信息过滤、信息选择，到最后购买产品为止，每个阶段都提供了与客户接触的机会。企业应在每个客户接触点上了解客户体验的需求并能对这种体验需求进行具体描述，以确定适应接触点的客户体验方式。

## 2. 建立客户体验平台

客户体验平台是客户与企业互动的媒介。客户体验平台的选择与建立要考虑客户体验的定位、体验价值的承诺等要素。客户体验平台可以加强企业与客户的沟通，促进企业产品或服务的创新。体验平台为企业的品牌、产品提供了与客户进行有效沟通的渠道。例如，中国移动 5G 无线通信体验平台让无线通信的体验更加人性化，为用户提供更加便捷、高效的通信网络。

客户体验平台源于客户的体验世界，是抓住客户消费心理、提供企业内部与外部沟通与协调的渠道。体验平台是联系企业定位、品牌与产品的纽带。客户体验平台策略包括体验定位、体验价值承诺及展现体验主题，如图 4–5 所示。

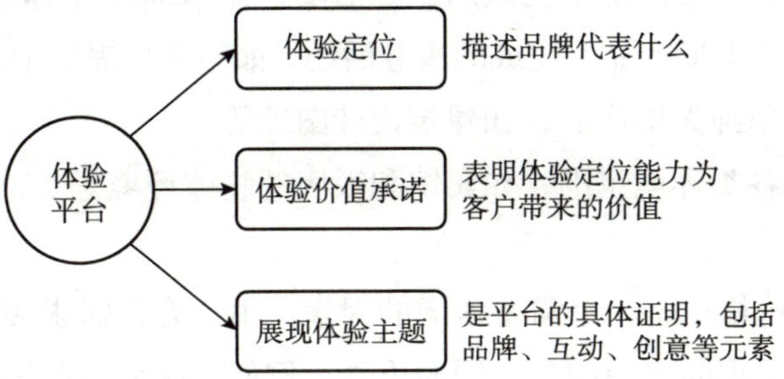


图 4–5　客户体验平台策略

（1）体验定位

体验定位描述品牌代表的含义，它与传统的营销定位概念略有不同。体验定位以有洞察力的、有用的、多感官的内容代替了模糊的定位。体验定位应以企业形象为导向，定位应切实、具体。

（2）体验价值承诺

体验价值承诺表明体验定位能为客户带来什么价值。价值的陈述是任何客户关系管理战略的核心部分。

（3）展现体验主题

体验主题只有通过各类活动有效展现才能为公众所熟知。例如，红牛饮料的体验定位是“瓶里的能量”，体验价值承诺是“巩固心脏，促进新陈代谢，战胜疲劳”，公司通过红牛音乐会等各种有趣的社会活动来展现体验主题，为目标客户群所熟知。

### 3. 设计以品牌为核心的体验内容

品牌体验是客户对品牌的某些经历和感受。品牌体验的内涵要远远超出品牌旗下的产品和服务，它包含客户和品牌之间的每一次互动，从最初的认识，到选择、购买、使用，再到重复购买。品牌体验的核心包括产品体验、服务体验、价格体验、外观体验、便利性体验及关系体验等方面，如图 4-6 所示。

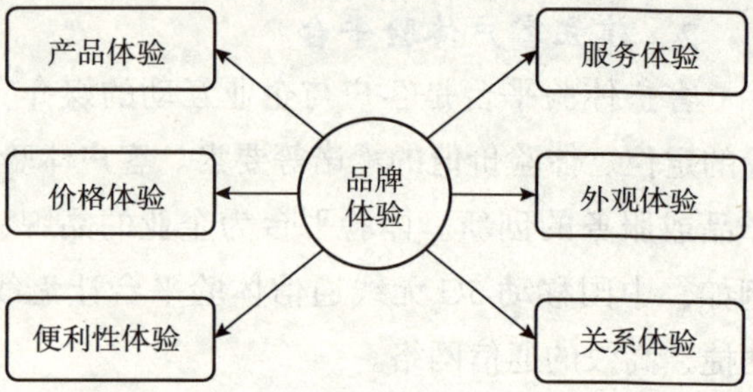

图 4-6　品牌体验的核心

（1）产品体验

客户体验的重要内容之一是产品体验。这里的产品是指企业提供给客户的具有一定效用的有形实物。产品包括单纯的硬件产品（如个人计算机等）、硬件产品及其配套的相关服务（如空调及其售后服务等）。

（2）服务体验

服务是一种特殊的无形产品，它的提供涉及如下四种情形。

① 在为客户提供的有形产品上完成的服务活动，如 4S 店的汽车维修服务等。

② 在为客户提供的无形产品上完成的服务活动，如为客户提供纳税申报所需的表格等。

③ 为客户提供的单纯无形产品，如建筑设计图纸等。

④ 为客户创造的各类环境氛围，如宾馆和饭店的整体环境等。

（3）价格体验

在客户体验中，价格也是一个需要考虑的因素。由于客户需求多元化，企业应以客户需求为导向，为不同需求的客户制定不同的价格。例如，南航官网团购频道曾推出头等舱体验券，仅需 200 元即可购得一张头等舱体验券，客户预约成功后可从经济舱升级至头等舱，享受南航头等舱的一系列升级服务。

（4）外观体验

产品设计是工业设计的核心内容。随着需求个性化的进一步发展，客户对产品的需求已不再局限于内部结构设计，还包括产品外观设计。因此，产品内部结构的设计也要尽量满足产品外观的需要，使产品外观与内部结构完美结合，以提升客户的外观体验。

（5）便利性体验

便利是客户与企业交互的便捷程度，主要体现为客户参与交互的显性及隐性成本，如时间成本、人力成本及其他机会成本。便利性体现为客户购买的前、中、后过程的省时、省力。例如，现在一些厂商推出的可换墨盒无线型激光打印机，无论在连接计算机还是更换墨盒方面都极大方便了用户使用。

（6）关系体验

客户关系是企业对客户长期地、有意识地施加影响而形成的合作关系。关系体验是强化客户与企业关系的一项重要手段。企业可以通过打电话、发短信、发电子邮件、邮寄信件 / 明信片、邮寄礼品、举办客户联谊活动、开办 VIP 俱乐部、对长期客户给予特殊优惠等方式与客户保持互动，以维系企业与客户的良好关系。例如，现在的一些银行理财经理会与客户互加微信，为客户提供一对一的理财咨询服务。

案例

**苹果 CarPlay**

CarPlay 是苹果公司将用户的 iOS 设备、iOS 使用体验与车机系统结合的解决方案。用户可以通过 CarPlay 功能将 iOS 系统的部分功能“投屏”到车机系统中。如果用户车辆支持 CarPlay 功能，那么在连接苹果手机等设备后，就可以使用汽车内置显示屏和控制键，实现拨打电话、听音乐、收发信息、使用导航等更多功能。CarPlay 系统界面与苹果手机相似，用户几乎没有学习成本。CarPlay 的流畅性远远优于车机系统。CarPlay 采用自然语音识别准确率很高的 Siri 语音识别系统，同时，CarPlay 还能联网实时更新，时效性更强。

### 4. 建立客户接触点

客户接触点是指客户与企业联系的各种形式，如店内面对面接触、销售代表到客户办公室拜访、银行 ATM 机、网上交易等。客户接触点是企业品牌价值传递的渠道，建立客户接触点是有效管理客户的手段。在售前、售中、售后建立客户接触点可以提高企业对客户体验的把控能力，形成良好的口碑，同时可以降低企业的经营风险。

随着技术的发展和竞争的加剧，企业与客户的接触点越来越多，从最初的面对面接触到现在通过专业网站、电子邮件、微信、抖音等方式接触，极大地方便了企业与客户的联系，但也给客户接触点的管理与整合带来了一定的难度。企业在众多的接触点中选择最优的组合，成为企业增强客户体验效果、获取竞争优势的一个重要手段。

### 5. 创新体验模式

很多企业的客户体验活动都会随着时间的变化而出现体验效果逐渐减弱的现象，原本增值的体验服务也逐渐大众化。例如，最早的乘飞机旅行是少数人的项目，如今乘飞机旅行已逐渐大众化。另外，即使体验模式没有被模仿，消费者心中对同一模式也会逐渐产生疲劳感。

## 三、客户体验活动方案

客户体验活动方案是企业为开展客户体验活动而预先制订的书面计划。客户体验方案包含标题、目录、正文及附录等内容。

### 1. 标题

标题要在活动方案的封面体现出来。标题应一目了然，至少包括企业产品或品牌名称、开展体验活动的时间及地点，如“×× 产品 202× 年上海地区客户体验活动方案”。

### 2. 目录

当体验活动方案的字数较多时，为了方便查看相关内容，可以设置目录；而当字数较少时，可以省略目录。

### 3. 正文

正文是客户体验活动方案的核心。客户体验活动方案的正文（表 4–2）一般包括：活动背景；体验目的；体验主题；体验时间、地点、对象及活动传播方式；体验活动设计；体验平台；活动流程；资源保障。

表 4–2　客户体验活动方案的正文

| 内容 | 要点 |
| --- | --- |
| 活动背景 | 活动背景的内容要交代客户体验活动开展的环境、条件、原因以及意义等 |
| 体验目的 | 体验目的是开展体验活动要达到的目标，陈述活动目的要具体、简洁明了，例如，通过客户体验展现新产品的卓越性，吸引新客户，培养客户的品牌忠诚度 |
| 体验主题 | 体验主题是客户体验方案所要表现的中心思想，也就是体验活动的核心思想，例如，潮流引领、魅力无限、感恩七周年、答谢在春天 |
| 体验时间、地点、对象及活动传播方式 | 明确体验活动开始和结束的时间、开展体验活动的场所、体验活动针对的客户群体以及让相关客户群体知悉活动的营销传播方式 |
| 体验活动设计 | 体验活动设计是客户体验活动方案的重点。策划、设计的客户体验活动要新颖、具体、可行，能让客户愿意参与，能向目标客户有效传递活动主题，能实现开展客户体验活动的目标 |
| 体验平台 | 体验平台是企业与客户沟通的桥梁，是客户了解企业产品、服务、品牌的媒介。它可以是提供线下产品或服务的体验平台，也可以是提供线上虚拟产品或服务的体验平台 |
| 活动流程 | 活动流程是对客户体验活动方案中具体项目及内容的时间安排，是客户体验活动的实施步骤。活动流程应包括各体验项目开展的具体时间、项目实施细节、项目负责人以及需要注意的事项等内容 |
| 资源保障 | 资源保障应包含现场物料配置及活动预算费用 |

### 4. 附录

开展客户体验活动需要的其他文字或图表材料可以以附录的形式列在方案的最后，以备查阅。

# 任务三 客户服务

客户服务体现了以客户为导向的经营理念。优质的客户服务不仅可以提高客户满意度、培养客户忠诚度，还可以增强企业竞争力。

现代管理中服务的概念非常广泛，任何一个行业都会涉及服务，任何能提高客户满意度的内容都属于服务的范围，比如客户服务。

客户服务是以客户为导向的，为客户提供较高满意度的附加价值或活动，其内容主要包括产品或服务咨询、服务与技术支持以及客户投诉受理等活动。良好的客户服务可以树立企业品牌形象，提高客户满意度，培养客户忠诚度，维持稳定的客户关系，有效防止客户流失。

按客户接触媒介划分，客户服务可分为人工客服和电子客服；按服务过程划分，客户服务可分为售前服务、售中服务和售后服务；按服务性质划分，客户服务可分为技术服务和非技术服务；按服务地点划分，客户服务可分为定点服务和流动服务。

## 一、客户服务体系

当前，融合“客户服务、商品导购、市场营销、投诉受理”于一体的新型电子客服得到了迅速发展，它可将客户服务无缝地嵌入到售前、售中、售后过程的始终。

客户服务体系是客户服务的组织和制度。有效的客户服务体系是保证客户满意的必要条件，它能够提高客户满意度、培养客户忠诚度，为企业赢得良好的口碑，有利于扩大企业的业务量，树立良好的企业形象。客户服务体系是企业的重要构成部分，是由客户服务理念、客户服务代表与客户经理制、客户服务的内容和流程、客户服务质量标准等一系列要素构成的。

### 1. 客户服务理念

客户服务理念是企业对服务活动的理性认知，如站在客户的立场真心为客户提供帮助、“以客户为中心”的服务意识。良好的客户服务理念来自以客户需求为导向、一切为了客户的思想。以客户需求为导向体现为满足客户对便利性、价格参与、专业信息及时获取，对舒适环境以及对获得理解和认同的需求。企业要想赢得市场和客户，需要培养“一切为客户”的理念，如“客户至上”“客户永远是对的”“一切为客户着想”等理念。良好的服务理念还会对员工产生潜移默化的影响，能使员工思想发生改变，使其产生对工作、对客户负责的思想，这有助于产品价值、服务价值、人员价值和形象价值的极大提升，同时还可以减少客户的时间成本、体力成本和精力成本。

### 2. 客户服务代表与客户经理制

客户服务代表是代表企业为客户提供售前、售中或售后服务，以树立企业良好形象、提高客户满意度为主旨的客户服务人员。客户服务代表通过提供全面服务增强客户与企业的联系，帮助企业建立可靠、持久的客户关系。除了销售人员之外，客户服务代表是更多、更紧密地接触客户的企业员工。

客户经理制是企业以客户为核心，为客户提供全方位服务的一种服务制度。客户经理制最早出现在20世纪80年代发达国家的商业银行领域。随后，国内的银行、保险、邮政、电力和通信等部门逐渐引进和实施了这种管理制度，以规范客户管理的行为，提高服务的水平与质量。客户经理制从制度设计、人力资源安排、服务内容和流程等方面系统规划客户经理的工作内容与行为，可以提高客户经理的工作效率，拉近客户与企业之间的关系。

### 3. 客户服务的内容和流程

客户服务是服务人员与客户进行交流的过程，一般涉及开票请求、账户维护、服务分派、时间安排、信息处理等内容，具体环节一般包括接待客户和访问客户，为客户提供咨询服务、质量“三包”服务、安装和调试服务、产品配件提供服务、技术培训服务，以及上门检修服务等。

客户服务流程一般包括上门服务流程、寄送维修服务流程、退换产品流程、疑难问题解决流程、热线接听流程等。

例如，某物业管理公司的报修流程为：客户服务部接到业主来电→值班人员登记→开出工作维修单并派送到工程部→工程部接单并通知贴心管家→贴心管家前往维修→维修完毕后前台值班人员回访。科学、合理的服务流程不仅可以减少客户的时间成本、体力成本和精力成本，还可以提升企业的服务价值和形象价值。

### 4. 客户服务质量标准

客户服务质量是客户服务工作满足客户需求的程度。由于服务产品具有无形性和差异性等特征，客户服务质量很难像有形产品质量那样进行科学的测定和评价。企业在制定服务质量标准时，要考虑标准科学合理、行之有效，明确服务程序、服务步骤、服务方式、服务方法等内容，并以书面形式公布出来，给员工清晰的指示，让员工的服务行为有章可循、有规可依，实现客户服务标准化、规范化。

根据美国学者贝利、帕拉休拉曼、赞瑟姆等人所提出的服务质量模型，客户服务质量也可以采用以下指标进行衡量，见表4-3。

表4-3　客户服务质量衡量指标

| 指标 | 含义 |
|---|---|
| 有形性 | 有形性是指服务可以被感知的部分。由于服务的本质是一种行为过程，因而具有不可感知的特征。客户需要借助一些有形的、可感知的部分来把握服务的实质 |
| 可靠性 | 可靠性是指客服人员准确无误地完成所承诺的服务，避免服务过程中出现失误。许多以优质服务著称的服务企业，正是通过强化可靠性来建立自己的声誉的 |

（续表）

| 指标 | 含义 |
|---|---|
| 响应性 | 响应性是指客服人员的反应能力，即随时准备为客户提供快捷、有效服务的能力。服务传递的效率是企业服务质量的一个重要反映，企业应尽可能缩短客户等待时间 |
| 安全性 | 安全性是指客服人员具备专业知识、胜任工作的能力。安全性可以增强客户对企业服务质量的信心和安全感 |
| 移情性 | 移情性是指客服人员能设身处地为客户着想，满足客户需求的能力。移情性要求客服人员要想客户之所想、急客户之所需，给予客户关心和体贴，让服务过程充满人情味 |

## 二、客户服务内容

### 1. 服务承诺

服务承诺既是对客户的保证，也是对员工的激励，更是企业提升市场占有率、促进企业持续发展的重要途径。

服务承诺意味着企业对客户的服务保证，如果所提供的商品或服务与承诺不符，企业愿意采取某种形式对客户进行补偿。完整的服务承诺包括向客户预示服务效果和保证服务质量（以赔付作为担保）。服务承诺的目的在于降低客户接受服务的风险及提升客户满意度。

承诺对于制造业来说相对比较普遍，但对服务业来讲并不普遍，因为有些服务企业无法进行承诺（如医院医治重病患者，律师事务所替客户打官司等）。由于服务的无形性和易逝性，有些服务效果无法得到保证，也很难进行承诺。随着越来越多的企业发现服务承诺可以获得客户信任，服务承诺越来越受到服务企业的重视。

服务承诺不仅是一种营销手段，还是服务机构对服务质量进行界定、控制和维护的一种方法。有效的服务承诺能促使企业关注客户，得到客户的反馈信息；有助于服务补救，改善服务质量，最终赢得客户的信任。

（1）服务承诺的原则

① 保证性

有效承诺应该是无条件的，不需要任何限制，不带任何附加条件，如家电企业承诺负责送货、安装和售后的维修维护；幼儿园对幼教的内容、形式、时间以及娱乐和配餐方面的承诺等。

② 明确性

企业的承诺内容应该容易被客户和员工理解。如果承诺语言冗长或承诺包含过多的条件和限制，以至于员工、客户都弄不清楚承诺的内容，承诺效果就会大打折扣。例如，某餐馆承诺饭菜会在 15 分钟内送达，否则免费提供饭菜。这种承诺让客户清楚他们需要等待的时间，且存在补救的措施；该承诺同样也让员工清楚必须在 15 分钟内提供饭菜，从而促使其提高效率。

③ 简便性

承诺容易操作才能对客户有吸引力。如果服务承诺操作过程复杂，客户就会感到厌烦而不感兴趣，特别是对于一些服务价值相对较低的情况，客户权衡时间成本和精力成本后会感觉不值。例如，一些保险公司承诺条件吸引人，但如果真正出现需要理赔的情况时，保险公司则要求客户提供很多的证明，履行很多的程序。因为理赔不易，容易使部分客户望而生畏，甚至选择放弃。

④ 价值性

对基本期望进行承诺，对客户来说是没有意义的。例如，自来水公司承诺每天供水，否则下次会免费提供一瓶水。这对用户来讲显然没有意义，因为每天供水是自来水公司的基本职责，如果自来水公司向用户承诺遇有故障能及时处理就有意义了。

（2）服务承诺的类型

服务承诺多种多样，可按以下不同的标准划分。

① 具体属性承诺和综合承诺

依据承诺范围，服务承诺可分为具体属性承诺和综合承诺，见表 4–4。

**表 4–4　依据承诺范围划分服务承诺**

| 分类 | 内涵 |
| --- | --- |
| 具体属性承诺 | 企业可以对其所提供服务的某一属性或要素进行承诺，如中国移动承诺“话费误差，双倍返还”等；服务企业还可以对其提供服务的某几个属性或要素做出承诺，如某经济酒店承诺“提供舒适干净的房间、24 小时热水服务、免费 Wi–Fi 上网环境”，该服务承诺包括“房间条件”及“配套服务”等多个要素 |
| 综合承诺 | 综合承诺是企业对所提供服务的所有属性或要素做出的承诺，如某假日酒店承诺“如果有任何让您不满意的事情，请毫不犹豫地告诉我们，因为您不希望为不满意的服务付费”即属于综合承诺 |

② 结果承诺和过程承诺

依据承诺内容，服务承诺可分为结果承诺和过程承诺，见表 4–5。

**表 4–5　依据承诺内容划分服务承诺**

| 分类 | 内涵 |
| --- | --- |
| 结果承诺 | 结果承诺是企业对所提供服务给客户带来的利益进行的承诺，如饭店对于饭菜口味、卫生等做出的承诺 |
| 过程承诺 | 过程承诺是企业对如何为客户提供服务进行的承诺，如饭店对于顾客等待时间、服务人员态度等做出的承诺 |

③ 有条件承诺和无条件承诺

依据有无赔付条件限制，服务承诺可分为有条件承诺和无条件承诺，见表 4–6。

表 4-6　依据有无赔付条件限制划分服务承诺

| 分类 | 内涵 |
| --- | --- |
| 有条件承诺 | 有条件承诺是服务企业对客户注重的某个服务特性或服务元素进行的承诺，如顺丰快递承诺包裹在某个时间内快速送达；某公共汽车始发站承诺无论乘客多少，都会准时准点发车等 |
| 无条件承诺 | 无条件承诺又称完全满意承诺，是指不附加任何限制条件的承诺，如某家电商场承诺的“不满意，可以全额退款”即为无条件承诺 |

案例

## 长沙黄花国际机场发布新版服务承诺

2021 年 11 月 26 日，长沙黄花国际机场举行“用心承诺，友善星程”服务承诺品牌发布会，正式发布 42 项服务承诺，并重点推出 10 项无条件承诺。此次发布的 42 项服务承诺，在 2018 年版本 39 项服务承诺的基础上进行了大幅调整。这些服务承诺包括 95% 的国内航班经济舱旅客等候及办理乘机手续时间不超过 10 分钟；95% 的国内航班旅客等候安全检查的排队时间不超过 12 分钟；首件行李在第一位旅客到达行李领取转盘后 10 分钟内出现；托运行李晚到，行李运抵长沙后 24 小时内送达长沙市区旅客地址；95% 出租车排队等候时间不超过 12 分钟；95% 市区专线巴士等候时间不超过 30 分钟……

### 2. 服务失误

服务失误是指企业在经营过程中有可能因为客观或主观原因没能兑现服务承诺而出现的服务差错。从企业角度来看，服务失误是企业提供的服务水平未达到其规定的服务标准而导致客户需求未被满足而出现的状况。

企业在为客户提供服务的过程中，即使是最优秀的企业也不可避免地会出现服务失败或错误。这是因为服务具有差异性，服务水平会因人或环境而发生变化。有的服务失误是由企业自身问题造成的，如由于酒店员工的工作疏忽，将一间空房同时预订给两位客户等。有的服务失误则是由不可控因素或客户自身原因造成的，如飞机因天气恶劣而晚点或因寄信人将地址写错而导致的投递错误等。

（1）服务失误的类型

根据失误的性质，服务失误可分为结果失误和过程失误。

①结果失误

结果失误是核心服务失误，主要是指服务提供者没有实现基本的服务内容。结果失误有可能是没有可使用的服务，例如，已预定好的客房被提供给了其他客户；酒店本应 24 小时提供热水，但客人使用时却没有热水。结果失误也有可能是不合理的等待服务，例如，银行营业厅办理业务的客户较多时，四个窗口却只开了一个，使客户等待时间过长。

② 过程失误

过程失误是由于服务传递方式上的缺陷和不足，使客户感知受到影响，它是一种企业对客户需要和请求处理不当而造成的失误。

例如，某银行营业厅的营业时间为 8：30–17：30。某客户因临时急需用钱，于 17：20 赶到银行办理取款业务时，银行工作人员告诉他客户银行系统已经关闭了。当该客户向工作人员说明了急需用钱后，工作人员仍拒绝为客户办理取款业务。

（2）服务失误的原因

服务失误的原因主要有以下几类。

① 服务属性所致

客户感受与期望之间的比较是一种主观评价，对于同一种服务，并非所有客户的感受都一样。服务实时发生，无法预先检验；服务也多靠人来完成，而人又易受情绪的影响；服务包含大量步骤和细节，致使服务质量在不同时点、不同员工之间的波动较大。可见，服务质量是一个变量，服务存在失误的概率。

② 服务企业所致

服务企业的设备、设施如果出现问题，会对服务质量与水平造成不同程度的影响，另外，企业服务人员的从业经验、身体状况、情绪状况也会影响其服务水准，从而造成服务失误。

③ 客户方面的原因

客户不能有效扮演其角色也会导致服务失误，如病人不积极配合医生进行治疗等；客户本身的疏忽也会导致服务失误，如客户将发票税号写错而无法报销等都是由客户方面的原因造成的服务失误。

④ 外部环境因素

外部环境因素一般属于不可控因素，如飞机因天气恶劣晚点、货轮遭遇风浪而造成货物损失。

（3）服务失误的危害

不同程度的服务失误会对客户满意度和消费行为意向产生不同的影响。随着失误严重程度的上升，客户损失越来越大，客户就越有可能认为其参与的交易是不公平的，客户会更加不满，从而给企业造成不良影响。

① 造成客户流失

服务失误对企业最直接的影响就是会造成客户流失，包括未投诉客户的流失和投诉未得到解决或投诉得到解决客户的流失。

② 企业形象受损

当企业出现服务失误导致客户不满后，不满客户会向其他人讲述他所遭遇的经历。当这种负面信息广为传播的时候，企业形象必然会受到不良影响。

③ 企业经营受损

面对服务失误，客户有时会采取强烈或恶意的报复行为，小到散布负面信息来诋毁企业，大到破坏企业正常营业秩序。

例如，医疗纠纷中，患者一方妨碍医疗秩序，影响其他患者就医，就会给医院正常运行造成严重的负面影响。

④ 增加服务成本

由于第一次没有将服务做好，企业无论是做“服务复原”，还是对客户进行赔偿，都会增加企业的服务成本并减少企业的服务收益。

⑤ 客户信任度下降

对服务失误特别是服务失误频发的企业而言，客户信任度必然会下降。例如，在提供搜索引擎优化服务的企业中，个别企业以不正当方式迅速提高某些客户的网站排名而造成了其他客户的不满，这时企业的客户信任度必然会下降。

### 3. 服务补救

服务补救是企业在出现服务失误时，对客户的不满和抱怨所做的反应，目的是重新培养客户的满意度和忠诚度。

服务补救是一种管理过程，它首先要发现服务失误，分析失误原因，然后在定量分析的基础上，对服务失误进行评估并采取恰当的管理措施予以解决。

服务补救是企业针对服务失误给客户造成的影响而给予弥补的行为。服务补救的目的是重新培养客户满意度和忠诚度。服务补救是一种反应，是企业在出现服务失误时，对客户的不满和抱怨所做的反应。对于企业来说，为客户提供完美的服务是一种最理想的状态，但即使是最优秀的企业也不可能完全避免失误。失误发生后，如果客户向企业抱怨，那么企业对客户抱怨的处理过程将变为维系客户关系的关键，这个处理过程通常被称为服务补救管理。

（1）服务补救分类

服务补救可按多种方式进行分类。

① 主动补救与被动补救

依据补救方式的不同，服务补救可分为主动补救与被动补救。主动补救是客户没有对企业提出抱怨和补救要求，或者客户尚未发现服务失误，企业主动、自觉地给予受损客户的补救；被动补救是针对客户抱怨或投诉而进行的服务补救。

**案例**

#### 丰田汽车召回事件

丰田汽车在北美地区销售情况很好，但有些客户投诉某款汽车的刹车系统在冰雪天气容易出现刹车不灵的现象。丰田公司在得知这一情况后，马上派出技术人员前往检查、测试，发现的确存在安全隐患。于是丰田公司决定，召回全球所有该款汽车。

丰田公司进行技术攻关，对召回的汽车全部免费更换了刹车系统，并在召回期间给车主提供了临时用车。丰田公司总裁分别到北美洲、欧洲等地与车主会面，召开新闻发布会表示道歉，并提出解决方案，承诺以更优质的服务回报用户的厚爱。

丰田公司的诚意和责任感得到了用户的认可，使得丰田品牌在这次危机事件中没有受到损害。可见，好的危机处理可以变消极的投诉为积极的推动力，如果对客户投诉处理得当且被新闻媒体正面报道，还可以提高企业的知名度并提升企业形象。

② 象征性补救等值补救及超值补救

依据补救程度的不同，服务补救可分为象征性补救等值补救及超值补救。象征性补救是指企业给予客户的补偿小于服务失误给客户造成的损失；等值补救是指企业给予客户的补偿等于服务失误给客户造成的损失；超值补救是指企业给予客户的补偿大于服务失误给客户造成的损失。

例如，当客户预订酒店标准间后，而酒店却因工作失误没有为其预留房间，导致客人到店后无房间可住，酒店让该客户以标准间的价格入住商务间作为补偿就属于超值补偿。

③ 事中补救及事后补救

依据补救时机的不同，服务补救可分为事中补救及事后补救。事中补救是指在服务还没有结束时就给予客户补偿；事后补救是指在服务结束之后再给予客户补偿。

（2）服务补救策略

企业需要根据服务失误的性质及程度选择不同的服务补救策略。服务补救策略有以下几种。

① 跟踪并预期补救良机

企业需要建立一个跟踪并识别服务失误的系统，使其为挽救客户与企业关系提供良机。企业需要通过听取客户意见来确定企业服务失误之所在，不仅要听取客户的抱怨，而且还要主动地查找潜在的服务失误。

② 重视客户问题

企业一线服务员工要能主动地出现在现场，承认问题的存在，向客户道歉或解释，并当面解决问题。解决的方法有很多，可以退款，如零售业的无条件退货等，也可以升级服务。

③ 尽快解决问题

一旦发现服务失误，服务人员应在失误发生的当时迅速解决问题。否则，服务失误的影响范围和程度会很快扩大并升级。

案例

**航班备降的服务补救**

某年，哈尔滨出现大雾天气。早上6时许，浓雾逐渐笼罩了哈尔滨太平国际机场上空。受此影响，从哈尔滨飞往北京、上海、广州、深圳、西安等城市以及从北京、上海、西安等城市飞往哈尔滨的18个航班纷纷备降沈阳、长春、大庆等地的机场。截至17时，共有101个航班受到影响，其中备降24班，取消16班。

某航班备降沈阳桃仙国际机场，由于不能如期到达，客舱中充满了旅客不满和烦躁的抱怨声。乘务员及时进入客舱，用诚恳的道歉和耐心细致的解释安抚旅客的情绪。

备降后，机长决定先安排旅客在机上等待。乘务长考虑到旅客尚未用晚餐而且身心俱疲，于是便及时调整了供餐时间，将回程餐发放给旅客。这时机组传来消息，由于航路能见度低，航班被迫取消。民航方面决定派机场大巴接旅客免费入住机场酒店休息。

第二天，当接到起飞通知时，机场方面再次派机场大巴接旅客登机。当旅客再次登机时，乘务员一边迎客一边再次向旅客表示歉意。当听到那句暖暖的“久等了，你们辛苦了”时，旅客疲惫的脸上露出了笑容。

④ 员工需具有服务补救技巧、能力和随机应变的能力

有效服务补救技巧包括认真倾听客户抱怨、确定解决办法、能够灵活变通。员工必须被授予服务补救权力，在一定的权力范围内处理各种意外情况。

⑤ 从补救中汲取经验教训

通过对整个服务补救过程的跟踪，管理者可发现服务系统中一系列亟待解决的问题，并及时修正服务系统中的某些环节，进而避免服务失误再次发生。

## 四、客户关怀

客户关系管理思想涵盖了从产品设计到包装、交付和服务等企业经营的各个方面，客户关系管理思想也体现在客户关怀方面。客户关怀贯穿了售前、售中到售后的客户服务的全过程，也贯穿了市场营销的所有环节。

客户关怀，即对客户的关心与爱护，它是一种高层次的客户沟通形式。客户关怀理念最早由克拉特巴克提出，他认为客户关怀是服务质量标准化的一种基本方式，从产品或服务设计到包装、交付和服务，涵盖了企业经营的各个方面。在以客户为中心的商业模式中，客户关怀成为企业经营理念的重要组成部分，已演变成客户关系管理的重要思想，是客户关系管理系统的重要内容之一。客户关怀可使企业与客户建立起亲密的情感关系，让客户对企业产生“归属感”和“责任感”。

### 1. 客户关怀的作用

（1）售前客户关怀

售前客户关怀主要是企业通过向客户进行宣传，增强客户对产品了解的过程。其主要形式包括展示会、广告宣传和知识讲座等。售前客户关怀的好坏直接关系到企业能否争取到客户资源。

（2）售中客户关怀

售中客户关怀与企业提供的产品或服务联系在一起，产品订单的处理以及各种有关的细节都要与客户的期望相吻合。售中客户关怀可以为客户提供各种便利，如良好的洽谈环境、简化的交易手续等。售中客户关怀体现为过程性，在客户购买产品的过程中，让其在轻松的气氛中享受优质的服务。

（3）售后客户关怀

提供优质、全面、周到的售后服务不仅是客户关心的内容，而且也是企业争夺客户资源的重要手段。售后客户关怀集中体现在能否高效地跟进和圆满完成产品的维修等相关服务上，其目的是促使客户产生重复购买行为。

### 2. 客户关怀手段

客户关怀的手段主要有以下几种。

（1）俱乐部活动

企业通过办理会员卡的形式建立会员俱乐部，方便管理会员的信息、积分、兑奖等，有利于拉近客户关系、促进销售。积分是商家评估客户价值的重要依据，根据积分对客户进行奖励，或者让高额积分的客户享受更优惠的价格，可以有效增强客户的黏性，同时刺激客户的消费积极性。

（2）转介绍活动

企业可以让老客户为企业介绍新客户，以此来达到扩大企业销售规模的目的。

（3）市场活动

企业可以定期举办市场活动，对企业品牌、产品、服务、政策等进行宣传，扩大企业品牌、产品及服务的市场效应。

（4）老客户优惠活动

为了使客户成为回头客，企业可以选择在一些有特殊意义的日子，如元旦、春节、劳动节、母亲节、儿童节、教师节、重阳节，以及企业周年庆典等有象征性意义的日子，针对老客户推出返利优惠活动。

（5）亲情服务

特别的纪念日对每个人来说都是特殊的，如果商家能够抓住时机在客户生日或在重要的节假日向客户寄送本企业的贺卡、小礼品或送上祝福短信等，无疑会加深客户对该商家的印象，客户自然会对其更加忠诚。

（6）个性化服务

为客户提供个性化服务，如开通服务热线、提供技术支持、开展客户需求研讨、进行客户需求评估等。

（7）公关活动

成功的企业离不开公关活动。公关活动是市场营销活动中的一项重要内容，也是客户关怀的重要手段。公关活动可以提升企业形象，提高企业知名度和产品知名度，从而促进产品的销售。例如，食品企业开展的关爱健康有奖智力竞赛活动，对提升企业形象，提高品牌美誉度会起到重要的作用。

案例

### 某汽车4S店的客户关怀活动方案

1. 建立大客户单位用车与VIP个人用车的关怀内容

（1）建立主动电话预约制度，做好销售接待工作。

（2）使用标准、专业的VIP接待用语与接待场所。

（3）成功转介绍客户，双方均免费获赠常规保养一次；金卡客户推荐成功，加送价值100元的代金券。

（4）建立大客户单位用车与VIP个人用车的维修积分制，年终进行积分兑换。

（5）预约保养客户，整体消费满100元送20元工时券。

2. 定期开设车主讲堂

（1）每月举办两次车主讲堂。

（2）制作讲堂测评表，让车主提出宝贵意见与急需解决的问题，客服要在48小时内解答每位车主的问题。

（3）讲堂以车主互动、交流、操作演练为主。

（4）将车主讲堂的课件上传至QQ群和微信群，分享给其他车主。

3. 线上服务

（1）鼓励车主在车主论坛发帖，对发布精华帖的车主给予价值200元的礼品，并给予转载媒体奖励。

（2）举办车友年终庆典联欢会，评选最佳在线车主、最佳发帖车主、最佳动感车主等奖项。

（3）提供在线4S服务，建立网上展厅。

4. 上门服务

（1）针对批量购买的单位或小区，提前进行宣传，开展定点上门预检服务。

（2）对购买力强的机关单位、大型企业等的工会进行走访，签订员工用车、单位用车的车辆销售与车辆维修保养协议。

5. 温馨提示

（1）在所有新车、保养维修车辆的副驾驶遮阳板上粘贴“×× 温馨提示”。

（2）销售顾问交车后必须完成 24 小时、72 小时内的两次电话回访工作，将车主的反馈意见上报客服部，客服部将录入车主新车使用信息并保存。

（3）客服部必须在一周内完成对售前、售后客户的回访，及时向车主传达最新的 4S 店促销信息、车主活动信息等。

### 3. 客户关怀活动方案

客户关怀活动方案是对未来客户关怀工作的总体规划。客户关怀活动方案的正文包括：客户关怀背景，客户关怀目的，客户关怀主题，客户关怀的时间、地点、对象及传播方式，客户关怀活动设计，客户关怀活动流程和资源保障等内容。企业通过制定客户关怀活动方案，可以与客户深入沟通，倾听客户意见，关注客户需求，解决客户难题，实现客户关系的长期发展。客户关怀活动方案的内容，见表 4–7。

**表 4–7 客户关怀活动方案的内容**

| 内容 | 设计要点 |
| --- | --- |
| 客户关怀背景 | 该部分内容要写开展客户关怀活动的环境、条件、原因及意义等 |
| 客户关怀目的 | 陈述开展客户关怀活动要达到的目的，活动目的要简洁明了 |
| 客户关怀主题 | 该部分内容是客户关怀活动所要表现的中心思想 |
| 客户关怀的时间、地点、对象及传播方式 | 明确客户关怀活动开始及结束的时间、开展客户关怀活动的场所、客户关怀活动针对的客户群体，以及让相关客户群体知悉客户关怀活动的营销传播方式 |
| 客户关怀活动设计 | 客户关怀活动设计是客户关怀活动方案的重点。设计的客户关怀活动要具体、可行，能给客户带来实际益处，能实现客户关怀活动方案的目标 |
| 客户关怀活动流程 | 客户关怀活动流程是实施客户关怀活动方案的具体时间安排，是客户关怀活动开展的步骤。客户关怀活动流程应包含客户关怀项目开展的具体时间、细节、负责人，以及需要注意的事项等内容 |
| 资源保障 | 开展客户关怀活动，需要有一定的资源来保障，如现场物料配置及活动预算费用等 |

## 任务四 客户投诉与抱怨处理

客户投诉是每一个企业都会面临的问题，它是客户对企业产品或服务不满的表达。处理客户投诉，将客户不满转化为客户满意，已成为企业营销实践的重要内容。

在市场中，客户投诉是最常见却又是最能获取价值信息的渠道，客户投诉可以成为企业改进产品质量及提高服务水平的重要参考。

## 一、客户投诉概述

客户投诉是客户因对企业产品或服务不满意而提出的书面或口头上的异议、索赔和要求解决问题等的行为，是由客户在购买中感知的不满意而引发的抱怨升级。

美国商人马歇尔·菲尔德认为："那些购买我产品的人是我的支持者；那些夸奖我的人使我高兴；那些向我抱怨、投诉的人是我的老师，他们纠正我的错误，让我天天进步；只有那些一走了之的人是伤我最深的人，他们不愿给我一丝机会。"可见，投诉虽然不可避免，但没有投诉，企业就不能及时纠偏，也就不能进步。

### 1. 客户投诉的类型

（1）投诉的严重程度及性质划分

按投诉的严重程度及性质的不同，客户投诉可分为一般投诉、严重投诉及恶意投诉。

① 一般投诉

一般投诉是指投诉的问题、性质比较轻微，没有对企业造成大的损害或者客户投诉带来的负面影响不大的投诉。

② 严重投诉

严重投诉是指投诉涉及的问题比较严重，对客户造成了较大的物质上的损失或精神上的伤害，引起客户的愤怒而使客户做出不利于企业的言行。两者之间也有一定的联系：一般投诉如果处理不当，极有可能演变成严重投诉；相反，如果严重投诉处理得比较得当，也可以转化为一般投诉。

③ 恶意投诉

恶意投诉是指投诉人为达到其不可告人的目的，不惜颠倒是非，捏造事实，向有关部门反映不实的内容和不存在的问题。为了满足一己私欲在不合法的前提下的投诉也可称为恶意投诉。

（2）按投诉具体内容划分

按投诉具体内容划分，客户投诉可分为产品质量投诉、服务投诉、价格投诉和诚信投诉四类。

① 产品质量

产品质量投诉是指投诉人因对产品的质量、性能、安全等不满意而提出的投诉。

② 服务投诉

服务投诉是指投诉人因对企业提供的售后服务或是销售人员的服务方式、态度等不满意而提出的投诉。

③ 价格投诉

价格投诉是指投诉人认为其所购产品或服务价格过高或者物非所值而提出的投诉。

④ 诚信投诉

诚信投诉是指投诉人因购买产品或服务后，发现其使用价值或接受的服务并非如售前或售中所宣传、承诺的那样而提出的投诉。

### 2. 客户投诉对企业的意义

企业通过了解客户投诉可以及时发现产品或服务的不足和失误，及时挽留客户，并树立企业良好的形象。

（1）防止客户流失

市场竞争的实质就是争夺客户资源，但由于种种原因，企业提供的产品或服务有时会不可避免地低于客户的期望，造成客户不满意。向企业投诉的客户要寻求公正的解决方案，说明他们并没有对企业绝望，希望再给企业一次机会。客户投诉为企业提供了恢复客户满意的补救机会，鼓励不满客户投诉并妥善处理，能够防止客户流失。

（2）减少负面影响

不满意的客户不但会停止购买企业的产品或服务，转向企业的竞争对手，而且还会向他人诉说自己的不满，给企业带来不利的口碑传播。研究发现，一个不满意的客户会把他们的经历告诉至少 9 个人，其中 13% 的不满意客户会告诉另外的 20 多个人。很多投诉案例表明，客户投诉如果能够迅速、圆满地得到解决，客户的满意度就会大幅提高，客户大都会比之前具有更高的忠诚度。

（3）预警危机

一些研究表明，客户在每四次购买中就会有一次不满意，而只有 5% 以下的不满意的客户会投诉。如果将对企业不满的客户比喻为一座冰山，投诉的客户则仅是冰山一角。企业要珍惜客户的投诉，正是因为这些投诉为企业发现自身问题提供了可能，企业才有可能避免出现更大的危机。

（4）带来宝贵的信息

客户投诉是企业难以应对的问题，但从另一个角度看，客户是产品或服务的直接使用者和消费者，因此他们是最权威、最有发言权的评价者。客户的投诉是对企业产品或服务不满的正常反应，表明客户对产品或服务的期望和信任未能得到满足，同时也揭示了企业经营管理中的缺陷。因此，客户的投诉可以为企业提供重要线索，帮助企业及时了解和改进产品或服务的不足之处。

客户投诉还蕴藏着商机，因为它可以激发企业开发新产品和新服务的灵感。许多知名大企业在产品开发方面都受益于客户的抱怨。比如，美国宝洁公司通过“客户免费服务电话”听取客户意见，并进行整理和分析研究，许多改进产品的设想正是源自客户的投诉和建议。另外，像海尔公司能够洗地瓜的洗衣机，就是在客户提出无法洗地瓜的“无理”要求下开发出来的新产品。

在松下公司的创业初期，创始人松下幸之助偶然听到几个客户抱怨电源插座都是单孔的，使用不方便。松下幸之助得到启发，立即组织研发团队，很快推出了“三通”插座，可以同时插入多个电器。该产品推向市场后取得了巨大成功，为松下公司的进一步发展积累了丰厚的资金。松下幸之助总结道：“客户的批评意见应被视为神圣的语言，应该乐于接受任何批评意见。”

案例

## 投诉带来的商机

某客户向沙发厂投诉，由于沙发的体积相对大，而仓库的门小，搬进、搬出都很不方便，还往往会在沙发上留下划痕。两个月后，沙发厂研制出可以拆卸的沙发，不仅节省库存空间，而且给客户带来了方便，这个创意正是从客户的投诉中得到的。

一次偶然的机会，某商场老板听到两位客户投诉卫生纸太大，细问原因，原来是低档宾馆的住宿客人素质较低，每次放在卫生间里可用几天的卫生纸，往往当天就没了，造成了宾馆成本的上升。商场老板听后受到启发，立即从造纸厂订购了大量小卷卫生纸，并派人到各个低档宾馆推销，结果受到普遍的欢迎。

知识拓展

## 客户投诉的原因

1. 产品或服务的质量问题

客户投诉的一个重要原因是企业的产品或服务质量没有达到标准，或者经常出现故障。例如，现在通信企业给客户提供越来越多的服务，网络覆盖不断扩大，接通率提高，掉线率下降。若某企业提供的通信服务功能不多，或者经常掉线，那么客户的埋怨就会不断增加，从而产生投诉。

2. 服务态度或服务方式问题

若企业服务人员对客户的态度冷漠、粗鲁，或者表示出不屑，甚至不礼貌，客户就会感觉没有得到尊重。一些企业的服务僵化、被动，没有迅速、准确处理客户的问题，服务人员缺乏耐心，对客户的提问和要求表示烦躁，引起客户的误解，这些都可能导致客户的投诉。

3. 受骗上当

企业在广告中过分夸大宣传产品的某些性能，导致客户上当，造成客户预期的落空；或者企业对客户做了某种承诺而没有兑现，使客户的预期没有得到满足都会导致客户投诉。例如，有的商场承诺包退包换，但是当客户提出退换要求时，商场总是找理由拒绝。

## 二、客户抱怨管理

在有些企业经营者的观念中，客户的抱怨就是在找麻烦，而且只会给企业带来负面影响。实际上这种观念是失之偏颇的，从某种角度来看，客户抱怨是企业改进工作、提高客户满意度的机会。

客户抱怨是客户对企业产品或服务的不满或责难，是客户对自己的期望没有得到满足的一种表达。客户抱怨是由客户对企业产品或服务的不满意引起的，是不满意行为的具体表现。客户对企业产品或服务的抱怨意味着企业经营者提供的产品或服务没有达到客户的期望、没有满足客户的需求，同时，也表示客户对企业仍有期待，希望企业能提高服务水平。

倾听客户的不满是企业改善服务的基础。客户是企业生存之本、利润之源，企业要善待不满意的客户。客户抱怨，实际上给予了企业一次改进产品或服务的机会。企业通过分析客户的各种抱怨、牢骚、投诉等，可以发现产品或服务的不足，并以此为契机，不断提升产品及服务质量，最终赢得客户的满意。

处理客户抱怨要遵循一些原则并采取有效的应对方式。

### 1. 客户抱怨的处理原则

处理客户抱怨应遵循的原则，见表 4–8。

表 4–8　处理客户应遵循的原则

| 序号 | 原则 |
|---|---|
| 1 | 平息客户怒气，认真倾听客户陈述 |
| 2 | 与客户友好沟通，确认事实、了解真相 |
| 3 | 即使错误在客户，也不要采取强硬态度 |
| 4 | 不可将责任转嫁给别人 |
| 5 | 不承诺超出权限的事项 |
| 6 | 视情况请求主管出面解决 |
| 7 | 不与客户争辩 |
| 8 | 对客户真诚相待 |

案例

#### 倾听客户抱怨

某知名电动汽车公司 CEO 很重视客户抱怨，他经常周末抽空在社交网络上对客户的抱怨和建议进行回复。一位客户在社交网络上发出一条请求：“你们能不能通过编程在汽车停稳后让座椅向后移，同时抬起方向盘？”他回应：“好主意，我们将把这种设计添加到即将发布的某个版本的软件中。”另一位客户问：“能否让座椅和方向盘根据用户的具体情况自动调整？”他回答：“好的，它们应该会根据用户情况自动调整，只要碰一下控制手柄，汽车就应该能自动调整。”这并非他第一次在社交网络上倾听客户的抱怨及反馈并做出回应。尽管客户给该品牌汽车挑了不少这样或那样的毛病，但是大多数客户对自己的爱车还是很满意的。

### 2. 客户抱怨的处理对策

客户抱怨的目的一般是想得到某些方面的满足，如让别人听取自己的意见，被认真地对待，得到尊重、赔偿或补偿，让侵犯了客户权益的人得到惩罚以及消除问题，不让它再次发生等。处理客户抱怨要做到如下几点。

（1）以良好的态度应对客户的抱怨

处理客户抱怨时要保持良好的态度，保持良好的态度是处理客户抱怨的前提。因此，企业员工不仅要有坚强的意志，还要以诚意去感化对方，只有这样，才能更好地应对客户的抱怨。

（2）了解客户抱怨背后的意图

应对客户抱怨，首先要做的是了解客户抱怨背后的意图，这样才有助于按照客户的希望去处理问题，这是解决客户抱怨的根本。例如，从表面来看，客户向保险代理人抱怨他们要求保险公司处理一个简单的问题等了好几天都没回应，但从深层次来看，客户是在暗示代理人，保单到期后，他们会找另一家保险公司续保。令人遗憾的是，许多企业只听到了表面的抱怨，结果因对客户的不满处理不当，流失了大量的客户。

（3）用行动化解客户的抱怨情绪

客户抱怨的目的主要是让企业用实际行动来解决问题，而绝非给出口头上的承诺。客户如果知道你会有所行动，自然放心。在采取行动时，动作一定要快，这样一是可以让客户感觉受到了尊重，二是表示企业解决问题的诚意，三是可以防止客户的负面言论对企业造成更大损失。

（4）让抱怨客户感到惊喜

客户抱怨是因为企业提供的产品或服务未能满足其需求或让其利益受损。因此，客户在抱怨之后，往往会希望得到补偿。即使企业给了他们一些补偿，他们也往往会认为这是自己应得的，因而也不会感激企业。如果客户得到的补偿超出了他们的预期，其忠诚度往往会大幅度提高，而且他们也会到处传颂这件事，企业的美誉度也会随之上升。

案例

**Ritz-Carlton 酒店对客户抱怨的处理**

四名来自欧洲的 MBA 学生到位于美国亚利桑那州菲尼克斯的 Ritz-Carlton 酒店参

加服务营销理论研讨会。他们想在晚上离开酒店前到酒店的游泳池里放松几个小时。下午，当来到游泳池时，他们被礼貌地告知游泳池已经关闭了，原因是为了准备晚上的一个招待会。这些学员向招待员解释说，晚上他们就将回家，这是他们唯一可以利用的一点时间了。

听完他们的解释后，这个招待员让他们稍微等一下。过了一会儿，一个管理人员来到他们身旁解释说，为了准备晚上的酒会，游泳池不得不关闭。但他接着又说，一辆豪华轿车正在大门外等着他们，他们的行李将被运到另一家酒店，那里的游泳池正在开放，他们可以到那里游泳，至于轿车费用，全部由本店承担。

这四名学生非常高兴，这家酒店给他们留下了非常深刻的印象，也使他们乐于到处传颂这一段服务佳话。良好的抱怨处理方式不仅赢得了客户的满意，而且也为企业宣传自己提供了良机。

## 三、客户投诉管理

客户投诉的预防、受理和处理是企业客户投诉管理的主要内容。处理好客户投诉，可以提高客户满意度，降低客户流失率。企业可通过分析投诉信息，挖掘潜在商机，让客户投诉转变为企业利润的增长点。

### 1. 客户投诉处理的基本原则

在处理各种客户投诉时，要遵循客户投诉处理的基本原则，给客户一个圆满的处理结果。客服人员在处理客户投诉时，一般应遵循 3W、4R、8F 原则。

（1）3W 原则

3W 原则是指在客户投诉中，客服人员需要尽快弄清楚三个问题，即知道了什么（What），什么时候知道（When），对此做了什么（What）。获取这些问题的答案和做出投诉受理响应将影响投诉解决效果。

（2）4R 原则

4R 原则是指对待投诉客户的四种态度，即：遗憾（regret）、改错（reform）、赔偿（restitution）、纠正（recovery）。与投诉客户打交道，客服人员要表达遗憾，保证解决措施到位，防止同类事件再次发生，并提供相应赔偿，直到投诉解决。

（3）8F 原则

8F 原则是指与投诉的客户进行沟通时遵循的八大原则，见表 4-9。

表 4-9　与投诉的客户进行沟通时遵循的八大原则

| 原则 | 具体方法 |
| --- | --- |
| 事实（factual） | 向客户承认事实真相 |
| 第一（first） | 率先对问题做出反应 |

（续表）

| 原则 | 具体方法 |
|---|---|
| 迅速（fast） | 处理投诉时要果断迅速 |
| 坦率（frank） | 要坦诚，不要回避问题 |
| 感觉（feeling） | 与客户分享你的感受 |
| 论坛（forum） | 与客户建立信息传递渠道 |
| 灵活性（flexibility） | 投诉处理策略应灵活多样 |
| 反馈（feedback） | 对外界变化及时做出响应 |

## 2. 处理客户投诉的策略

（1）让客户发泄

客户是给企业带来利润的人，是企业的衣食父母，企业不应将客户视为争辩或斗智的对象。当企业不顾客户感受，而一味想在口头上占据上风，那就是失去客户的时刻。

因此，当客户来投诉时，企业应该热情地招呼对方，真诚地对待每一位前来投诉的客户，并且体谅对方的语气，客户投诉时态度难免会过于激动。心理专家说，人在愤怒时，最需要的是情绪的宣泄，所以企业要让投诉的客户充分发泄心中的不满乃至愤怒。

客户在发泄情绪时，企业的服务人员要注意倾听和认同两个环节。

聆听，即要做一个好的聆听者，不轻易打断客户说话。倾听时要注意用眼神关注客户，使他感觉到自己、自己的话、自己的意见被重视，从而鼓励他说出心里话。在客户讲述的过程中，服务人员应不时点头，用“是的”“我明白”“我理解”表示对投诉问题的理解。此外，还可以复述客户说过的话，以澄清一些复杂的细节，更准确地理解客户所说的话。

认同客户所说的话。客户投诉时，最希望自己能得到同情、尊重和理解，因此这时候要积极地回应客户所说的话。表示认同的常用语有：“您的心情我可以理解”“您说的话有道理”“是的，我也这么认为”“碰到这种状况我也会像您那样”。服务人员在与客户沟通的过程中应始终抱着积极、诚恳的态度，这样才会使客户的不满情绪降低很多。

（2）记录投诉要点、判断投诉是否成立

在接到客户投诉时，服务人员应将投诉要点记录下来。要记录的内容包含：投诉人、投诉对象、投诉内容、何时投诉、客户购买产品的时间、客户的使用方法、投诉要求、客户希望以何种方式解决问题、客户的联系方式等。在记录的同时，要判断投诉是否成立，投诉的理由是否充分，投诉的要求是否合理。

如果投诉成立，企业的确有责任，就应当首先感谢客户，可以说“谢谢您对我说这件事……”“非常感谢，您使我有机会为您弥补损失……”要让客户感到他和他的投诉是受欢迎的，他的意见很宝贵。一旦客户受到鼓励，往往还会提出其他的意见和建议，从而给企业带来更多有益的信息。如果投诉不能成立，也要用婉转的方式使客户认清是非曲直，耐心解释，消除误会。

（3）提出并实施可以令客户接受的方案

处理投诉最重要的一步就是着手为客户解决问题，要站在客户的立场来寻找解决问题的方案并迅速采取行动。

首先，要马上纠正引起客户投诉的错误。反应快表示企业在严肃、认真地处理这件事，客户会感到自己受到了足够的重视。其次，根据实际情况，参照客户的处理要求，提出解决投诉的具体方案，如退货、换货、维修、赔偿等。提出解决方案时，要注意用建议的口吻，然后向客户说明它的好处。如果客户对方案不满意，可以问问他的意见。再次，抓紧实施客户认可的解决方案。

（4）跟踪服务

对投诉处理后，企业还应进行后续追踪，可以通过电话或微信，甚至登门拜访的方式了解事情的进展是否如客户所愿，调查客户对投诉处理方案实施后的意见，如果客户仍然不满意，就要对处理方案再进行修正，重新提出他们可以接受的方案。

跟踪服务体现了企业对客户的诚意，会给客户留下很深、很好的印象，客户会觉得企业很重视他提出的问题，是真心实意地帮他解决问题。此外，通过跟踪服务、对投诉者进行回访，并告诉他，基于他的意见，企业已经对有关工作进行了整改，以避免类似的投诉再次发生，这样不仅有助于提升企业形象，而且可以把客户与企业的发展密切联系在一起，从而提高客户忠诚度。

**拓展阅读**

**如何应对三种特殊客户的投诉**

1. 感情用事者

碰到这样的客户，务必保持冷静、镇定，让其发泄，仔细倾听，并表示理解，尽力安抚，告诉客户一定会有满意的解决方案，语气谦和但有原则。

2. 固执己见者

碰到这样的客户，先表示理解客户，然后力劝客户站在互相理解的角度看问题，并耐心劝说和解释所提供的处理方案。

3. 有备而来者

碰到这样的客户，要谨言慎行，尽量避免使用文字，要明确表示解决问题的诚意。

### 3. 提高处理客户投诉的质量

（1）建立便捷的投诉途径

根据美国消费者事务办公室的调查，90%～98%的不满意消费者从不抱怨，他们仅仅是转到另外一家，或者是因为怕麻烦，或者是因为商品价值太低而不愿浪费时间和精力，还有的是因为不知道如何投诉。而如果客户不将心中的不满讲出来，企业就很可能不知道自己哪里出错了，从而一错再错，结果是引起更多客户的不满。

因此，为了确保不满意的客户能够向企业提出自己的意见，就要想办法降低客户投诉的“门槛”，为客户提供各种便利的投诉途径，如开通免费投诉电话、24 小时投诉热线或者网上投诉等，并保持途径的畅通，让客户投诉变得简单。此外，企业还可设置意见箱、建议箱、电子邮箱及微信公众号等，为客户提供便捷的投诉通道。

（2）建立完善的投诉系统

企业应建立完善的客户投诉系统，对每一位客户的投诉及处理都要做出详细的记录，包括客户投诉的内容、处理投诉的过程及结果、客户是否满意等。这样做的目的是全面收集、统计和分析客户的意见，不断改进客户投诉的处理办法，并将获得的信息整理后传达给其他部门，以便及时总结经验和教训，为将来更好地处理客户投诉提供参考。此外，要对投诉的处理过程进行总结与综合评价，提出改进对策，不断完善企业的客户投诉系统。

（3）奖励客户投诉

企业还可设立奖励制度鼓励客户投诉。例如，联邦快递就保证，客户在递交邮件的次日上午 10：30 前没有收到邮件，只要客户投诉，那么邮递费用全免。上海铁路局上海站则通过设立“乘客征求意见奖”，鼓励乘客投诉。

（4）提高一线员工处理投诉的水平

一线员工往往是客户投诉的直接对象，然而目前许多企业不注重这方面的训练，员工处理客户投诉凭的是经验和临场发挥，缺乏平息客户怨气的技巧。

企业应当利用各种形式，对一线员工进行培训，教会他们掌握处理客户投诉的技巧，使一线员工成为及时处理客户投诉的重要力量。此外，要赋予一线员工一定的权力，使他们在处理一些无法预见的问题时有相对大的自主权，以便对客户提出的意见和建议做出迅速的反应，从而保证为客户提供良好的服务。

（5）防患于未然

首先，分析客户投诉的原因，查明造成客户投诉的具体责任人，并对直接责任人和部门主管按照有关规定进行处罚，必要时将客户投诉及相关处理结果在企业内部进行通报，让每一个员工都知道这件事，以避免这类错误再度发生。

其次，提出“对症下药”的、可防止投诉问题再次发生的措施，不断改进企业工作中的缺陷。

## 课后实践

学习完本项目的内容后，认真完成表 4-10 的实践清单。

表 4-10 实践清单

| 客户投诉管理 | |
|---|---|
| 实践任务 | 同学分成两组，分别扮演某公司客户服务经理和客户的角色，模拟处理客户投诉的场景 |
| 实践目标 | （1）理解客户投诉管理的重要性和影响；<br>（2）学习如何有效管理和解决客户投诉；<br>（3）发展良好的沟通和问题解决能力 |
| 实践步骤 | （1）熟悉公司的产品和服务，以及相关的客户投诉政策和流程；<br>（2）接收客户投诉并记录相关信息，包括投诉的性质、内容、紧急程度等；<br>（3）分析和分类投诉，了解每个投诉的背景和原因；<br>（4）与投诉客户保持紧密联系，为其提供解决方案的进展情况，并尽快解决投诉问题 |
| 实践提示 | （1）保持客户投诉问题的机密性，尊重并理解客户的不满情绪；<br>（2）在处理投诉过程中，保持冷静和专业，避免情绪化的回应；<br>（3）倾听客户的意见和建议，尽量找到双赢的解决方案；<br>（4）如果需要，寻求上级的支持和指导，确保投诉得到及时解决；<br>（5）将投诉过程中的经验和教训反馈给相关团队，以提高整体客户服务水平 |
| 实践总结 | |

## 实践评价

完成以上实践后，认真完成表 4-11 的实践评价。

表 4-11 实践评价

| 评价内容 | 分值 | 得分 |
|---|---|---|
| 参与实践的积极性、主动性 | 25 | |
| 表达能力 | 25 | |
| 反应能力 | 25 | |
| 对客户投诉管理的掌握程度 | 25 | |
| 教师点评： | | |

## 项目小结

客户沟通与服务管理是企业成功的关键之一。通过建立多种沟通渠道和途径，企业与客户之间的交流和互动变得更加便捷和高效。

客户体验设计、客户体验活动方案等则强调了客户体验的重要性。通过精心设计客户体验，企业能够提供优质的产品和服务，提高客户忠诚度和口碑效应。同时，开展各种客户体验活动，能够增强客户的参与感和互动性，提高客户满意度和忠诚度。

客户服务体系、客户服务内容、客户关怀等则关注于客户服务的质量和水平。建立完善的客户服务体系，提供及时、准确、全面的服务内容，能够提高客户满意度和忠诚度。同时，注重客户关怀，如定期回访、节日祝福等，能够增强客户的归属感和忠诚度。

客户投诉与抱怨处理是客户服务的重要组成部分。企业需要建立有效的投诉处理机制，及时解决客户问题和投诉，并从中吸取教训，改进服务质量和流程。良好的投诉处理机制能够增强客户的信任和忠诚度，提高企业的声誉和口碑效应。

## 思考练习

1. 客户沟通的途径有哪些?
2. 客户体验活动方案的正文包括哪些内容?
3. 客户投诉的 3W 原则具体指什么?

# 项目五

# 评估客户满意度

## 项目导读

评估客户满意度是指企业通过各种途径和方法，对客户对产品或服务的满意度进行调查、分析和评估的过程。这个过程需要企业制定合理的评估指标和方法，收集客户反馈和数据，并进行深入的分析和解读。评估客户满意度是企业改进服务和提高客户忠诚度的关键依据，也是实现企业长期发展的基础。因此，企业应该重视客户满意度的评估和发展，以适应不断变化的市场环境。

## 学习目标

### 知识目标

（1）了解客户满意的内涵与分类。

（2）了解客户满意度评价指标体系。

### 技能目标

（1）能够研究和分析学习质量观、客户满意的内涵与分类、客户满意度评价指标体系，以及提升客户满意的策略，掌握相关理论和实践。

（2）能够设计客户满意度评价指标体系，包括确定评价维度、设计具体评价指标和量化方法，并能够收集、分析和解读评价数据。

（3）能够清晰、准确地向他人传达关于学习质量观、客户满意的意义和评价指标体系的知识和观点，以及提出提升客户满意的策略和建议。

（4）能够识别和解决在实践过程中出现的问题，针对客户满意度评价指标体系和策略的实施过程中的挑战采取适当的应对方法。

### 素质目标

（1）培养学生主动学习的动力和心态，不断追求知识和技能的提升，保持对学习质量和客户满意度相关领域的学习热情。

（2）学生应能够适应变化和不确定性，并能够灵活调整和应用学习质量观、满意度评价指标体系和解决方案。

### 思政目标

（1）培养学生正确的商业道德观，强调在提高客户满意度的过程中，要遵循商业道德标准，保持诚信、透明和合法经营。

（2）培养学生在未来的创业中，有关注社会责任，通过提供优质产品和服务，推动社会进步和可持续发展的意识。

### 案例导入

**火锅店的服务创新**

中国作为美食国度，餐饮行业竞争激烈，火锅作为其中最受欢迎的细分赛道，因其口味和可复制性受到资本追捧。海底捞以其独特的服务而闻名，通过提供美甲、擦鞋等服务，免费饮料、零食和水果，以及庆生服务等特殊待遇，强调服务体验。海底捞的员工拥有自主决策权，考核指标是消费者满意度和员工努力程度。顾客的平均客单价约为 100 元，二线城市是其重要市场。与餐饮相关的多个关联公司包括火锅底料供应、餐饮供应链、餐厅装修工程管理、餐饮 IT 和人力资源管理咨询。

巴奴毛肚火锅起初模仿海底捞的服务模式，但后来转变经营策略，将重点放在提升产品质量上。巴奴强调“服务不过度”，注重顾客的私人空间和放松舒适感。产品上，巴奴专注于毛肚制作，并推出多款创新产品，通过满足顾客口味和产品需求来提高顾客满意度。客单价约为 120 元，品牌定位为中高端火锅。

## 任务一 客户满意概述

选取客户满意度作为评判客户关系管理体系运行质量的决定性标准的原因是什么？这有赖于对质量观念的回顾与探讨。

### 一、质量观的演变

随着经济的发展和社会的进步，人们的质量理念也在不断演变。

### 1. 人们对质量的理解经历的阶段

在 20 世纪，人们对质量的理解经历了以下几个主要阶段。

（1）客观检验阶段（20 世纪初—20 世纪 40 年代）

在工业化初期，质量主要被理解为产品是否符合规定的技术规范和标准。质量控制主要通过检验、测试和抽样等方法来确保产品的符合性，如图 5-1 所示。

（2）统计质量控制阶段（20 世纪 50 年代—20 世纪 60 年代）

由于管理学和统计学的发展，人们开始关注利用统计方法来理解和控制质量。统计质量控制的概念提出，重点在于理解和管理生产过程的变异性。

（3）全面质量控制阶段（20 世纪 70 年代—20 世纪 80 年代）

全面质量控制概念的兴起，强调质量管理是组织的全员责任，需要整合质量管理的各个环节和工作岗位。TQC 注重全员参与、持续改进和客户满意度。

图 5-1　通过检验

（4）全面质量管理阶段（20 世纪 80 年代—20 世纪 90 年代）

全面质量管理作为一个更广泛的质量管理理念被提出，强调以客户为中心、持续改进、团队合作和管理者的领导力。TQM 强调整个组织的质量文化和质量管理体系的建立。

（5）六西格玛和质量成本管理阶段（20 世纪 90 年代至今）

在 20 世纪末和 21 世纪初，6σ 管理法和质量成本管理的概念成为质量管理的热点。6σ 管理法注重通过减少缺陷和改进过程来提高质量水平，而质量成本管理则强调通过控制和分析质量相关的成本来改进质量。

从质量管理的发展、质量理念的演进历程来看，注重顾客需求、追求顾客价值、追求顾客满意和忠诚，越来越成为质量的核心内容。人们对质量的界定逐渐从内向型转变为外向型，使用者逐渐成为质量评判的决定者，两种不同质量观的区别，见表 5-1。

表 5-1　两种不同质量观的区别

| 内向型质量观 | 外向型质量观 |
|---|---|
| 产品与规范比较 | 与竞争产品和最好的产品比较 |
| 检验合格 | 在产品全寿命期使顾客都满意 |
| 防止内厂缺陷和外厂缺陷 | 商品和服务两方面都满足顾客需求 |
| 针对制造 | 涵盖所有功能 |
| 使用内部质量度量 | 以顾客为导向度量质量 |
| 将质量视为技术问题 | 将质量视为经营问题 |
| 质量管理者的事 | 高层管理者直接参与 |

## 知识拓展

### 质量的衡量依据

根据卓越质量理念，质量的衡量依据主要有以下方面。

1. 客户满意度

衡量产品或服务是否符合客户的期望和需求，通过调查、反馈和评价等方式得出客户满意度指标。

2. 产品或服务的可靠性和性能

衡量产品或服务在使用中的可靠性、稳定性和性能是否达到或超越规定的标准或指标。

3. 流程效能

衡量业务运作流程的效率、准确性和可靠性，包括生产过程、服务流程、供应链管理等。

4. 创新和改进

衡量组织的能力和意愿来创新产品、服务、流程和管理方式，持续改进和提升质量水平。

5. 资源利用效率

衡量组织在资源（如人力、物力、财力）使用方面的效率和合理性，达到最佳的资源利用与产出。

6. 品质管理系统

衡量组织是否建立和有效运作了一个完善的品质管理体系，涵盖了质量策划、质量控制、质量改进等方面。

7. 员工满意度和参与度

衡量组织内员工对工作环境、工作氛围、职业发展机会等因素的满意度，以及员工参与质量管理和改进的程度。

8. 社会责任

衡量组织在环境、社会和道德方面的承诺和践行，包括环保、社区参与、员工福利等。

2. 质量的定义

很明显，在外向型的质量观中，顾客满意是核心因素。理论界和实业界对质量的界定都紧密围绕这个核心因素展开。在 ISO 9000 体系认证标准中，术语“质量”用于表示：达到持续的顾客满意。这种持续的顾客满意是在组织承诺持续改进其效率和有效性的情况下，通过满足顾客的需求和期望来实现的。

另一个公认的权威机构——美国质量协会认为，质量是产品或服务的特色和品质的总和，这些品质特色将影响产品满足各种明显的或隐含的需要的能力。

可以看出，这些都是顾客导向的质量定义。顾客有一系列的需要、要求和期望。当企业所售的产品和服务符合或超越了顾客的期望，就说明企业的产品和服务是高质量的；而如果企业所售的产品和服务低于顾客的期望，则说明企业提供的是低质量的产品和服务。

顾客导向的质量观的特征如下。

（1）质量是为顾客所感知的，而不是企业或国家所规定的。

（2）质量体现在企业的每一项活动中，而不仅仅是企业的产品中。

（3）质量必须不断改进，而不是固步自封，因为顾客的期望是不断提高的。

（4）质量未必要求更高成本，高成本也未必能创造出高质量，关键在于能否满足顾客的需要和期望。

客户是整个客户关系管理体系的价值主体，通过评估客户的满意度来判断客户关系管理运作体系的质量状况，不仅符合这种顾客导向型、外向型的质量观，而且也具有很强的可操作性。

从监督的角度来讲，结果监测的可操作性优于过程监测。比如，在客户接触过程中，企业无法对一线接触人员尤其是外出接触人员的工作绩效直接进行监测，或者监测的成本高，效果差，而通过一线接触人员的工作结果客户满意度的反馈，则可以很好地检测出一线接触人员的绩效。

基于以上考虑，企业选择客户的满意度作为评判客户关系管理体系运行质量优劣的决定性标准。

## 二、客户满意的内涵与分类

### 1. 客户满意的内涵

客户满意的概念

在研究客户满意之前，必须厘清客户满意的内涵。一般来讲，在学术研究中，客户满意根据时间上的差异划分为两种观念：交易型和累积型。

交易型观念认为客户的满意是客户对与企业最近的一次交易的评价。累积型观念则认为，满意是随着时间的推移，客户对某一提供物的全部消费经验的整体评价。交易型观念便于对具体提供物的效果进行判断，是即时的、短期的；而累积型观念则便于从企业的过去、现在和未来综合判断其业绩状况，是连续的、长期的，此时的满意不仅涉及提供物本身，还同企业形象、企业文化及物质设施等有着千丝万缕的联系。

在综合考虑两种观念的基础上，一个比较公认的定义是：客户满意是一种心理活动，是客户通过对一个提供物的可感知的效果（或结果）与他的期望值相比较后所形成的感觉状态。

可见，满意水平是可感知效果和期望值之间的差异函数。如果效果低于期望，客户就会不满意；如果可感知效果与期望相匹配，客户就满意；如果可感知效果超过期望，客户就会高度满意，如图 5–2 所示。

很明显，客户对提供物的可感知效果是在提供物消费过程中产生的，但客户又是如何形成他们的期望值的呢？

一般来说，期望是在客户过去的购买经验、朋友的各种言论、销售者和竞争者的信息和许诺等基础上形成的。从这里可以看出，可感知的效果和期望值都不是固定不变的，它们会随着市场环境、社会文化环境的变化而出现波动。

图 5–2 客户满意评价

二者也不是彼此孤立的，这一次的可感知效果可能就是下一次期望值的基础。所以，企业要警惕“营销近视症”，切忌只关注提供物的生产和销售而忽视市场大环境的变化。同时，企业只有真正从客户的需求出发，不断创新，才能持续让客户满意。

## 2. 客户满意的特性

从客户满意的定义中可以归纳出客户满意的四个特性，见表 5–2。

表 5–2 客户满意的四个特性

| 特性 | 含义 |
|---|---|
| 心理感受 | 客户满意是客户在消费企业的提供物之后所感到的满足状态，是个体的一种心理体验 |
| 相对性 | 客户满意是相对的，没有绝对的满意。因此企业应该不断创新，向绝对满意趋近 |
| 个体性 | 客户满意有鲜明的个体差异。张三很满意的提供物，李四可能非常不满意，因此不能追求统一的满意模式，而应因人而异，提供有差异的满意服务 |
| 道德性 | 客户满意是建立在道德、法律和社会责任的基础上的，有悖于道德、法律和社会责任的满意行为不是客户满意的本意 |

## 3. 客户满意的分类

客户满意可以从不同的角度进行分类。

（1）从社会发展过程中的满足趋势分类

从社会发展过程中的满足趋势来看，客户满意可以分为三个逐次递进的层次。

① 物质满意层

物质满意层即客户在对企业的提供物核心层的消费过程中所产生的满意。物质满意层的支撑是提供物的使用价值，如提供物的功能、质量、设计和包装等。它是客户满意中最基础的层次。

② 精神满意层

精神满意层即客户在对企业的提供物形式层和外延层的消费过程中产生的满意。精神满意层的支撑是提供物的外观、色彩、装潢品位和服务等。

③ 社会满意层

社会满意层即客户在对企业的提供物的消费过程中所体验到的社会利益维护程度，主要指客户整体（全体公众）的社会满意程度。

社会满意层的支撑是提供物的道德价值、政治价值和生态价值。提供物的道德价值是指在提供物的消费过程中不会产生与社会道德相抵触的现象；提供物的政治价值是指在提供物的消费过程中不会导致政局动荡、社会不安；提供物的生态价值是指在提供物的消费过程中不会破坏生态平衡。

（2）从客户满意的对象分类

从客户满意的对象来看，客户满意可以表现为以下方面。

① 市场营销系统满意

市场营销系统满意即客户对市场营销系统的运行状况和从中所获得的所有利益所做的主观评价。比如，流通渠道是否通畅、高效；广告是否真实、清晰、健康；包装、标签是否符合要求与规定等。

② 企业满意

企业满意即客户对与企业交往所获得的各种利益的主观评价。

③ 提供物满意

提供物满意即客户对某一具体提供物及其利益的主观评价。

（3）从购买过程的阶段分类

从购买过程的阶段来看，客户满意可以表现为以下方面。

① 购买前的满意

购买前的满意即对信息、提供物的可获得性，以及购买前与企业、提供物的间接接触是否满意的评价。

② 购买中的满意

购买中的满意即在对不同提供物、不同店铺的比较、挑选中是否获得满足。

③ 购买后的满意

购买后的满意即在使用和消费提供物的过程中是否满意，以及企业提供的售后服务、保证是否令人满意。

## 三、客户满意的重要性

客户满意对企业来讲至关重要。满足客户需要，归根结底，就是要使客户满意。良好的产品、服务或提供物，最大限度地使客户满意，是企业在激烈的竞争中制胜的法宝。只有让客户满意，他们才会对企业或产品给予良好的评价，才会形成品牌忠诚和重复购买，才会形成持久、良好的客户关系，企业也才能持续经营，财源滚滚。

相反，如果客户在购买企业的提供物或服务后，得到的不是满足，而是不满，那么，他们不仅在未来会远离企业的提供物，结束与企业的客户关系，还可能将不满和负面的信息扩散至其他消费者，给企业造成严重的后果。

客户满意的重要性主要体现在以下几个方面。

### 1. 客户满意可以使客户忠诚

忠诚客户是企业最宝贵的资产，因为忠诚客户倾向于重复购买，交易成本低，企业能够从中获取最高的边际利润。尽管忠诚的客户不一定就是满意的客户，但满意的客户更有可能成为忠诚客户。客户忠诚理论上可以分为主观忠诚和客观忠诚。主观忠诚主要源于持续的满意，而客观忠诚则是一些现实因素造成的。例如，物资的匮乏导致客户对稀缺品牌的忠诚；分销渠道的不畅，导致客户对可以获取的品牌形成忠诚等。而一旦这些客观制约因素消失，客户的忠诚就很难持续下去。只有使客户满意，才能驱动客户在主观上形成对企业或品牌的忠诚，才能更稳妥有效地留住客户。

### 2. 客户满意有利于提高企业的利润

满意的客户通常愿意为提供物支付更高的价格，对价格上涨也有更大的容忍度，这就为企业制定较高的毛利水平提供了余地。同时，企业还可以将增加的利润再投资一部分用于提高客户的满意水平，进一步加大企业的盈利空间和竞争力，促成企业良性、可持续发展。

### 3. 客户满意可以降低企业的经营成本

客户满意可以降低企业的经营成本主要来自三个方面，见表 5–3。

**表 5–3　客户满意可以降低的经营成本**

| 方面 | 原因 |
| --- | --- |
| 交易成本 | 由于满意的客户在重复购买时，对提供物和购买过程有所了解，因此交易成本会降低；而与一般客户相比，满意客户购买数量更大、品种更多，从而进一步降低交易成本 |
| 失败成本 | 在与满意的客户交易中，企业用于退换提供物、弥补操作失误、处理客户抱怨等方面的开支会极大地减少，失败成本会降低 |
| 获取新客户的成本 | 满意的客户会将其经历通过积极的口头传播告诉他人，这无疑会使企业能以较低的成本获取大量的新客户 |

### 4. 客户满意有利于挖掘出客户的真实需要

满意的客户更乐于与企业进行积极的交流，他们会将使用提供物或服务的感受主动告知企业，或者主动向企业提出有关提供物方面的建议，在碰到企业的市场调研活动时，他们也会更积极地配合。他们的真诚流露，有助于企业及时准确地发现市场机会，更好地满足客户的需要，提升企业的竞争力。

5. 客户满意有利于提高企业的整体声誉

长期使客户满意的企业，其知名度和美誉度都会获得极大的提升，这有利于企业建立自己的品牌资产以及推广新提供物，也有利于企业同主要的合作伙伴，如供应商、分销商等，以及其他潜在盟友发展良好稳固的关系，使得企业能够在竞争日益激烈的市场环境中有效地抵御各种各样的冲击，获得稳健的发展。

案例

## 汽车经销商的满意度困惑

Cedarbrae Volkswagen 是加拿大安大略省的一家大众汽车经销商，入选“I Care”计划多年，用心服务，业绩良好。10 月份他收到大众汽车加拿大分公司的信件，被告知在新一轮的满意度调查中，成为“不满意的经销商”（得分最低的 20 家之一），顿时各种郁闷、委屈、质疑开始涌上员工心头。

大众汽车加拿大分公司总共有 200 家经销商，分布在四个主要的区域（魁北克区、中区、西区、大西洋区）。经销商按照销量分为三个层级：GroupI（年销量超过 500 台），GroupII（年销量为 200 ～ 500 台），GroupIII（年销量不到 200 台）；年度销量计划由经销商提出，厂家根据计划和完成情况确定补贴和奖励。几年前市场的过度竞争导致加拿大分公司将顾客放在异常重要的位置，决定将顾客满意度作为考核经销商的主要指标。

指标体系主要考察各项工作的完成情况，包括两大方面。一是新车销售工作，其中，技术人员需要花费 1.5 小时对新车按照清单（6 页 7 类 87 项）逐一检查；销售人员进行复查和反馈，确保车辆完好；销售人员需要向顾客完整介绍汽车的操作，回答顾客提出的问题（0.5 小时）；告知顾客该车已经由技术人员完成出厂前检查，销售人员已经复核，顾客会享受“I Care”服务（车主会得到证书）；7 天后电话回访，确保顾客用车满意。二是维护保养工作，其中包括服务顾问询问情况，下单传送到工作区的任务中心；分配给技师，完成维修工作，同时对全车进行常规检测；若发现新问题，反馈给服务顾问，与顾客沟通是否需要维修；完成后打卡计时，通知服务顾问交车；服务顾问交车前要确保车内外清洁，并悬挂合格证书；4 天后电话回访。

Cedarbrae Volkswagen 自认为各项工作完成得非常好，却不曾想到满意度评分这么低，而且还发现这次满意度评分高的全是那些处于 GroupII 和 GroupIII 的中小型经销商，因此提出强烈质疑，认为满意度指标体系设计不合理，不应该把顾客满意度作为考核经销商的主要指标。

# 任务二 客户满意评价与策略

客户满意度，简言之，就是客户满意的程度，是客户满足情况的反馈，是对产品或者服务性能，以及产品或者服务本身的评价，给出了（或者正在给出）一个与消费的满足感有关的快乐水平，包括低于或者超过满足感的水平。

客户的满意程度与客户的容忍区域的大小有关。容忍区域代表客户的一系列期望，这些期望与渴求的价值（客户希望得到的价值水平）和必要的价值（客户愿意接受的价值水平）有关。这两个水平之间就是容忍区域。

如果客户的经历落在容忍区域之内，客户大概率会对价值感到满意或者说这种价值会被认为是可以接受的。

如果落到了必要的价值水平以下，那么这种价值就会被认为是不可接受的，结果也会是令人不满的。

如果经历的价值水平超过了渴求的价值水平，客户就可能会十分满意，甚至会产生惊喜。

客户满意状态的三种表现（兴奋、满意和不满意）可以通过一系列结果导向（反映绩效水平）的评价指标体系反映出来，见表 5–4。

表 5–4 客户满意状态的三种表现

| 先于表现的期望 | 价值传递过程 | 结果的状态 |
|---|---|---|
| 超出可接受 | 超出必要的表现 | 兴奋 |
| 可接受 | 必要的表现 | 满意 |
| 不可接受 | 低于必要的表现 | 不满意 |

## 一、客户满意度评价指标体系

测量客户的满意度，核心的问题是确定客户满意指标体系。客户满意度指标是一组与提供物有关的、能反映客户对提供物满意程度的项目因素。

由于客户对提供物需求的强度不同，而提供物又由许多部分组成，每个组成部分又有许多属性，如果提供物的某个部分或属性不符合客户要求时，客户会做出否定的评价，产生不满意感。可见，影响客户满意水平的因素非常多，所以，如何从中选择既能全面反映客户满意状况又有代表性的项目，建立科学的指标体系成为正确测量客户满意度的关键。

### 1. 客户满意度评价的维度

在确定详细具体的指标体系之前，需要明确客户满意度评价的大致方向、内容和维度，在维度构建的框架内来细化客户满意度评价指标体系。由于服务的无形性，对它的满意程度的测量明显要难于有形产品，所以学者喜欢将客户满意度评价研究的重点集中在服务领域，很多经典的评价维度和指标体系都来源于服务营销专家的智慧与实践。

从一般性原则的角度出发，消费者在评价服务的质量和满意程度时，主要考虑以下五个维度。

（1）可靠性

可靠性是指准确可靠地执行所承诺服务的能力。从广泛的意义上说，可靠性意味着企业按照其承诺行事，包括送货、提供服务、问题解决、定价方面的承诺。顾客喜欢与信守承诺的企业打交道，特别是那些能信守关于核心服务方面承诺的企业。

（2）响应性

响应性是指帮助顾客及提供便捷服务的自发性。该维度强调在处理顾客要求、询问、投诉、问题时的专注和快捷。响应性表现为顾客在获得关注、帮助和解决方案等方面所花费的时间，也包括为客户提供其所需要服务的柔性和能力。

（3）安全性

安全性是指本企业员工能使客户信任的能力。以及本企业的产品能够使客户感觉到身体上的安全性、财务上的安全性。在客户感知服务包含高风险、客户不能确定自己有能力评价服务的产出、客户关系形成的早期阶段等情况下，安全性这一维度可能特别重要。

（4）移情性

移情性是指企业给予客户的关心和个性化服务。移情性的本质是通过个性化的或者定制化的服务使每个客户感到自己是唯一和特殊的。

（5）有形性

有形性是指有形的工具、设备、人员和书面材料的外表，一般新客户喜欢用它来评价服务的质量及满意程度。

### 2. 客户感知质量和满意程度的标准

从评价内容的角度出发，客户感知质量和满意程度有以下七项标准。

（1）职业化程度和技能

客户认为服务提供者及其员工、经营系统和有形资源应当具有以专业方式来解决他们问题的知识和技能。

（2）态度与行为

客户认为企业员工（与客户接触的员工）应当关注他们，并且积极主动地解决他们在接受服务过程中所面临的问题。

（3）易获得性与灵活性

服务的地点、时间、服务企业员工和运营系统应当根据客户的要求灵活地加以设计和运营，这样客户可以很容易地接受企业的服务；如果客户有要求，也可以根据客户的要求灵活地对服务做出调整。

（4）可靠性与可信度

如果服务提供者及其员工能够信守诺言并全心全意地为客户服务，那么客户就会对企业产生信任感，认为企业是非常可靠的。

（5）服务补救能力

如果出现客户意料之外的事情或服务失误，企业应当立即主动地采取措施来控制局面，并找到客户可以接受的新的解决方案。

（6）服务环境组合

服务的有形环境和其他环境应当对服务过程起到有力的支持作用。

（7）声誉与信用

客户对服务提供者应当具有信任感，服务应当是“物有所值”的，客户可以与企业一起分享良好的服务绩效和价值。

### 3. 马斯洛的需求层次

从客户价值内涵的角度出发，根据马斯洛的需求层次理论，一个企业或组织提供给客户的产品或服务相对应地分为五个层次，这些产品或服务可以被称为供给或者是价值主张，不管企业或者组织是何种类型，它们都会在这五个层次中的每一个层次上为客户提供一些产品或服务。这五个层次按照从下到上的顺序分别是核心产品或服务、流程和系统支持、技术表现、与组织的互动、情感要素等。

在价值设计的论述中，在这五个层次的基础上，抽象出了三个层次的价值内涵：核心产品、服务支持与流程，以及人员互动。可以将顾客价值的这三个层次列为评价客户满意度的主要维度。从价值内涵的本身来评价客户满意度，具有本原性和深入性，在越来越忽视价值载体（实体产品和服务）而重视价值内涵的今天，这种评价维度非常适用。

### 4. 客户满意度评价的指标体系

在客户满意度评价的具体指标体系方面，也有很多学者进行了理论性和实证性的探讨。不同行业与市场中的客户满意度评价指标具有一定的同质性，事实上存在着一个可以适用于许多不同产品和服务的通用指标体系，这个抽象的、普遍适用的指标体系分为如下三个方面。

（1）与产品有关的指标

与产品有关的指标具体包括价值－价格的关系、产品质量、产品利益、产品特色、产品设计、产品可靠性和统一性、产品或服务的范围等。

（2）与服务有关的指标

与服务有关的指标具体包括保修期或担保期、送货服务、处理顾客抱怨、问题的解决等。

（3）与购买有关的指标

与购买有关的指标具体包括礼貌、沟通、获得的难易和方便程度、企业名誉、企业竞争实力等。当然，处于不同行业和市场的企业每次在具体运用这些指标时，还必须进一步定义、阐述、解释和细化。

表 5–5 为服务行业满意度指标体系的具体表现。

表 5–5　服务行业满意度指标体系的具体表现

| 指标 | 包含内容 |
|---|---|
| 绩效 | 服务的核心功能及它所达到的程度，绩效通常是结果导向 |
| 保证 | 核心服务功能提供的过程中的正确性及回应性，它强调的是服务过程中的态度，因此它是过程导向 |
| 完整性 | 涉及提供的服务的多样性，以及是否周到 |
| 便于使用 | 有关服务的可接近性、简易性，以及使用的灵巧性 |
| 情绪 / 环境 | 核心服务功能以外的感受 |

表 5–6 为产品满意度指标体系。

表 5–6　产品满意度指标体系

| 指标 | 包含内容 |
|---|---|
| 品质 | 功能、使用寿命、用料、可靠性、安全性、经济性 |
| 设计 | 色彩、包装、造型、体积、装饰、质感、手感、质地 |
| 数量 | 容量、成套性、供求平衡 |
| 时间 | 及时性、随时性 |
| 价格 | 最低价位、最低价质比即产品价位和质量的比值、心理价格、商值即产品价位与产品使用时间之比 |
| 服务 | 全面性、适应性、配套性、全纵深性、全过程性、态度、价格、方便性、品位（包括名牌感、风格化、个性化、多样化、特殊化、身份感） |

## 二、CRM 体系中的客户满意度评价指标体系

### 1. CRM 体系中客户满意度的评价指标体系分类

从客户价值内涵的角度出发，CRM 体系中客户满意度的评价指标体系可以归结为如下三类，每一大类又包含具体的评价指标和项目。

（1）核心产品满意度评价指标

在容忍区域理论中，核心产品层次属于必要的价值范畴；在赫茨伯格的双因素理论中，核心产品层次属于保健因素的范畴。所以它所包括的具体指标主要侧重于基本价值和利益的考察。

产品性能（产品主要特点在运用中的水平）、产品特色（产品基本功能的某些增

补）、产品的一致性（产品的设计和使用与产品说明书所列的标准一致）、产品的耐用性（产品的使用寿命）、产品的可靠性（在一定的时间内产品保持不坏的可能性）、产品的可维修性（产品出了故障或用坏后可以修理的容易程度）、产品的安全性（在使用和处置的过程中不会有伤害人身和财产的隐患）、产品的外形和风格（产品给予客户的视觉和感觉效果）、产品的性价比（性能与价格的比较）等。

（2）服务支持与流程满意度评价指标

服务支持与流程满意度评价指标，主要考察的是企业的可靠性、对客户需求的反应速度与反应质量以及差异化的情况，具体的指标包括可靠性（在指定的时间内完成服务、准确结账、精确提供、企业财务数据和客户数据记录准确）、响应性（及时服务、迅速回复客户打来的电话、对客户抱怨处理及时、即刻办理邮寄服务）、方便性（营业的时间便利、通过电话可以很容易联系到服务、接受服务等待的时间不长、服务地点便利、支付方式可以自由选择、信息获取方便）等。

（3）人员互动满意度评价指标

人员互动满意度评价指标，主要考察企业给予客户的信任感、尊重感和理解程度。具体的指标包括礼仪（考虑客户的立场、与客户接触的员工外表干净整洁、友善地接待）、沟通（用客户听得懂的语言表达、耐心聆听客户的陈述、向客户确认能解决的问题、邀请客户参与）、理解（了解客户的特殊需求、提供个性化的关心、认出老客户）等。

由于不同企业的具体情况不同，因此不可能提出一个全面、详细、具体且普遍适用的客户满意度评价指标体系，这里只能做一个初步的理论性探讨，提出客户满意度评价的大致框架，具体内容的充实需要结合具体的情况来实现，在有些情况下可能还要增加或减少一些指标以满足特殊的要求。

### 2. 决定各个指标之间权重的方法

在确定了客户满意度指标体系后，企业还需要解决的一个技术性问题是如何决定各个指标之间的权重。

每一个指标对客户满意度的影响程度是不一样的，有些指标的影响程度大，有些指标的影响程度小。这种影响程度的差异有时还因人和因时而表现出来。有的客户非常在意的某些指标对其他客户来说可能并不是那么重要；有的客户在某种状况下非常在意的指标到了另外一种环境下却又变得不重要。

由企业单方面确定的权重肯定过于武断而不科学，企业应该在与客户充分交流的基础上来确定指标彼此之间的相对权重，这可以通过一些试验性的调查、访谈来实现。

同时，对于一些重要价值客户，企业甚至可以像定制化产品那样来定制化指标权重，在持续的交往过程中，企业不仅要关注不同客户之间满意程度的比较、与竞争者客户满意程度的比较，更要注意客户满意程度的历史纵向比较，通过客户自身感受的优化来增强企业与客户之间良好的关系。

在确定了客户满意度指标体系后，接下来就是客户满意度跟踪调查。

企业可以通过以下七个渠道来收集顾客方面的信息：① 顾客投诉；② 与顾客的直接沟通；③ 问卷和调查；④ 密切关注的团体；⑤ 消费者组织的报告；⑥ 各种媒体的报告；⑦ 行业研究的结果。其中问卷和调查是比较常用的方法。客户满意跟踪调查的结果应该与客户信息库对接起来。

## 三、提升客户满意度的策略

通过综合运用如下策略，企业可以更好地了解客户需求，提供优质的产品和服务，建立良好的沟通和关系，增加客户满意度，并最终实现业务的增长和成功。

### 1. 了解客户需求

深入了解客户的需求、偏好和期望，通过市场研究、调查和客户反馈等方式获取客户信息。

### 2. 提供优质产品和服务

为客户提供高质量的产品和服务，确保产品的性能和功能符合客户期望，提高产品的可靠性和耐用性。

### 3. 建立良好的沟通渠道

与客户建立良好的沟通和互动，主动听取客户意见和反馈，及时回应客户问题和需求。

### 4. 个性化定制和体验管理

提供个性化定制的产品和服务，根据客户的特殊需求进行个性化设计，致力于提供优质的购物和使用体验。

### 5. 培养客户关系和忠诚度

建立长期的客户关系，通过优惠、奖励和定期沟通等方式增强客户的忠诚度，提高客户留存率。

### 6. 快速响应和问题解决

及时响应客户的问题和投诉，积极解决客户遇到的困难和不满意，树立良好的售后服务形象。

### 7. 持续改进和创新

通过持续的市场调研和创新，不断改进产品和服务，满足客户不断变化的需求，保持竞争优势。

### 8. 培训员工技能和服务意识

重视员工的培训和发展，提升员工的专业技能和服务意识，使其成为优质的客户服务代表。

### 9. 个性化营销和推广

根据客户的偏好和需求制定个性化的营销和推广策略，通过定向广告、个性化推荐、定制化促销等方式与客户进行有效沟通，提高购买率和重复购买率。

### 10. 建立客户反馈机制

建立客户反馈的渠道和机制，鼓励客户积极提出意见和建议，及时收集和分析客户反馈信息，从而不断改进产品和服务。

### 11. 参与社交媒体和在线社区

积极参与社交媒体和在线社区，与客户进行互动和交流，提供有价值的信息和内容，增加品牌曝光度，建立品牌的口碑和信任。

### 12. 利用技术提升客户体验

运用信息技术和数字化工具，提供便捷的购物和服务体验，比如在线下单、智能客服、自助支付等，提高客户满意度和效率。

### 13. 跨渠道一致性

在不同渠道上保持一致的品牌形象和服务标准，确保客户在不同环境和平台上都能够享受到相似的购物和服务体验。

### 14. 关注竞争对手和行业趋势

密切关注竞争对手的动态和行业趋势，了解市场变化和客户需求的变化，及时调整战略和策略，以保持竞争力。

### 15. 建立客户教育和培训计划

通过客户教育和培训计划，向客户提供有关产品使用、保养和维护等方面的知识，帮助客户更好地使用产品，提高客户满意度。

## 知识拓展

### 客户净推荐值

净推荐值（net promoter score，NPS），又称净促进者得分，亦可称口碑，是一种计量某个客户将会向其他人推荐某个企业或服务可能性的指数。

NPS 法只需要询问客户一个问题：“您向朋友或同事推荐我们的可能性有多大？”客户可以根据愿意推荐的程度以 0 ～ 10 来打分。

其中打分为 9 ～ 10 分的客户称为推荐者，是具有狂热忠诚度的人，他们会继续购买并引荐给其他人；打分为 7 ～ 8 分的客户称为被动者，表明其总体满意但并不狂热，将会考虑其他竞争对手的产品；打分为 0 ～ 6 分的客户称为贬损者，表明其并不满意或者没有忠诚度。

净推荐值等于推荐者所占的百分比减去贬损者所占的百分比。

$$净推荐值（NPS）=\frac{推荐者数}{总样本数}\times100\%-\frac{贬损者数}{总样本数}\times100\%$$

NPS 计算公式的逻辑是推荐者会继续购买并且推荐给其他人来加速成长，而贬损者则能破坏名声，并在负面的口碑中无法获得成长。NPS 的得分值在 50% 以上被认为是不错的；达到 70%～80% 则证明企业拥有一批高忠诚度的客户。

NPS 作为一个客户满意度衡量指标，直接反映了客户对公司的忠诚度。另外，如果一个人愿意把某个企业推荐给他的朋友，那么他实际上是在用自己的信用来保证这种推荐。

## 课后实践

学习完本项目的内容后，认真完成表 5-7 的实践清单。

表 5-7　实践清单

| 客户满意度评价指标体系设计与应用 | |
|---|---|
| 实践任务 | 作为一家虚拟公司的客户关系管理（CRM）团队成员，你的任务是设计一个客户满意度评价指标体系，并应用该指标体系来评估公司当前产品和服务的客户满意度 |
| 实践目标 | （1）理解客户满意度评价的重要性以及 CRM 在客户关系管理中的作用；<br>（2）掌握设计客户满意度评价指标体系的方法和技巧；<br>（3）学会应用评价指标体系来量化客户满意度并提出改进建议 |
| 实践步骤 | （1）根据客户关心的方面，例如，产品质量、服务响应速度、售后支持等，确定评价指标的维度；<br>（2）在每个维度下，设计相应的具体评价指标，如产品质量可包括使用寿命、性能稳定性；<br>（3）为每个评价指标设计一个量化方法，如使用满意度调查问卷、定量统计数据等；<br>（4）针对现有的产品和服务，收集客户满意度评价指标的数据；<br>（5）根据收集到的数据，进行分析并提出相应的改进建议，以提高客户满意度 |
| 实践提示 | （1）在设计评价指标时，尽量突出关键业务领域和顾客关注点；<br>（2）使用标准化的调查问卷或评分表有助于实现客户评价指标的量化和比较；<br>（3）在数据收集过程中，确保样本具有代表性，以保证评价结果的准确性；<br>（4）分析结果时，需要考虑评价指标之间的相互关系，理解客户满意度的综合性 |
| 实践总结 | |

## 实践评价

完成以上实践后，认真完成表 5-8 的实践评价。

表 5-8　实践评价

| 评价内容 | 分值 | 得分 |
| --- | --- | --- |
| 参与实践的积极性、主动性 | 25 | |
| 数据搜集能力 | 25 | |
| 设计能力 | 25 | |
| 对客户满意度评价指标体系的掌握程度 | 25 | |
| 教师点评： | | |

## 项目小结

客户沟通与服务管理是一个综合性的项目，涵盖了多个方面的内容。通过质量观的演变可见，随着市场和技术的变化，质量标准也在不断演变。这意味着企业需要不断更新质量观念，以适应不断变化的市场环境。

客户满意度的评价和策略是客户沟通与服务管理的重要组成部分，它能够帮助企业了解客户需求，提供个性化的服务，从而提高客户满意度和忠诚度。

客户满意度的评价指标体系是实现企业长期发展的基础。通过建立完善的客户满意度评价指标体系，企业能够及时发现和解决潜在问题，提高服务质量。

提升客户满意度的策略是实现企业可持续发展的关键。企业需要注重产品质量、服务质量和品牌建设，同时加强与客户的沟通和互动，提供个性化的服务和解决方案，以提高客户满意度和忠诚度。

企业应该重视客户沟通与服务管理的应用，以适应不断变化的市场环境，并实现企业的长期发展。

## 思考练习

1. 客户满意的内涵有哪些？
2. 客户满意的重要性包括哪些内容？
3. 客户满意度评价的维度包括哪些内容？

# 项目六

# 客户流失管理

## 项目导读

客户流失管理是指企业通过各种途径和方法，识别、预防和挽回潜在客户流失的过程。这个过程需要企业建立完善的客户流失预警机制，分析流失原因，制定挽回策略，并加强与流失客户的沟通和互动。客户流失管理是企业成功的关键之一，它可以帮助企业减少损失，提高销售业绩和市场份额。因此，企业应该重视客户流失管理的发展和创新，以适应不断变化的市场环境。

## 学习目标

### 知识目标

（1）了解流失客户的管理步骤。

（2）了解各种原因引起的客户流失的挽回策略。

### 技能目标

（1）学习如何有效地调查和分析客户流失的原因，包括对服务细节的不满、竞争对手的优势、产品或服务的不符合客户期望等。

（2）学会建立并维护良好的客户关系，包括积极沟通、倾听客户需求、提供个性化的解决方案等。

（3）学习如何建立客户反馈渠道，以便及时了解客户的意见和需求，并根据反馈进行相应改进。

### 素质目标

（1）培养学生有效的沟通技巧，能够与客户进行良好的交流并深入了解他们的需求和意见。

（2）培养学生解决问题的能力，能够根据客户的反馈和需求提出切实可行的解决方案，以挽回客户和重建客户信任。

（3）培养学生积极主动的态度，主动接触流失客户，并采取行动以恢复他们的信任和忠诚度。

## 思政目标

（1）通过实践学习，使学生认识到诚信对于建立和维护客户关系的重要性，以诚信为基础进行销售工作。

（2）学生要意识到作为销售人员的责任，不仅是完成销售任务，更是为客户提供优质的服务，并为客户和企业的长远发展负责。

## 案例导入

### 伊利公司挽回流失客户

三聚氰胺事件使客户对奶粉业产生了巨大的信任危机，作为奶粉业的巨头伊利公司深深地陷入此次事件的泥淖，许多客户流失了。伊利公司挽回流失客户的方法如下。

1. 实施“三清理”

“三清理”即严格清理所有的原料供应环节可能出现的问题；严格清理库存产品，凡是有问题的库存产品一律销毁，绝不流入市场；严格清理市场，从市场上全面收回不合格的产品，绝不让一件有问题的产品留在市场上。

2. 实施“三确保”

“三确保”即确保所有的产品都必须经过本企业和国家质检部门的严格检测后再出厂；确保严格对原奶收购环节进行检测；确保奶农利益。通过“三确保”，伊利公司保证了生产环节的产品质量，保障销售的每一批产品都是合格的。

3. 实施“抓两头”

“抓两头”即抓原奶和出厂。在原奶收购环节，伊利将所有的检测前置到收奶环节，加强和提升了检验水平；在出厂环节配备了高精度的检测仪器进行检测。

4. 率先推出24小时网络生产直播平台

从奶牛饲养到机械挤奶、从产品灌装到出库流通，客户可通过视频看到伊利生产的全过程。

5. 开展“放心奶大行动”“天天都是开放日，人人都是监督员”活动

邀请上万名消费者及质检专家、媒体走进伊利工厂，亲眼见证原奶验收、无菌处理、无菌灌装和入库出库四大环节的操作流程……

伊利公司一系列对症下药的措施受到了消费者和零售商的积极回应，客户们重新树立了对伊利公司的信心，许多流失客户纷纷回头，表示愿意信任及购买伊利的产品。

# 任务一　客户流失概述

客户流失是指客户由于种种原因不再忠诚，而转向购买其他企业的产品或服务的现象。

虽然很多企业提出了“客户零流失”的目标，但是这个一厢情愿的目标太不切合实际。幻想留住所有的客户是不现实的，就算能够做到，成本也会相当高，得不偿失。因为企业的产品或者服务不可能完全得到所有客户的认同，企业不可能留住所有的客户。所以，企业应当冷静看待客户的流失，要做的是确保客户流失率控制在一个很低的水平。

## 一、客户流失的原因

客户流失

新陈代谢是自然界的规律，企业的客户也有一个新陈代谢的过程，特别是在今天的市场上，在各种因素的作用下，客户流动的风险和代价越来越小，流动的可能性越来越大。客户关系在任一阶段、任一时点都可能出现倒退，无论是新客户还是老客户，都可能会流失。此外，由于客户本身原因造成的流失，企业是很难避免的，也是企业无能为力的。

导致客户流失除了有企业自身的原因外，还有客户本身的原因。

### 1. 企业的原因

影响客户流失的因素与影响客户忠诚的因素是一样的，这些因素正面作用的结果就是客户的忠诚，负面作用就导致客户的流失。

（1）产品或服务质量问题

当产品或服务质量没有达到标准或者经常出现故障时，就容易导致客户流失。例如，有的客户在ATM机上操作时卡被吞，联系客服却不能迅速得到解决，这样的服务不免让客户心生不满。

（2）服务态度问题

当服务态度或服务方式存在问题时，也容易导致客户流失。例如，企业员工的服务意识淡薄，对客户冷漠、粗鲁，不尊重客户；客户咨询时无人理睬，对客户的提问和要求表现出烦躁；工作效率低下，没有迅速、准确处理客户的问题，对客户的投诉和抱怨处理不及时、不妥当……当客户觉得没有受到应有的尊重时，客户就会寻求其他的商家。

案例

**丽娜的不满**

丽娜小姐一直以来都是大洋洲某银行的忠实客户。有一年她收到银行寄来的通知，告诉她可以到墨尔本分行领取新的信用卡。但是她已经在悉尼定居8年，期间她起码通知银行四五次，要求更改地址信息，将服务转到悉尼分行。

她拨通了银行通知信件上的服务电话，询问是否可以将墨尔本分行的信用卡寄到悉尼分行，但服务人员表示无能为力，告诉她必须自己打电话或者传真到墨尔本分行。丽娜小姐告诉服务人员过去几年间已经好几次要求墨尔本分行修正资料，这次不应该再浪费她的时间和金钱了，因为这是银行延迟处理造成的错误。此时，服务人员开始有点不耐烦："但这件事我无能为力。"于是丽娜要求与其上司通话，没想到服务人员竟然直接挂断电话。丽娜非常生气，二话不说直接去银行注销了自己的账户，转到街角的另一家小银行去了。

这件事发生数月之后，丽娜突然对投资房地产感兴趣，便打电话给这家小银行询问相关的贷款方案。由于当时不方便亲自走一趟，所以只是简单地在电话里告知她的资产、债务和收入情况。那时她其实只是想收集一点相关的信息，了解一下房地产投资市场而已。

服务人员礼貌地告诉她，她将会在24小时之后得到回复。果然，丽娜在一天后接到来电，告诉她一个远远超出她预期的贷款金额，并说明计算方式："希望您不介意，我向几家市内的房地产公司查询了符合您条件的方案，并以此计算出最适合您需求的金额。"作为客户，丽娜感到十分愉快，并决定以后的所有银行业务都在这家小银行办理。

（3）客户感觉被欺骗

当客户感觉受骗上当时，也容易导致客户流失。例如，企业在广告中过分夸大宣传产品的某些性能，造成客户预期的落空，或者企业对客户做了某种承诺而没有兑现，使客户的预期没有得到满足。

（4）产品或服务落伍

当产品或服务落伍时，也容易导致客户流失。任何产品或服务都有自己的生命周期，若企业不能进行产品或服务的创新，客户自然就会另寻他路，这也是导致客户流失的重要因素。

（5）其他原因

由于顾客不满企业的行为，如破坏或污染环境，不关心公益事业，不承担社会责任等，或者企业出现震荡或波动等，也会造成客户的流失。

此外，客户从忠诚中所获得的利益较少，客户对企业的信任和情感不够深，客户没有归属感，客户转换成本较低，企业与客户业务联系不够紧密，客户对企业的依赖程度低，跳槽员工带走客户，以及企业自身对客户不忠诚等也都会导致客户流失。

## 2. 客户的原因

有些导致客户流失的因素是客户本身造成的。例如，有的客户因为需求转移或消费习惯改变而退出某个市场；有的客户对企业提供的好的服务或产品根本就不在乎，转向其他企业不是因为对原企业不满意，而是因为自己想换“口味”，想尝试一下新企业的产品或者服务，或者只是想丰富自己的消费经历；有的客户由于搬迁、成长、衰退甚至破产不再需要企业的产品；由于客户的采购主管、采购人员的离职等原因也会导致客户流失。

在客户流失前，企业要防范客户的流失，极力维护客户的忠诚，而当客户关系发生破裂、客户流失成为事实的时候，企业不应该坐视不管、轻易地放弃，而应当重视他们，积极对待他们，尽力争取挽回他们，促使他们重新购买企业的产品或服务，与企业继续建立稳固的合作关系。

## 二、流失客户管理步骤

一个合理、科学的流失客户管理程序应该从建立客户流失预警系统开始，在分析客户流失原因、客户流失损失以及挽留客户成本的基础上进行理性的决策。流失客户的管理步骤具体如下。

### 1. 确定客户流失警戒点

企业可以比照同行业的平均水平或行业竞争基准（即企业的主要竞争对手或跟随对象）的情况，结合自己的竞争战略，来确定客户流失的警戒点。现实中，企业制定客户分层流失警戒点参考标准，见表 6–1。

表 6–1 企业制定客户分层流失警戒点参考标准

| 客户 | 流失率 |
|---|---|
| 超级大客户 | 5% 以下 |
| 大客户 | 10% 以下 |
| 一般客户 | 15% 到 20% 以下 |

这种分层制定流失率警戒点的做法值得借鉴，它有利于企业更清楚地了解到底是哪些客户离企业而去，企业应该采取什么样的行动来应对。

### 2. 分析客户流失原因

在企业制定客户流失率警戒点、关注客户流失情况的同时，一旦客户的流失率超过了警戒点，企业应该采取相应的对策，首先企业必须找出导致客户流失的具体原因，可能导致客户流失的原因如下。

（1）一些客观的原因导致了客户的流失，如客户的死亡或破产、客户搬迁至企业销售网络无法覆盖的地区等。

（2）企业自身的原因导致客户的离去，如客户感觉企业的服务太差、产品太次、价格太高。

（3）市场上出现了一个有力的竞争对手，它为客户提供了更有价值地提供物。

实行分层客户流失率分析的企业还需要注意的是：客户流失的原因可能是他流向了别

的层级的客户群，既可能是向上流动，从一般客户升格为大客户甚至是超级大客户；也可能是向下的流动，从超级大客户变为一般客户。不同层级之间客户的流动也是企业需要重点研究的内容。企业尽可能设计一个流失率分布图，以显示因各种原因离开企业的客户的比例，从中发现客户流失的主要原因。

### 3. 估算客户流失损失

企业应该估算一下客户流失导致的利润损失。在计算利润损失时，必须注意的是：流失一个客户，对企业来说，损失的不仅仅是他与企业一次交易所带来的利润，而是这个客户为企业提供的终身价值，即这位客户在正常年限内持续购买所产生的全部利润。另外，不同的客户群为企业提供的价值总额也会不同，企业有必要分开进行计算。

案例

#### 客户流失损失计算示例

一家电信运营商在某地区拥有100 000个用户，其中月通话总费用在300元以上的大客户有10 000个，占总用户的比例为10%。今年，由于竞争对手猛烈的价格战，导致公司丧失了5%的用户，也就是500个用户，其中大客户占到10%，即50个。按照以往的数据估算，公司平均每流失一个普通用户，年营业收入就要损失1 000元；而平均每流失一个大客户，年营业收入会损失4 000元。

今年公司共要损失营业收入 $50 \times 4\,000 + 450 \times 1\,000 = 650\,000$ 元。

公司的盈利率一般保持在20%，所以今年公司将损失130 000元的利润。

明年公司还会损失这么多利润，年复一年，直到用户的自然年限。

### 4. 估算降低流失率的费用

同时，企业需要估算一下降低流失率所需要的费用。这可能包括在营销活动各个环节的改造费用，如新产品利益的提供、服务改善、价格优惠、渠道改进与重组、加大广告投入、开展公共关系。企业同样可以按照客户的分层来分别计算降低流失率所需的费用。

### 5. 决定流失客户对策

决定是否需要降低客户流失率，重新召回已经离开的客户。这一点可以通过比较第二步和第三步的结果来实现，如果费用低于所损失的利润，企业就应该花这笔钱。根据二者比较的结果，提倡采用财务管理中的净现值法来实现，将企业流失客户的未来损失贴现到基期（也就是今年），贴现率可以是市场利率，也可以是企业 / 行业的平均盈利率。

$$V = C - \sum_{k=1}^{n} \frac{S_k}{(1+i)^k}$$

$$或\ V=\sum_{k=1}^{n}\frac{C_k}{(1+i)_k}-\sum_{k=1}^{n}\frac{S_k}{(1+i)^k}$$

式中，$V$ 为费用与损失的差值；$n$ 为客户的自然年限；$Ck$ 为第 $k$ 年的费用；$Sk$ 为第 $k$ 年的损失；$i$ 为预定的贴现率。

当 $V>0$ 时，表明重新召回已流失的客户得不偿失；当 $V\leqslant 0$ 时，表明企业应该考虑降低客户的流失率。

**知识拓展**

**流失客户有被挽回的可能**

客户挽回是指企业通过积极的努力促使已经流失的客户回心转意、重新成为企业忠诚客户的行动。

研究显示，向流失客户销售，每4个中会有1个可能成功，而向潜在客户和目标客户销售，每16个才有1个成功。其中的原因主要是：一方面，企业拥有流失客户的信息，他们过去的购买记录会指导公司如何下功夫将其挽回，而对潜在客户和目标客户，公司对其的了解要少得多；另一方面，流失客户毕竟曾经与企业打过交道，对企业有了解、有认识，只要企业纠正了引起他们流失的失误，他们还是有可能回归的。可见，争取流失客户的回归比争取新客户容易得多，而且只要流失客户回头，他们就会继续为企业介绍新客户。

## 三、流失客户的处理误区

企业往往容易在一些数字面前迷失方向，一旦出现客户流失，尤其是流失客户的数量较大（即便这个数量在客户总数中占比并不大）时，企业就会如临大敌，惊慌失措，容易出现许多不理性的行为与对策。这些主要表现在以下三个方面。

### 1. 盲目争取挽留所有流失客户

在处理流失客户问题时，商业化的原则往往容易被忽视。首先表现在企业不估算客户流失损失盲目争取挽留所有流失的客户。从理论上讲，客户流失的损失与客户的终身价值以及客户保持时间有关，客户的终身价值越大，则客户流失的损失越大；客户保持的时间越长，则客户流失的损失越小。在其他条件不变的情况下，客户流失损失与客户终身价值成正比，与客户保持的时间成反比。

由此可以看见，不同的客户由于其不同的终身价值、处于不同的阶段和环境，对于企业而言利润损失是不同的，企业应该竭力挽留、争取损失大的客户，损失小的客户可以自然放弃，无须花费太多的精力和财力。

### 2. 不择手段

忽视商业化原则的表现是不区分客户流失原因和不估算挽留手段的成本与后果不择手

段挽留流失客户。客户除了因不满意而流失外，还存在其他客观方面的原因，如渠道、竞争和生理原因等。而且，即便是因为不满意而流失的客户，其具体不满意的原因也有所区别，可能是对流程方面的不满意，也可能是情感方面的不满意，还可能是综合原因。

不同的原因所需的对策不同，企业不能一刀切，不分清原因强加挽留。同时，不同挽留手段的成本与后果是不同的，企业经常使用的降价、促销、积分、俱乐部计划等手段的成本和所产生的后果是不同的，而且同一种手段对不同的客户所引起的成本和产生的效果也可能是不同的。

### 3. 典型的事后驱动

对客户流失的处理往往是在客户流失已经成为事实之后进行的，没有预防，只有补救，没有与客户的信息库有机地结合起来，企业十分被动。

# 任务二　流失客户的挽回

客户关系的挽救可以从“点”上着眼——找出客户流失的原因及关系破裂的症结，然后对症下药，亡羊补牢，有针对性地采取有效的挽回措施。

首先，如果企业能够深入了解、弄清客户流失的原因，就可以获得大量珍贵的信息，发现经营管理中存在的问题，就可以采取必要的措施，及时加以改进，从而避免其他客户地再流失。相反，如果企业没有找到客户流失的原因，或者需要很长的时间才能找到流失的原因，企业就不能及时采取有效措施加以防范，那么这些原因就会不断地“得罪”现有客户而使他们最终流失。因此，企业要在第一时间积极地与流失客户联系，了解流失的原因，弄清问题究竟出在哪里，并虚心听取意见、看法和要求，让客户感受到企业的关心。

其次，企业要根据客户流失的原因制定相应的对策，以挽回流失的客户。企业只有充分考虑流失客户的利益，并站在流失客户的立场上，对不同原因的流失客户有针对性地采取有效措施才能挽救破裂的客户关系。

企业要根据实际情况，参照流失客户的要求，提出解决的具体方案。

## 一、人际关系引起的客户流失挽回

### 1. 客户采购人员跳槽

长期客户关系与客户采购人员有密切关系，销售人员如果将客户关系局限在某个人上（如客户采购经理），风险是很大的，会受到辞职、工作调动、生病、环境、情绪，甚至法律等因素的影响。如果将与客户的个人关系扩大到组织层面（如客户的总经理、技术部门、使用部门等），使客户采购人员和客户内部某个人点对点的接触，转变成为企业各部门与客户各部门面对面的接触，无疑也降低了客户采购人员跳槽后也同时带走客户的风险。优秀的客户采购人员常与客户公司中的多个决策人员发展多样性的关系。

### 2. 销售人员跳槽

销售人员跳槽是客户关系解散的重要原因之一，尤其是企业的高级销售管理人员的离职，更容易导致客户关系的破裂及流失。很多企业在客户管理方面做得不够细腻，企业与客户之间的关系牢牢地掌握在销售人员的手中，而企业自身对客户影响相对乏力，一旦销售人员跳槽，老客户也就随之而去。如今，销售人员是每个公司最大、最不稳定的“流动大军”，如果管理不当，往往伴随着客户的大量流失。其原因是这些销售人员手上有自己的渠道，这也是竞争对手所看重的最大个人优势和资源。

为预防原有销售人员跳槽而引起的客户关系解散，企业可尝试采取以下方法。

（1）强化公司与客户的紧密联系

从公司层面，定期进行客户联络、联谊，如举办年中或年终客户总结大会、节假日会餐等，并加强理顺主管与客户的往来渠道，真诚致电或走访客户，寻求支持，使销售人员成为公司政策的忠实执行者，且公司管理者要对业务全过程进行有效的监控指导。在战略合作伙伴关系中，因为客户组织与销售组织之间建立了长期合作的稳固关系，所以销售人员跳槽对客户关系的影响微乎其微。

优秀的销售人员更易于跳槽，但不能因此就认为其是靠不住的。相反，公司应从改善人力资源管理水平入手，采取各种措施吸引和留住优秀的销售人才，这也是优秀公司的一项战略任务。

（2）将客户名单作为商业秘密来保护

客户名单，一般是指客户的名称、地址、联系方式，以及交易的习惯、意向、内容等构成的区别于相关公知信息的特殊客户信息，包括汇集众多客户的客户名册，以及保持长期稳定交易关系的特定客户名册。客户名单是一种经营信息，该信息具有现实的或潜在的商业价值，不为公众所知悉、能为权利人带来竞争优势。只要与客户有关的信息无法从公开的渠道获得，或者虽然能够获得，但是需要付出一定的价值，那么它就可以作为商业秘密获得法律的保护。

企业可以在签订劳动合同时，与员工在劳动合同中约定保守用人单位的商业秘密，或者单独签订保密协议，或者把保守商业秘密纳入企业的日常管理工作中，另外制定企业的保密制度。如果企业没有任何的保密措施，在员工离职之后，仍然与原先企业的老客户相联系，企业将对此束手无策。

**知识拓展**

**《最高人民法院关于审理不正当竞争民事案件应用法律若干问题的解释》规定**

根据我国《最高人民法院关于审理不正当竞争民事案件应用法律若干问题的解释》规定，“客户基于对职工个人的信赖而与职工所在单位进行市场交易，该职工离职后，能够证明客户自愿选择与自己或者其新单位进行市场交易的，应当认定没有采用不正当手段，但职工与原单位另有约定的除外”。“但职工与原单位另有约定的除外”的含义也就是原单位可以与职工签订协议，明确约定其离职后不得再与原客户联系发生交易。这样的约定是具有法律效力的。如果员工违反约定与原客户交易，那就是违约，单位可依据双方的约定来提出诉讼。

（3）提高销售经理的管理能力

在大多数公司，销售人员都是一个特殊的群体，受外界环境影响较大，往往跳槽的频率比较高，公司要留住销售人员，销售经理的工作非常关键。

销售经理除了建议公司设立合理的工资和奖金、顺畅的内部提拔机制外，还可实施传帮带计划，使优秀的销售人员能不断带出更多优秀的销售人员。同时，优秀的销售人员也经常面临着竞争企业的诱惑，所以更加需要经常性地和他们沟通，及时发现离职苗头，帮助没有经验的销售人员做好销售职业生涯规划。

观察发现，频繁跳槽的销售人员升迁的可能性较低，且平均收入要远远低于那些跳槽较少的销售人员。其根本原因是，频繁跳槽的销售人员的职业目标往往不清晰、缺乏合理的职业规划。此外，优秀的销售人员习惯在一个懂得尊重人的上司下面工作，时间一长，大家之间都有了深厚的友谊，其忠诚度会较高。在我国情境下，销售人员的日常工作很繁重，管理者更应该多体谅他们的辛苦，尊重他们的人格，逢年过节给他们发节日祝福短信，体现对其的关怀。

案例

## D公司销售代表的难题

小刘是D电气化公司的一名销售人员，已有很长一段时间没去拜访B公司了，于是他打算去拜访自己的大客户李科长（B公司的采购科长）。与D公司合作多年的李科长向来对小刘都是笑脸相迎，但没想到的是，这次小刘刚一进门，李科长就拉下个长脸，爱理不理的。小刘就纳闷了，难道自己什么地方得罪了李科长？几经笑脸相陪、挖空心思地讨好李科长，却没什么进展。小刘发现情况不妙，肯定是哪个环节出问题了，于是便在B公司四处打听，得知原来是自己产品售后服务没做好。此外，小刘还意外从B公司比较熟的员工那里得知一个惊人且致命的消息：B公司最近有新项目，并且和自己的竞争对手A公司走得比较近。听到这个消息，小刘像热锅上的蚂蚁，心急如焚，不知如何是好。

## 二、竞争对手引起的客户流失挽回

不管合作关系有多强，竞争会减少一部分业务。不管销售人员有多么优秀，肯定存在客户经不住竞争对手吸引的时候。如今市场竞争激烈，为了能够在市场上获得有利的地位，竞争对手往往会不惜以优厚条件来吸引客户。俗话说，“重金之下，必有勇夫”。特别在人员变动、技术变革或合作双方有重大改革的情况下，客户更易受到吸引。

销售人员应居安思危，在客户关系较为稳定时，主动了解竞争对手的行为。应通过各种手段了解竞争对手，如可通过客户的前台查看拜访日志，也可通过与采购人员及客户公司相关人员的闲聊，了解竞争对手情况。销售人员应重点了解竞争对手与客户的交往情况。也可通过市场部门或其他途径，对竞争对手进行深入、细致、全方位地了解。

竞争不仅存在于同行之间，不同行业之间也存在着相互竞争的问题。这种竞争有两种表现形态。一是某种新兴行业、新产品对老行业、老产品的替代。例如，晶体管替代电子管，电视机冲击电影业。所以，电子管生产厂家、电影业的销售人员除了要对同行竞争对手进行了解外，还得重视新兴行业的竞争者。不要同行间比拼得天昏地暗，最后却被新兴行业“一锅端”。

所以，销售人员对非同行企业的种种行为亦不可视而不见或漠然视之，亦需分出一部分注意力去观察它们。

## 三、行业状况引起的客户流失挽回

许多销售人员不了解行业的状况，认为行业发展和自己的销售工作无关，认为监控行业发展状况是高层主管或其他部门的职责。事实上，销售人员既要了解自己公司的行业现状及发展趋势，也要了解战略合作伙伴公司所处行业的概况，这对减少客户流失会非常有益。要深度了解一个行业并非易事，专业销售人员可从以下几个角度循序渐进地了解一个行业。

### 1. 通过做精市场了解行业

销售人员最先接触到经销商、中间商、终端客户等渠道成员，可从渠道成员获得更多的一手信息。之后，也可从竞争对手的交谈中了解原材料、设备、工艺等与产品品质相关的问题。同时，销售人员还需在持续、认真听取其他销售人员现场汇报时，提升能力，扩大视野。事实上，只有少数销售人员愿意认真听取其他人员的市场报告。

此外，还可通过与同行（包括行业内所有企业的销售人员、员工）的交流，了解一些机密信息。一个销售人员如果没有几个熟悉甚至关系很密切的同行，信息可能会比较闭塞。销售人员对行业情报必须非常敏感、非常细心，不断从这些支离破碎的、时断时续的信息中，积累起相关的行业知识，并且不断地去伪存真、去粗取精，才能逐步梳理和提炼出对于行业的有价值的认知。更重要的是，能根据这些认知提出满足客户需求的产品概念，并对公司产品开发进行有效指导。

### 2. 通过二手资料了解行业

很多销售人员有丰富的销售经验，掌握大量一手信息，自认为了解行业，其实他们只不过是知道一些皮毛而已。专业的销售人员会通过参加展览会或行业专业会议或阅读商业杂志、媒体或行业报告收集行业资料，如可阅读《销售与市场》杂志或登录中国营销传播网，了解中国销售行业的发展趋势。

事实上，根据波特五力分析模型，一个行业可以简单地概括为同业竞争者、供应商、客户、潜在进入者、替代品五个方面，除此之外，还包含政府的行业政策。所谓对行业的了解程度，原则上就包括对上述各部分过去、现在与未来发展趋势的把握程度。这是一个相对复杂的体系，并且需要一个庞大的数据库支持。中国很多销售人员对行业数据并不敏感，而跨国公司的销售人员则比较重视行业数据。

### 3. 通过跨行业分析了解行业

销售人员一般不会轻易跨行业跳槽，所以很难积累其他行业的经验。一些咨询专家认为，只做过一个行业的人不可能真正了解这个行业。事实上，行业发展有其共性规律。一个对行业发展共性规律不了解的人难以了解一个行业的突出特点。站在行业外看行业有两个参照坐标：一是本行业在其他国家的成长阶段性和规律；二是国内类似行业的成长规律。在一个行业内部，看不清行业整体，而在行业外反而有可能看清整体。正所谓“像外行那样思考，像内行那样做事”。

优秀的销售人员应通过超强的学习能力和跨行业分析的能力，更有深度地把握行业规律，管理好战略合作关系。

案例

**IBM 前任总裁郭士纳的跨行业分析能力**

IBM 前任总裁郭士纳，在加盟 IBM 之前，完全是计算机行业的门外汉，但他曾在麦肯锡、运通、纳贝斯克食品等多家公司任合伙人或总裁，正是这种多行业的背景，才使他具有超强的跨行业分析能力，迅速抓住 IBM 市场运作的短板：市场冲击力锐减、研发周期缓慢、企业运作成本昂贵、“大锅饭”等，把面临困境的“蓝色巨人”从巨亏中挽救出来，造就 IBM 此后 10 年的辉煌，并把服务观念带给了 IT 业。

## 四、服务细节引起的客户流失挽回

有些销售人员喜欢随意向客户承诺返利、奖励等条件，但不能及时兑现。客户最担心和没有诚信的企业合作，一旦有诚信问题出现，客户往往会选择离开。当然，有些公司迫于经营压力，无暇顾及客户流失问题，可能会造成客户开发的恶性循环：因客户流失，市场规模减小，不仅会打击员工士气，还会损害公司信誉和市场估值；若客户流失速度过快，还可能导致公司破产。

案例

## 餐厅疏忽导致的客户流失

李先生是一位经常出差的商务人士，他每次到某个城市出差时，都会选择同一家餐厅用餐，因为那里的菜品口味和服务质量都让他非常满意。然而，有一次的经历却让他决定再也不去那家餐厅了。

那天，李先生像往常一样来到餐厅，点了他最喜欢的几道菜。然而，当他吃到其中一道菜时，发现里面有一根头发。他立刻叫来了服务员，指出了这个问题。服务员看了一眼，虽然表示了歉意，但只是简单地说了句“对不起，我给您换一盘”，然后就拿走了那盘菜。

没过多久，服务员端来了新的一盘菜。但李先生发现，这盘菜与之前的菜在摆盘和装饰上完全不同，显然是从其他客人那里临时拿来的。这让他感到非常不舒服，因为他觉得餐厅并没有真正重视他的反馈，只是随意应付。

更让李先生无法接受的是，在整个过程中，服务员都没有再次向他道歉或解释原因，只是机械地完成了更换菜品的任务。这种冷漠的态度让李先生感到非常失望，他觉得自己在这家餐厅的消费体验受到了极大的损害。

从那以后，李先生再也没有去过那家餐厅。他选择了其他几家菜品口味和服务质量都不错的餐厅作为新的用餐地点。对于他来说，一个小小的细节问题，就足以让他对一家餐厅失去信任和忠诚度。

这个案例说明，在服务行业中，细节决定成败。一个小小的疏忽或错误，如果不加以妥善处理和改正，就有可能让客户流失，给企业带来巨大的损失。因此，企业必须注重细节服务，关注客户的需求和反馈，不断提高服务质量和客户满意度。

有些销售人员追求自身利益最大化，不注重长期合作，而好的客户关系则应该是建立在长期合作基础上的。还有一些大公司的销售人员会采取“店大欺客”的行为，通过苛刻的销售政策使中小客户难以承受而离去。也有销售人员在推广产品时带有抵触情绪，这样做会使得客户遇到合适时机会选择离开。医药和大型超市连锁企业通常索取高额的进店费用，这让很多小企业承担不起，例如格力空调曾因不满某个电器零售商的价格政策而离开。

除此之外，销售人员对服务细节的疏忽也可能导致客户离去，例如，不及时回电或回复邮件，或者浪费客户的时间。每一次与客户沟通的机会都是宝贵的，销售人员应该真正珍惜每一分钟与客户交流的机会，以提高销售效率。细节问题往往是决定一个销售过程成功与否的关键因素。此外，一些销售人员对待客户会有“贵贱之分”，很多公司设立了大客户管理中心，对小客户则不予理睬。广告促销政策也倾向于大客户，这让很多小客户感到不公平而离开。然而，事实上，从小客户身上获得的纯利润通常比大客户高。

此外，还有一些销售人员在取得一定销售业绩后会产生自满情绪，认为客户会永远属于自己，因此不再像刚开始做业务时那样努力。例如，可口可乐曾是墨西哥老虎足球队的供应商，多年良好合作导致销售人员服务态度松懈，结果被百事可乐以更好的服务取而代之。一项调查显示，有 3/4 的客户会因为销售员的漫不经心、不够礼貌或粗野的态度而选择其他卖家。而且，这些不满意的客户会向 10 至 20 个人讲述他们不愉快的经历。

## 五、客户体验引起的客户流失挽回

客户体验是客户使用产品或服务过程中最直接的感受，它涉及销售人员或服务人员与客户的每一次接触。客户体验已成为一些企业获取客户认可的竞争武器。

客户体验差是许多企业客户流失的关键问题，其原因很多，如销售人员与客户发生冲突、服务失败等，这些因素都会导致客户体验差，并产生客户不满或流失。

### 1. 客户冲突的表现及化解方法

（1）销售人员与客户冲突的表现

销售人员与客户的冲突问题比客户投诉更为复杂，主要表现为如下方面。

① 诚信问题导致的冲突

诚信问题导致的冲突最常见的冲突之一。其主要表现在销售人员和客户之间的一方或多方对对方有所承诺，但在实践中却不兑现，因而产生冲突。如销售人员对客户承诺年终有一定的销售返还，但到年终时却不兑现；或者客户说好货到付款却不兑现等。

② 渠道控制冲突

渠道控制冲突主要是由于销售人员对渠道成员价格不统一，或售后服务不到位等原因使得代理商或中间商之间在市场上互有冲突而造成损失，中间商迁怒于销售人员而产生冲突。

③ 无法满足客户需求导致的冲突

由于销售人员和客户之间的信息不对称，或者双方沟通不到位，有些客户提出的一些需求无法得到满足，而销售人员未能及时解释或解释不到位引起客户不满而导致的冲突。

案例

**软件公司客户流失的原因**

某软件公司采取项目开发与服务方式提供物流软件，经过多年的市场开发形成了一定的用户群。公司通常针对用户的需求特点，实施二次技术开发，确保软件安装成功及试运行稳定，同时培训用户的软件管理及操作人员，使其能够正常使用该软件系统。

由于软件技术不断发展与完善，用户系统也需要不断升级换代。公司根据用户系统特点及安装年限长短，也需要适当收取一定的升级或换代费用。但在升级换代活动中，公司发现原有用户中，18%的用户系统已被竞争对手所替代，45%的用户不做升级换代的考虑，25%的用户放弃该系统方案的使用，只有12%的用户愿意接受升级或换代服务。

面对这种局面，公司大吃一惊，是什么原因造成这样的状况呢？于是，公司成立调研小组实施专项问题调查。调查发现，大部分用户的管理员或操作员使用不当或操作维护技术较低，造成系统不稳定、不适用。同时，厂商售后服务支持量加大，服务常常不及时或脱节，以致系统经常有瘫痪现象，数据丢失屡有发生。而且一旦发生这种情况，系统管理员或操作员因担心自己的责任问题，也将所有过失推在产品身上，造成用户单位对产品不信任。

为了改变这种局面，公司出台“贴心大行动”，针对用户单位的系统管理员或操作员实施常年技能培训，着重培养与提升他们解决实际问题的能力。同时，针对各地区的技术支持要求，与当地软件服务商合作，成立技术服务队，对用户的系统问题提供技术支持等。

“贴心大行动”提高了用户回头率，重新燃起用户单位对公司的信任。在这一基础上，公司的软件升级换代工作顺利进行，也使用户系统在新技术的支持下更稳定、更好用。

④ 突发事件引起的冲突

在合作过程中，难免发生一些突发事件，如一些由于交通工具发生问题导致的送货不及时，在产品使用过程中仍可能出现安全问题而引发的冲突等。

（2）销售人员如何化解与客户的冲突

销售人员需要特别注意，上述冲突可能会破坏双方的信任，导致关系解散，应努力避免。具体可采取以下步骤来化解冲突，见表6-2。

表6-2 化解冲突的步骤

| 步骤 | 具体措施 |
|---|---|
| 积极面对 | 对于已发生的冲突，销售人员应积极面对，逃避无助于冲突的解决，甚至会使冲突升级 |
| 理性思考 | 在面对冲突时，作为销售人员一定不能自已乱了方寸，一旦乱了方寸，则会出现六神无主的状态。销售人员首先应使自己冷静下来，仔细思考一下冲突发生的来龙去脉，分析原因，找出要点 |
| 权衡利弊 | 权衡利弊并不是要求销售人员思考怎样做对自己更有利，而是要求销售人员着重思考怎样做对冲突双方维持现有的合作关系有利，并对双方未来的工作更有利 |
| 化解问题 | 化解冲突的关键是时间要快、行为上要灵活、态度要友善、立场上要坚定、补偿上应稍多于期望 |

### 2. 服务失败及补救

优秀的销售人员通常主动为客户服务，从售前的需求挖掘、售中的销售介绍与售后的冲突与投诉处理等各个环节，积极为客户提供满意的服务。服务所包含的一系列环节和大量因素都会对客户的服务体验产生影响，并最终影响到客户满意。客户与服务组织接触的每一个点（即关键点），都会影响到客户对服务质量的整体感觉。所以，不管销售人员多么优秀，仍会遇到服务失败的情况。对每一次服务失败，销售人员都不能置之不理，而要积极努力去挽回，即进行服务补救。销售人员可针对关键点制订服务补救计划。该计划一般包括如下五个步骤。

（1）道歉

服务补救开始于向客户道歉。当销售人员感觉到客户的不满时，应主动向客户道歉。道歉在一定意义上意味着承认失败，一些销售人员不愿意这样做。可是销售人员必须认识到自己有时确实无能为力。因为服务是易变的，存在失败的风险是服务工作的固有特征。承认失败，认识到向客户道歉的必要性，真诚地向客户道歉，能让客户深切地感知到他们对销售人员的价值，并为重新赢得客户好感的后续工作铺平道路。

（2）紧急复原

紧急复原是道歉的自然延伸，也是不满的客户所肯定期望的。客户希望知道，销售人员将做哪些事情以消除引起不满的根源。

（3）移情

当紧急复原的工作完成后，就要对客户表现一点移情，即对客户表示理解和同情，能设身处地地为客户着想，这也是成功的服务补救所必需的。销售人员应对愤怒的客户表示理解，理解因服务未满足客户需求而对客户造成的影响。

（4）象征性赎罪

用有形方式对客户进行补偿，比如送个礼物表示象征性赎罪，可以用赠券的形式发放礼物，如一份免费的点心兑换券等。象征性赎罪的目的不是向客户提供服务替代品，而是告诉客户，销售人员愿意对客户的失望负责，愿意为服务失败承担一定的损失。

（5）跟踪

销售人员必须检验其挽回客户好感的努力是否成功，跟踪使销售人员获得了一次对补救计划自我评价的机会，以识别哪些环节需要改进。

当然，并非每一次客户不满都需要上述五个步骤。有时，客户仅仅是对服务的某一个具体环节有点儿失望，这时只要采取前两个步骤就可能达到服务补救的目的。而另外一些情况，客户被销售人员的服务态度所激怒，则需要采取服务补救的全部五个步骤。

## 六、大客户关系的流失挽回

并非每一位流失客户都是企业的重要客户，如果销售人员花费大量时间、精力和费用，去挽回一个无法盈利的客户，那就得不偿失了。因此在资源有限的情况下，销售人员应根据客户的重要性，分清轻重缓急，理性对待客户的流失问题。

对低质量客户，应彻底放弃或顺其自然。销售人员的重要任务是从现有客户和潜在客户中识别出哪些客户是低质量客户。

对待关键客户，应尽力挽回。关键客户包括大客户和一些盈利客户。大客户关系的解散会给公司造成巨大损失，因此销售人员要格外重视。

**知识拓展**

### 低质量客户的判定标准

如下为低质量客户的判定标准。

（1）购买较少的产品或服务，但要求高，公司为满足其花费高，不可能带来利润的客户。

（2）偶尔大量购买、极力压低价格而让公司在精力、成本和资源等方面不堪重负的客户。

（3）由于公司战略调整或其他重大问题，无法履行合同的大客户。

（4）要求公司从事毫不相干的业务，严重影响公司的主营业务及核心竞争力的客户。

（5）期望极高，公司无法满足的客户。

（6）无理取闹、损害员工士气的客户。

（7）不讲信誉，给公司带来呆账、坏账，与之建立关系会损害公司形象和声誉的客户。

应对大客户流失的根本点是提升大客户的满意度，进而形成忠诚度，这要从战略和策略两个角度去解决：建立战略合作伙伴关系，有利于形成长久合作机制；策略化运作可以稳固日常合作关系；二者结合才能“长治久安”。有些咨询专家提出如下应对大客户流失的方法。

#### 1. 在企业内建立大客户管理部门

组建专业的管理部门，并实现组织管理职能，这在通信、邮政、银行等很多行业都已实施。为更好地管理大客户，有必要建立有效的工作程序，即企业→大客户管理部门→交叉工作组→大客户。

例如，办公设备巨头施乐公司，拥有250个大客户，这250个大客户的业务就是由大客户管理部来处理的，而其他客户的管理工作，则由一般的销售团队来做。大客户部销售人员的素质、销售及服务方式，会与一般销售人员有较大不同。

### 2. 采取最适宜的销售模式

大客户与企业的合作具有一定的特殊性，而其特殊性就体现在模式创新性、价格特殊性、服务紧密性等诸多方面。而这些特殊性就要求企业最大化接近大客户，掌握客情和需求。为此，很多销售模式应运而生，如以直销为基本特征的俱乐部营销、顾问式销售、定制营销等，这对于把握针对大客户的时间精力投入、信息收集、个性化策略制定以及个性化服务大有益处。

### 3. 建立销售激励体系

企业必须给大客户建立销售激励政策，通过激励使其更加感觉到合作的益处。其实，很多企业把客户划分为关键客户（KA）、重点客户、一般客户等几个级别加以管理，并根据不同级别制定不同的管理政策，目的就是为那些为企业贡献度高的客户予以激励，包括物质激励（如资金、实物等）和精神激励（荣誉证书、奖杯等）。

### 4. 建立信息管理系统

企业有必要引入大客户管理系统，以大客户的信息资料为基础，围绕大客户进行大客户发展分析、大客户价值分析、大客户行为分析、代理商贡献分析、大客户满意度分析、一对一大客户分析等工作。这可以使决策层对大客户的发展趋势、价值趋向、行为倾向有一个及时准确地把握，并能对大客户进行一对一的分析与营销。

### 5. 建立全方位沟通体系

大客户管理部门中的大客户销售人员、客户经理及其主管要定期或不定期地主动上门征求意见，通过与大客户碰面，发现大客户的潜在需求并及时解决。要加强与大客户间的感情交流，根据企业实际，也要定期组织企业高层领导与大客户高层之间的座谈会，努力与大客户建立相互信任的朋友关系及互利双赢的战略伙伴关系，这样有利于化解渠道冲突。

### 6. 不断分析研究大客户

管理大客户要坚持“动态分析，动态管理”的原则，把握大客户动态的同时，也不断创新大客户管理。大客户分析包括大客户发展分析、大客户服务分析、大客户流失分析、大客户费用分析、大客户价值分析、大客户经理分析等方面，这是进行大客户管理决策的基础，也可以“防患于未然”。

### 7. 提升整合服务能力

提升整合服务能力应以客户为导向，包括以下内容：量身打造服务模式（如顾问服务、驻扎服务）；建立服务沟通平台（如网络、电话等）；开通大客户“绿色通道”（为大客户提供便利措施）；强化基本服务（基本服务项目保障）；提供增值服务（不断为客户创造产品之外的新价值）；建设企业服务文化（企业内部文化传播和对客户传播）；提供完善的服务解决方案等。

## 课后实践

学习完本项目的内容后，认真完成表 6–3 的实践清单。

表 6–3　实践清单

| 客户流失挽回实践 | |
|---|---|
| 实践任务 | 假设你是某公司的市场部经理，最近发现一些客户因为对销售人员在服务细节方面的不满而选择离开。你的任务是挽回这些客户，恢复他们的信任和忠诚度 |
| 实践目标 | （1）了解客户对销售人员在服务细节方面的不满意见；<br>（2）开展一系列行动，改善销售人员在服务细节上的表现，以满足客户的需求；<br>（3）与离开的客户重新建立联系，恢复他们的信任和忠诚度 |
| 实践步骤 | （1）针对已离开的客户进行调查或个别面谈，了解他们离开的具体原因，特别是与销售人员在服务细节方面的不同意见；<br>（2）根据客户的反馈和需求，确定销售人员在服务细节方面需要改善的方面，然后制订相应的内部培训计划，提高销售人员在服务细节上的表现和技能；<br>（3）制定明确的服务细节标准和指导原则，确保销售人员知道如何提供高质量的服务，包括回电 / 回复邮件的时效要求，耐心倾听客户的需求，以及避免对客户的不礼貌或粗野态度；<br>（4）创建一个客户反馈渠道，通过电话、在线调查或电子邮件等方式，鼓励客户提供对销售人员服务细节的反馈和建议；<br>（5）定期评估销售人员在服务细节方面的绩效，并根据反馈结果进行有针对性的改进，持续提高销售人员的服务质量；<br>（6）以调查结果和改善措施作为依据，与离开的客户重新建立联系，致以真诚道歉，并告知他们销售人员已经进行了改进并希望能够重新获得他们的信任；<br>（7）在成功挽回客户之后，继续跟进与客户的合作，确保销售人员持续提供良好的服务细节，并建立长期的合作关系 |
| 实践提示 | （1）与销售团队密切合作，确保他们理解和积极参与到改善服务细节的计划中；<br>（2）提供适当的奖励和激励措施，以促使销售人员在服务细节方面表现出色；<br>（3）定期回顾改善措施的效果，并根据需要对计划进行调整和改进；<br>（4）主动向客户索取反馈，了解他们对改进措施的看法，并根据反馈进行相应的调整 |
| 实践总结 | |

## 实践评价

完成以上实践后，认真完成表 6–4 的实践评价。

表 6-4　实践评价

| 评价内容 | 分值 | 得分 |
|---|---|---|
| 参与实践的积极性、主动性 | 25 | |
| 分析能力 | 25 | |
| 沟通能力 | 25 | |
| 对客户流失挽回的掌握程度 | 25 | |
| 教师点评： | | |

## 项目小结

了解客户流失的原因是企业进行客户沟通与服务管理的基础。通过分析客户流失的原因，企业可以采取相应的措施来预防和减少客户流失。

流失客户管理是客户沟通与服务管理的重要组成部分。企业需要制定有效的管理步骤，包括识别流失客户、分析流失原因、制定挽回策略、加强与流失客户的沟通和互动等。这些步骤能够帮助企业挽回流失客户，提高客户忠诚度和销售业绩。

企业在处理流失客户时，需要避免一些常见的误区，如过于依赖挽回策略而忽视其他潜在的挽救措施、忽视客户体验和关系维护等。企业需要注重客户的个性化需求和体验，提供优质的产品和服务，以增强客户的忠诚度和归属感。

如何挽回流失客户是实现企业长期发展的关键。企业需要制定有针对性的挽回策略，如提供个性化服务、加强沟通互动、提供优惠促销等，以提高挽回成功的概率。

客户沟通与服务管理是企业成功的关键之一，企业应该重视客户沟通与服务管理，以适应不断变化的市场环境。

## 思考练习

1. 企业导致客户流失的原因有哪些?
2. 流失客户的处理误区有哪些?
3. 为预防原有销售人员跳槽而引起的客户关系解散公司可尝试哪些应对方法?

# 项目七

# 客户信息管理

## 项目导读

客户信息管理是指企业通过各种途径和方法，收集、整理、存储和管理客户信息的过程。这个过程需要企业建立完善的客户信息管理体系，包括客户信息的收集、整理、存储、使用和保护等环节。客户信息管理是企业成功的关键之一，它可以帮助企业提高客户满意度和忠诚度，从而实现企业的长期发展。因此，企业应该重视客户信息管理的发展和创新，以适应不断变化的市场环境。

## 学习目标

### 知识目标

（1）了解客户信息的来源。

（2）了解客户信息的管理形式。

### 技能目标

（1）掌握统计学、数据挖掘和机器学习等相关技术，能够有效地收集、整理、分析和利用客户信息。

（2）了解数据库设计和管理的基本原理，能够构建和维护客户信息管理系统。

（3）熟悉网络安全、数据加密和隐私保护等相关知识，能够保护客户信息的安全性。

（4）具备处理大规模数据的能力，了解大数据相关的技术和工具，能够从大数据中获取有价值的客户信息。

### 素质目标

（1）学生应具备扎实的专业知识和技能，了解客户信息管理领域的发展趋势和最新技术，能够不断学习和更新知识。

（2）学生应具备独立思考和综合分析问题的能力，能够从客户信息中提取有关客户需求和行为的洞察，并为业务决策提供有效建议。

（3）培养学生与不同部门和团队进行有效地沟通与协作，理解并满足不同利益相关者对客户信息管理的需求的能力。

### 思政目标

（1）使学生了解并遵守相关的法律法规和行业规范，保护客户的隐私权和信息安全。

（2）培养学生秉持诚信原则，正确使用和管理客户信息，确保信息的真实性和完整性。

（3）使学生关注客户信息的合理利用，积极参与个人信息保护和数据隐私的社会讨论和改善。

### 案例导入

#### 4S 店的客户信息管理

常见的客户信息来源主要有三类：客服电话回访、客户满意度调查，以及客户投诉。了解客户信息来源后，还需编制客户信息表。不同客户，其信息内容会有所差异。常见的客户信息表有客户回访跟踪表、客户满意度调查表、客户投诉表等。

在编制客户信息表的基础上，4S 店还需要及时更新客户信息，针对客户需求，及时将客户提出的需求、意见登记在相关表格上。若是重要信息，4S 店还应输入客户关系管理等系统，以便其他部门工作人员可在第一时间接收客户信息。此外，无论是通过电子表格的定期备份、纸质表格的整理归档，还是通过客户关系管理等系统的输出存档，4S 店都要做好信息存档备查工作，避免客户信息遗失。

## 任务一　客户信息的来源与分析

信息是决策的基础，没有准确的信息，就难以做出科学有效的决策。因此，构建客户信息库是企业实施客户关系管理的基础，也是客户关系管理成功的关键。

## 一、客户信息的来源

描述性、营销性和交易性客户数据可以是结构化的文本、语音和图像，也可以是非结构化的数据。客户信息的多样性和丰富性决定了客户管理系统中信息来源的多渠道和多媒体特征。

客户信息来源可以简单地分为企业内部来源和企业外部来源。

### 1. 企业内部来源

客户信息的内部来源主要是企业内部已经登记的客户信息、销售记录、与客户互动过程中的信息、开展电子商务获取的网页信息等。

企业获得客户档案信息资料的一般途径包括如下方式。

（1）从会计部门获取有关客户成本、销售收入、价格、利润等信息。

（2）从销售部门获取客户名单、销售记录、中间商经销情况、客户反馈意见、促销方式运用等信息。

（3）从企业其他部门的市场调研报告中获取客户信息。

（4）企业也可以通过一些活动来采集客户信息。

### 2. 企业外部来源

客户信息的外部来源是企业及客户之外的第三方产生的、与企业密切相关的各种信息。企业获取客户信息的途径包括专业调查公司、消费者研究机构等。随着互联网和传媒技术的发展，企业也可以从互联网渠道及一些专业性的电视节目（如人物访谈、对话、企业展播等节目）、报纸或杂志上获得客户的相关信息。

**知识拓展**

#### 客户信息类型

按信息主体划分，客户信息分为组织客户信息和个人客户信息。企业客户是最主要的组织客户，其信息有企业信息和联系人信息。

1. 企业信息

企业信息主要包括企业基本信息、企业特征信息、业务状况信息和交易状况信息。

（1）企业基本信息包括企业的名称、地址、电话、创立时间、组织方式、资产等。

（2）企业特征信息包括规模、服务区域、经营方向、经营特点、企业声誉等。

（3）业务状况信息包括销售能力、销售业绩、发展潜力与优势等。

（4）交易状况信息包括订单记录、交易条件、信用状况及出现过的信用问题、与客户的关系及合作态度、客户对企业及竞争对手的产品服务评价、客户建议与意见等。

2. 联系人信息包括企业所有者情况（经营管理者、法定代表人）及其姓名、年龄、学历、个性、爱好、家庭、能力和素质等。

## 二、客户信息分析

企业对收集到的各类客户信息应采取多种方法进行分析，从中找出有价值的信息，帮助企业把握客户需求，从而提高客户满意度、培养客户忠诚度、提高企业竞争力。

### 1. 业务信息分析

客户业务信息包括客户的市场信息、销售信息及服务信息。图 7–1 为企业对客户业务信息进行统计分析，可以了解现有客户的业务状况，进而有针对性地满足客户需求。

图 7–1　企业对客户业务信息进行统计分析

（1）客户市场信息分析

客户市场信息分析主要内容见表 7–1。

表 7–1　客户市场信息分析主要内容

| 统计方面 | 统计内容 |
| --- | --- |
| 市场状况统计 | 主要统计某一市场的规模、购买力等信息，或某一区域或产品的客户的基本情况 |
| 营销状况统计 | 主要按人员、部门、地域等指标统计市场推广活动的次数、规模及结果等情况 |
| 市场竞争状况统计 | 主要按地域、规模、市场份额等指标统计竞争对手的地位、数量及实力等情况 |

（2）客户销售信息分析

客户销售信息分析主要内容见表 7–2。

表 7–2　客户销售信息分析主要内容

| 统计方面 | 统计内容 |
| --- | --- |
| 客户销售合同分析 | 主要分析某一客户全部或一段时间内的销售合同及付款情况 |
| 人员或部门销售分析 | 主要按人员、部门或地域分析在一定时间内进行的销售、发货、收款等信息 |
| 产品销售分析 | 主要分析某一产品在一定时间内的销售情况或当前销售、生产计划和库存等情况 |

### 3. 客户服务信息分析

客户服务信息分析主要内容见表 7–3。

表 7–3　客户服务信息分析主要内容

| 统计方面 | 统计内容 |
| --- | --- |
| 客户服务合同分析 | 主要分析客户服务合同的数量、期限、付款等情况 |
| 客户服务情况分析 | 主要按客户或其他标准分析产品质量、技术问题、特殊需求及标准案例等情况 |
| 人员或部门客户支持分析 | 主要按人员或部门分析客户问题处理情况 |
| 产品信息分析 | 主要分析客户反映的产品质量等问题 |

### 2. 经营信息分析

对于上市公司客户来讲，可以对其财务报表进行分析，了解客户企业资本状况和盈利能力，从而了解其过去、现在和未来的经营状况，减少交易风险。其中，主要的分析项目有以下三项，更多分析项目和更详细的分析方法请参考财务报表分析课程或相关图书。

（1）企业偿债能力分析

企业偿债能力是企业用其资产偿还长期债务与短期债务的能力。客户企业偿债能力的大小，是衡量客户企业财务状况好坏的标志之一，分析企业偿债能力是判断客户企业运转是否正常的重要方法。偿债能力是企业偿还到期债务的承受能力或保证程度，包括短期偿债能力和长期偿债能力。

（2）企业营运能力分析

企业营运能力分析是对资金周转状况进行的分析，资金周转得越快，说明资金利用效率越高，企业的经营管理水平越好。营运能力指标包括应收账款周转率、存货周转率、流动资产周转率、固定资产周转率和总资产周转率等。

（3）企业盈利能力分析

盈利能力是企业获取利润的能力，良好的赢利能力是投资者取得投资收益、债权人收取本息的重要保障，是经营者经营业绩和管理效能的集中表现，也是职工福利不断完善的重要保障。反映企业盈利能力的指标主要有销售利润率、成本费用利润率、总资产利润率、资本金净利润率和权益利润率。

### 3. 信用信息分析

客户信用是企业与客户在商品交易中形成的相互信任关系。客户信用信息分析是企业对客户一定时期内生产经营活动中的各种信息进行搜集和整理，采用多种方法对客户的信用品质和偿债能力进行分析，从而在整体上把握客户信用状况的方法。

不同管理机构会根据自身业务特性及目的采取不同的信用评价体系。企业在客户信用评价方面可以借鉴一些大型银行的做法。常用的银行信用评价体系包括 5C 信用评价法、5P 信用评价法，以及 5W 信用评价法等。

（1）5C 信用评价法

5C 信用评价法主要集中在对借款人的品质（character）、还款能力（capacity）、资本实力（capital）、抵押（collateral）和经营条件（condition）五个方面进行全面的定性衡量，以判别借款人的还款意愿和还款能力，见表 7–4。

**表 7–4　5C 信用评价法评价方面**

| 评价方面 | 考察目的 |
|---|---|
| 品质 | 企业和管理者在经营活动中的行为和作风，是企业品质最为本质的反映 |
| 还款能力 | 还款能力包括经营者能力（如管理、资本运营等能力）和企业能力（如运营、获利、偿债等能力） |

（续表）

| 评价方面 | 考察目的 |
| --- | --- |
| 资本实力 | 主要考察企业财务状况，一个企业的财务状况基本能反映该企业的信用特征 |
| 抵押 | 指客户拒付款项或无力支付款项时能被用作抵账的资产，一旦收不到客户的款项，便以该抵账资产进行抵补，这对于首次交易或信用状况有争议的客户尤为重要 |
| 经营条件 | 经营条件大到政治、经济、环境、市场变化、季节更替等因素，小到行业趋势、工作方法、竞争等因素，这些因素都可能影响企业经营活动 |

5C 信用评价法最初是金融机构对客户做信用风险分析时所采用的分析法之一。近年来，5C 信用评价法被更广泛地应用在企业对客户的信用评价中，如果客户达不到信用标准，便不能享受企业的信用优惠或只能享受有限的信用优惠。

（2）5P 信用评价法

5P 信用评价法是从不同角度将信用要素重新进行的分类，包括人品因素（personal factor）、目的因素（purpose factor）、还款因素（payment factor）、保障因素（protection factor）和前景因素（perspective factor），见表 7–5。

表 7–5　5P 信用评价法评价方面

| 评价方面 | 考察目的 |
| --- | --- |
| 人品因素 | 主要衡量借款人的还款意愿 |
| 目的因素 | 主要分析贷款的用途，评价借款人的举债情况 |
| 还款因素 | 主要衡量借款人的还款能力 |
| 保障因素 | 主要分析贷款的抵押担保情况和借款人的财务实力 |
| 前景因素 | 主要分析借款人所处的行业、法律、发展等方面的宏观环境 |

（3）5W 信用评价法

5W 信用评价法是从借款人（who）、借款用途（why）、还款期限（when）、抵押担保（what）及如何还款（how）等方面对客户信用进行衡量。5W 信用评价法是西方商业银行常使用的信用评价方法，商业银行在每笔贷款发放之前都要从这五个方面对客户进行信用审查，见表 7–6。

表 7–6　5W 信用评价法评价方面

| 评价方面 | 考察目的 |
| --- | --- |
| 借款人 | 着重了解借款人本身情况，包括信用状况、还款能力、企业经营状况等 |
| 借款用途 | 要求弄清楚借款人借款的用途和目的 |
| 还款期限 | 要求确定放款期限的长短 |
| 抵押担保 | 确定借款人以何物作为抵押担保品 |
| 如何还款 | 要求了解借款人偿还借款的方式 |

**知识拓展**

### 客户信用评价

在实际工作中，企业在对客户进行信用等级评价时，可以依据回款率（应收账款）、支付能力（还款能力）、同业竞争品牌情况三项指标来进行。另外，还要根据客户执行企业销售政策、送货和服务功能、不良记录情况，以及第三方企业信用信息查询平台（如企查查等）提供的客户经营风险、法律风险及监管风险等多因素对其信用等级进行修正。

根据评价结果并结合实际情况，可以把客户分为 A、B、C、D、E 五级。A 级是最好的客户，B 级次之，C 级一般，D 级较差，E 级最差。对不同信用等级的客户，企业应该区分对待。企业客户信用等级评价的最终目的是利用信用等级评价对客户进行有效管理，即对不同信用等级的客户采取不同的销售管理政策。

# 任务二　客户信息管理概述

## 一、客户信息的管理形式

客户信息管理

客户数据库是按一定的数据模型组织、描述和存储，可共享的数据集合，是数据库系统的重要组成部分。客户数据库系统将有关反映客户信息的大量数据以表（字段、记录）的形式存储于数据库中。用户可以通过应用程序向数据库发出查询、统计、打印等命令，以满足企业对各种有用信息的不同层次需要。

客户数据库管理系统是帮助企业建立、使用和管理客户数据库的软件系统。一般来讲，客户信息库包含的信息越多，其作用也越大，但构建和维护客户信息库的成本也会越高。

企业构建客户数据库有助于巩固企业市场竞争地位、提高企业新产品的研发能力、培养客户忠诚度、降低运营成本、提高营销效率、增强企业核心竞争力。

完备的客户信息是企业的财富，在保持客户关系方面具有重要的作用，对企业各部门及最高决策层的决策也具有重要的指导意义。客户信息管理是将客户各项信息加以记录、保存，并对其进行分析、整理和应用，以此来巩固企业与客户之间的关系。传统的客户信息通常采用纸质档案进行管理，现代客户信息则采用数据库进行管理。

客户数据库构建完成后，企业信息管理人员还需要对客户数据库进行更新与维护，以便更好地存储与分析客户信息。

### 1. 客户数据的更新

数据分析是一个动态的过程，若数据库资料没有及时更新，几乎等同于失去了使用价值。为保证客户数据库信息的有效性和正确性，管理人员平时应及时更新各种客户交易资料、客户反馈信息以及从其他可靠信息渠道获得的实时资料。除了要不断地更新信息、定期删除陈旧过时的信息之外，企业信息管理人员还要对数据库本身进行维护，如对现有表格进行增补、更改和删除等。如果数据库表格经常被替换，还需要备份以前的文件记录。

### 2. 客户数据库的维护

客户数据库要想正常运转，少不了维护工作。客户数据库维护通常包括日常维护、定期维护和故障维护等工作。客户数据库的维护标准有可用性、安全性及容灾性，见表 7–7。

表 7–7　客户数据库的维护标准

| 标准 | 分析 |
| --- | --- |
| 可用性 | 如果客户数据库服务器出现宕机现象，客户关系管理活动就会受到严重影响。为确保客户数据库的可访问，企业需要进行 24 小时全天候的监控并设置系统冗余 |
| 安全性 | 客户数据库中所存储的客户信息是企业重要的信息资源，客户也会因为隐私信息的外流而对企业失去信任。因此，保障客户信息的安全是企业的头等大事 |
| 容灾性 | 一套设计良好的容灾恢复计划能让企业在遭遇突发情况后妥善恢复客户数据库中的信息。因此，要根据安全规范定期备份客户数据库信息。在条件允许的情况下，进行异地备份 |

## 二、大数据时代的客户信息管理

随着客户关系管理系统的应用，企业拥有了越来越多的客户数据。虽然这些庞大的数据可以帮助企业更好地理解并预测客户的行为，但如何有效管理并应用这些数据是企业不得不考虑的问题。

### 1. 数据仓库

人们每天的行为都会产生大量的数据。消费者每次浏览网页、搜索等，都会产生大量数据，这些庞大的数据可以帮助企业更好地理解并预测客户的行为。

数据仓库是一个面向主题的、集成的、非易失的、随时间变化的数据集合，用于支持管理决策。

数据仓库是为企业决策提供支持的数据集合。数据仓库是出于决策支持的目的而创建的，它以大型数据管理信息系统为基础，存储从企业业务数据库中抽取的数据，如图 7–2 所示。数据仓库的特性如下。

图 7–2　数据仓库

（1）面向主题

在数据仓库中，所有的数据都是围绕一定的主题进行组织的。例如，销售业务中用来分析消费行为的模块就是一个主题，数据仓库就是用来解决消费行为分析这一主题的。

（2）集成性

数据仓库中存储的数据是从分散的各个子系统中提取出来的，并不是原有数据的简单复制，而是经过加工或处理过的数据集成。这些集成的数据具有统一的格式、表示方式和代码含义，并用相同的单位来表示。

（3）稳定性

数据仓库中的数据记录了从开始使用数据仓库起的所有数据，反映了企业各个时期的信息，是企业随时间动态变化的数据。在数据仓库中，系统主要进行数据追加操作，数据仓库中的数据一旦被写入，几乎不再被更改，除非数据有错误。

（4）变化性

数据仓库中的数据会随时间变化而变化，而数据的历史版本仍然被保留在数据仓库中。随着时间的变化，数据被不断地综合，以适应分析的要求；当在数据仓库中的数据超过数据仓库的存储期限，或对分析和处理不再有用时，这些数据才会被删除。

数据仓库的四个特性反映了数据仓库支持决策分析的本质特征——数据仓库是客户关系管理的技术核心。如果传统数据库系统的重点与要求是快速、准确、安全、可靠地将数据储存在数据库中，那么数据仓库的重点与要求就是能够准确、安全、可靠地从数据库中取出数据，经过加工将其转化成有规律的信息，供管理人员进行决策。

**知识拓展**

### 数据仓库与数据库的区别

数据仓库与数据库在许多方面有很大的差异，具体表现如下。

1. 目的不同

数据库用于在线事务处理，面向业务操作，如民航订票系统和银行ATM机的查询操作等；数据仓库面向数据分析和决策支持，如进行消费趋势分析等。

2. 存储方式不同

数据库中的数据是以数据表的方式进行存储的；数据仓库中的数据是以数组的方式进行存储的。

3. 数据操作不同

数据库是针对交易型数据设计的，它关注的是短期内每一笔交易的细节信息，并对这些交易记录进行增、删、改的操作；数据仓库一般只涉及从数据库中抽取必要数据，然后对其进行分析的操作，并不涉及对数据进行增、删、改等操作。

4. 完成任务要求不同

数据库要求具有实时性、交互性；数据仓库则需要涉及大范围的数据计算，以及复杂的、基于多个层次的查询语言。

5. 响应时间不同

数据库用来进行联机事务处理，对时间要求高，一般要求响应时间越短越好；数据仓库用来进行联机分析处理，运算时间可以长些，响应时间合理即可。

可以看出，建立数据仓库的目的并不是取代原有数据库，而是为了构建面向分析的集成化数据环境，为企业提供决策支持。

### 2. 客户数据仓库

在客户关系管理系统中，客户数据仓库占有重要的地位。从某种意义上说，数据仓库是客户关系管理的灵魂。利用数据仓库，企业可以对客户行为进行分析与预测，从而制定准确的市场策略，实现企业利润的增长。

客户数据仓库是面向客户分析的集成化数据环境，能为企业进行客户管理提供决策支持。客户数据仓库能把分散在企业内外部的客户数据集成起来，向企业及其员工提供有关客户总体的描述。分散在企业内部的信息主要存在于订单处理、客户支持、营销、销售、查询等环节；分散在企业外部的信息有人口统计信息、地域人口消费水平、客户信用等。建立客户数据仓库的目的就是把这些信息集成起来，用于企业决策分析。

案例

**淘宝客户数据仓库**

淘宝等电商网站平台利用电商客户数据仓库收集到的各类业务日志、用户行为日志以及商品名称及描述等信息，按照实际业务需求设计算法模型，通过生意参谋为下游需求用户提供诸如市场行情数据分析、搜索排行分析、搜索人群分析、竞争品牌分析、地域消费特点分析、客户消费习惯分析等数据化营销信息；同时利用客户数据仓库数据进行数据挖掘，采用智能推荐算法为买家推荐首页商品，通过千人千面技术实施精准营销。

（1）客户数据仓库的功能

企业建立客户数据仓库可以实现以下几个方面的功能。

①保留客户

在客户群中，并不是所有的客户都具有保留价值，因此，企业要通过分析数据仓库中的数据找出最具价值的客户，并针对这些客户制定相应的客户保留政策。

②降低管理成本

数据仓库的应用使数据的统一、规范管理成为可能，同时，数据仓库提供了快速、准确的查询工具，大大降低了企业的管理成本。

③ 分析利润增长

利用数据仓库，企业可以通过分析历史趋势发现产品销售与客户类别的关系，以及利润增长与客户类别的关系。

④ 增强竞争优势

企业可以利用数据仓库的历史数据分析市场变化趋势，特别是客户需求变化趋势，及时调整产品策略以适应客户需求，增强企业竞争力。

（2）客户数据仓库的系统结构

客户数据仓库系统包括的内容见表 7-8。

表 7-8　客户数据仓库系统包含的内容

| 方面 | 内容 |
| --- | --- |
| 用于数据仓库建设的源数据 | 客户信息、客户行为、生产系统及其他相关数据 |
| 分析数据设备 | 数据仓库与数据集市 |
| 分析和挖掘引擎 | 数据挖掘和联机分析处理服务器 |
| 前端应用 | 查询服务、高级报表、多维分析、大数据分析与数据挖掘服务、客户流失预警、商业智能等 |

（3）客户数据仓库的应用

客户数据仓库是客户关系管理的“灵魂”，客户数据仓库在客户关系管理中的应用主要体现在客户行为分析、重点客户挖掘、个性化服务和客户流失预警等方面。

① 客户行为分析

企业的客户千差万别，众多的客户根据行为上的不同可以被分为不同的群体，这些群体有着明显的行为特征。对同一产品，不同群体客户的交易行为也有很大差别。不同的产品组合和不同的交易行为，对企业价值的贡献大小也不相同。企业对客户行为不仅要进行群体特征分析，而且还要进行行为规律分析，为企业在确定市场活动的时间、地点、合作商等方面提供依据。

② 重点客户挖掘

重点客户挖掘的目标是找出对企业具有重要意义的客户。重点客户主要包括以下几类，见表 7-9。

表 7-9　重点客户的分类

| 分类 | 价值 |
| --- | --- |
| 潜在客户 | 有价值的新客户 |
| 交叉销售客户 | 对企业其他产品或服务也有需求的同一客户 |
| 增量销售客户 | 未来会更多地使用同一种产品或服务的客户 |

③ 个性化服务

企业应用客户数据仓库，可以为企业管理人员提供客户偏好和购买习惯等信息，可以帮助企业为客户提供个性化服务。

④ 客户流失预警

企业数据仓库通过对客户历史交易行为的观察和分析，能够发现客户异常购买行为，从而可以对客户流失进行预警。例如，一位老客户的购买周期或购买量出现萎缩变化时，有可能就是客户流失的一个迹象。

## 三、客户信息安全管理

客户关系管理系统会收集、处理海量客户数据，这些数据是企业进行客户管理的重要资源，但也会涉及个人及企业隐私。基于云计算的客户关系管理系统的广泛应用，使得用户数据收集及分析都在互联网上进行，这就增加了保证客户信息安全的难度。

### 1. 客户信息安全

客户信息的重要性已被企业广泛认识，客户信息系统也在企业中得到了广泛的应用。企业对客户信息系统越来越依赖，这使客户信息安全问题成为企业信息管理中越来越重要的内容。

客户关系管理系统存储了大量的客户商业信息，这些信息对于任何企业而言都是重要的资产。所有与客户有关的部门都会使用这些信息，例如，销售、营销、服务职能部门等。如果这些信息丢失、损坏，企业业务流程就有可能停止并遭受灾难性损失。云计算技术在客户信息系统中得到了广泛的应用，这也使得客户信息面临着更多网络安全威胁，如交易信息被截获与窃取、信息被篡改或丢失、交易信息被假冒、客户信息被泄露及信息系统中断等。

（1）客户信息安全问题产生原因

一般情况下，客户信息安全问题产生的原因有以下几点。

① 自然灾害或电源不正常引起的软硬件及数据损坏。

② 操作失误导致的软硬件及数据损坏。

③ 黑客或病毒侵扰导致的软件及数据损坏或泄露。

④ 人为无意或故意造成的系统软硬件及数据损坏或泄露。

**拓展阅读**

**互联网是一柄双刃剑**

在“万物互联”的大数据时代，新型网络产品在给用户带来便利的同时，也给用户带来了信息泄露的困扰。在进行互联网服务过程中会将大量用户的身份信息、消费信息、位置信息保存在相关的网络信息库中，用户信息被非法滥用的情况也日渐增多。实时竞价系统就是一个典型的例子。

实时竞价系统是一种利用第三方技术在数以百万计的网站上针对每一个用户的行为进行评估以及出价的竞价技术。实时竞价系统通过网站和应用程序进行幕后运作，跟踪互联网用户正在查看的内容，并记录用户登录的网站。科技公司在拿到这些用户隐私数据以后，能够建立相应的用户画像，以此来了解用户需要什么，正在了解什么，并将其推送给相应的广告商以实现精准的广告投放。令人担忧的是，这种广告跟踪模式可能会暴露个人数据并用于识别个人信息，造成隐私泄露。

在大数据时代，互联网是一柄双刃剑，它在给人们带来便利的同时也有其不利的一面。构建安全可靠的互联网，避免个人隐私被检索、发现、滥用和扩散，已成为迫切需要解决的问题。

（2）客户信息安全的标准

随着信息技术的发展，信息安全的内涵在不断丰富，从单一的通信保密，发展到计算机安全及信息系统安全，又发展到对信息基础设施、应用服务和信息内容实施全面保护的信息安全保障。

① 可用性

对于客户信息系统来说，其首要安全问题就是要确保使用者能够访问信息系统。大多数安全攻击以信息的可用性为首要攻击目标。例如，对服务器的攻击会使服务器资源处于繁忙状态，从而导致用户无法访问。

② 完整性

客户信息系统要保证系统内的信息不缺失，这可以利用各种措施来保障，如正确地管理用户、保留事务日志、定义业务规则以及在数据被存入数据库管理系统之前进行检查等。

③ 机密性

客户信息系统要确保客户信息安全。没有被授权的人是不可访问信息的。对于存储在设备或网络中的客户数据信息，企业需要采取多种技术手段对这些信息进行加密。

④ 真实性

在客户信息交互过程中，要确保参与者的客观存在，即所有参与者都要为自己的信息行为负责，不能否认或抵赖曾经完成的操作和承诺。

⑤ 可控性

可控性要求客户信息和客户信息系统时刻处于系统管理员的有效控制之下，系统管理员对客户信息的传播及内容具有控制权。

### 2. 客户信息安全管理系统

企业客户信息安全管理措施要确保所有数据对象的安全，并能有效阻止或防范黑客攻击。安全设计问题的一个解决方案就是认证和授权，即访问控制。只有访问控制还不能提供足够的安全保障，因为还有可能忽视了潜在的内部威胁。为实现全面的客户信息安全，需要建立客户信息安全管理系统，形成一个完整的安全框架。

（1）客户信息安全管理的技术手段

客户信息安全管理的技术手段比较多，常见的有以下几个。

① 加密技术

加密技术是信息系统采取的一种安全保密措施，是常用的安全保密手段，它利用技术手段将重要的数据加密传送，到达目的地后再用相同手段解密。

② 安全套接层协议

安全套接层协议是基于 Web 应用的安全协议，包括服务器认证、客户认证、安全套接层链路上的数据完整性和安全套接层链路上的数据机密性。对于互联网客户信息传输来说，使用安全套接层协议可以保证信息的真实性、完整性和机密性。

③ 防火墙技术

防火墙是一种有效的网络安全模型，它可以使企业内部局域网与互联网或者与其他外部网络互相隔离、限制网络互访，从而达到保护内部网络的目的。防火墙在本地网络与外界网络之间建立一道防御系统，能最大限度地阻止黑客的入侵或攻击。

④ 安全认证技术

常见的安全认证技术主要有数字摘要、数字信封、数字签名、数字证书等。其中，数字证书是标志网络用户身份信息的一系列数据，用来在网络通信中识别通信各方的身份。数字签名可以确保网上传递信息的机密性和完整性，以及交易实体身份的真实性和签名信息的不可否认性，从而保障网络应用的安全性。

**知识拓展**

### 客户信息安全的相关政策

客户信息安全政策是企业在整个信息生命周期中确保信息安全的总体文件，也是制定客户信息安全策略的依据。客户信息安全政策提供企业内的客户信息所需遵守的指示和政策，可为员工和业务的运行提供一个安全的信息环境。企业要根据客户信息安全政策制定相应的信息安全制度，并保证制度的有效落实。

（2）客户信息安全管理的 PDCA 循环

客户信息安全管理系统包括一系列安全计划及其实施的过程，用来发现并消除安全漏洞以确保信息的可用性、完整性、机密性、真实性及可控性。客户信息安全管理系统应长期有效并能够适应内、外部环境的变化，以实现持续改进的 PDCA 循环，如图 7–3 所示。

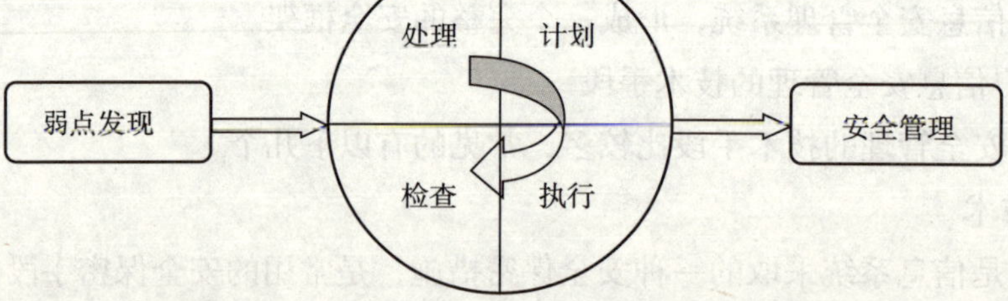


图 7-3　客户信息安全管理的 PDCA 循环

① PDCA 循环的计划阶段包括风险分析、设计客户信息安全管理系统并选择恰当地降低风险的方法。

② 执行阶段要进行风险控制以应对安全威胁。

③ 检查阶段应对客户信息安全管理系统的表现和有效性进行检查和测量。

④ 处理阶段要对检查阶段获得的信息进行修正以改善客户信息安全管理系统。

客户信息安全管理的 PDCA 循环是一个用来改进客户信息系统安全并提升客户信息系统安全能力的循环系统。

### 3. 客户信息管理中的道德和隐私

随着互联网和通信技术的快速发展，客户信息被大量存储和处理，如果这些技术的使用不受任何限制，那么就会产生很多商业问题，如违反企业道德问题和侵犯客户隐私问题等。

（1）客户信息管理中的道德问题

企业经营活动的指导思想是处理好企业、客户和社会的利益关系。企业道德用来判定企业营销活动是否符合消费者和社会利益。不道德行为会破坏客户对企业的信任，给企业发展带来严重打击。忽视道德问题会导致信任危机，进而影响企业和整个行业的衰退。以互联网企业发展为例，一些企业在追求规模和利润的过程中，忽视了法律与商业道德的约束，最终走向没落。

**知识拓展**

**人脸识别技术频遭质疑**

随着人脸识别技术飞速发展，人脸识别技术在很多领域得到了广泛应用。这些应用场景包括手机解锁、小区门禁、公司考勤、安检通行、自助取款、无人超市、办税认证、养老金领取、犯罪嫌疑人追踪、考生身份验证、驾驶员身份信息认证等。

人脸识别技术应用面广、影响力大。但随着人脸识别技术的普及，人脸识别的弊端逐步显现。与指纹识别相比，人脸识别最大的不同在于它无须接触即可发生作用，并且不需要征得被识别者的同意。这意味着，企业、组织甚至个人可以不经当事人同意甚至在当事人不知情的状况下读取并搜集信息而侵犯当事人隐私，甚至有可能用其套取个人账户现金，从事金融犯罪。

2021年11月1日，我国首部针对个人信息保护的法律《中华人民共和国个人信息保护法》开始施行。该法律明确了在公共场所安装图像采集、个人身份识别设备，应当为维护公共安全所必需，遵守国家有关规定。所收集的个人图像、身份识别信息只能用于维护公共安全的目的，不得用于其他目的，取得个人单独同意的除外。

（2）客户信息管理中的隐私问题

随着移动技术的发展，“互联网+”、大数据、云计算、区块链等新兴技术广泛应用，改变了人们的生活。数字化给人们带来便捷，但也暴露了个人隐私。

客户关系管理涉及客户数据的收集、存储、管理，用于建立互利互惠的关系。在处理数据时，企业必须尊重客户隐私权，符合数据安全标准，不可滥用客户数据。

目前一些企业在客户关系管理中存在收集过度、滥用客户数据等侵犯隐私权的问题。企业应注意不侵犯客户隐私权。

在利用客户信息进行数据挖掘时，企业需在法律允许范围内收集信息，提供客户访问、更新个人信息的机制，采取身份验证措施，并限制不安全访问。在使用客户信息前，应事先告知客户，尊重客户自由选择是否接受市场调查。企业还有责任保护客户信息免遭滥用，未经法律许可或客户同意，不能与第三方分享客户信息。

## 课后实践

学习完本项目的内容后，认真完成表7-10的实践清单。

表7-10　实践清单

| 学生信息安全管理技术手段实践 | |
| --- | --- |
| 实践任务 | 为学校设计并实施一套学生信息安全管理技术手段，以保护学生信息的安全性和隐私 |
| 实践目标 | （1）理解信息安全管理的重要性和挑战；<br>（2）掌握一些常用的信息安全管理技术手段；<br>（3）能够设计和实施一套适用的信息安全管理方案 |
| 实践步骤 | （1）研究与了解信息安全管理的基本原理和相关法规；<br>（2）分析当前的信息管理流程和体系，确定需要保护的关键环节和风险点；<br>（3）根据分析结果，选择并设计适用的技术手段，如数据加密、访问控制、身份认证、安全审计等；<br>（4）实施技术手段，包括配置和部署相应的软硬件设备，并确保其正常运行；<br>（5）进行安全测试，检验技术手段的有效性和稳定性；<br>（6）建立和完善信息安全管理的相关制度、规范和工作流程，包括安全培训、日常监控和应急处理等；<br>（7）对实施的信息安全管理技术手段进行评估和优化，不断提升安全管理水平 |

（续表）

| 学生信息安全管理技术手段实践 | |
|---|---|
| 实践提示 | （1）综合考虑技术手段的可行性和成本效益，选择适合自身情况的安全管理方案；<br>（2）重视信息安全意识和培训，提高对信息安全管理的重视程度；<br>（3）与相关部门紧密合作，共同推动信息安全管理的落地和实施；<br>（4）定期进行安全演练和应急预案的制定，降低未知威胁对信息的风险；<br>（5）遵守法律法规和政策，及时更新信息安全管理措施，应对新形势和新挑战 |
| 实践总结 | |

## 实践评价

完成以上实践后，认真完成表 7-11 的实践评价。

表 7-11　实践评价

| 评价内容 | 分值 | 得分 |
|---|---|---|
| 参与实践的积极性、主动性 | 25 | |
| 分析能力 | 25 | |
| 动手能力 | 25 | |
| 对信息安全管理的掌握程度 | 25 | |
| 教师点评： | | |

## 项目小结

了解客户信息的来源是进行客户沟通与服务管理的基础。企业需要关注各种渠道和来源，如市场调查、销售数据、社交媒体等，收集和整理客户信息。这些信息可以帮助企业了解客户需求、行为和偏好，从而提供个性化的服务和解决方案。

客户信息的管理形式对于企业来说至关重要。企业需要选择合适的管理形式，如数据库、信息系统等，建立完善的客户信息管理体系，以确保客户信息的准确性和完整性。同时，企业也需要制定相应的管理规范和流程，以确保客户信息的合规性和安全性。

在大数据时代，客户信息管理面临着新的挑战和机遇。大数据技术能够为企业提供更全面、更精确的客户信息，帮助企业制定更有效的策略和服务。同时，企业也需要关注数据安全和隐私保护等问题，确保客户信息的合规性和安全性。

客户信息安全管理是实现企业长期发展的关键。企业需要建立完善的信息安全管理制度和流程，加强信息安全培训和宣传，提高员工的信息安全意识和技能。同时，企业也需要关注数据备份和恢复等问题，确保客户信息的完整性和安全性。

企业应该重视客户信息管理的应用和发展，以适应不断变化的市场环境。

## 思考练习

1. 企业获得客户档案信息资料的途径有哪些?
2. 数据仓库的特性有哪些?
3. 客户数据仓库的功能有哪些?

# 项目八

# 客户分级管理

## 项目导读

客户分级管理是指企业根据客户的特点和需求，将客户分为不同的等级，并为不同等级的客户提供差异化的产品、服务和营销策略的过程。这个过程需要企业建立完善的客户信息管理体系，对客户进行细分和评估，并根据客户等级制定相应的服务和管理策略。客户分级管理能够提高客户满意度和忠诚度，实现企业的长期发展。因此，企业应该重视客户分级管理的发展和创新，以适应不断变化的市场环境。

## 学习目标

### 知识目标

（1）了解客户分级的原因。

（2）了解客户分级的条件与指标。

### 技能目标

（1）能够收集和整理客户相关的数据，并运用数据分析工具进行客户分析和预测，以支持客户分级决策。

（2）能够有效地与团队成员和其他相关部门进行沟通和协调，确保客户分级策略的顺利实施。

（3）能够灵活运用客户关系管理系统，包括数据导入、查询与分析，以支持客户分级和管理的工作。

### 素质目标

（1）培养学生关注客户需求和体验的素质，以满足客户的期望并提升客户满意度。

（2）培养学生与团队成员良好的协作和沟通能力，共同制定并实施客户分级策略，实现良好的团队绩效。

（3）培养学生的创新思维和解决问题的能力，能够灵活应用不同的客户分级方法和策略，以满足不同客户群体的需求。

## 思政目标

（1）培养学生高度的道德意识和伦理素养，确保客户分级过程中的公平、公正和透明。

（2）培养学生对社会责任的认识和承担，通过客户分级管理，推动公司的可持续发展，创造社会价值。

（3）提高学生对经济发展的理解和认识，通过优化客户管理，提高企业的竞争力和盈利能力，推动经济增长。

## 案例导入

**中国民生银行客户分级策略**

商业银行通过对个人客户进行分级，实施差异化的营销服务早已有之。根据“50%的储蓄存款来源于不到1%的大客户”这一现象，中国民生银行推出了全新的客户分级管理办法。按照客户在银行账户的实际金融资产日均存量，客户被划分为优享客户、银卡客户、金卡客户、白金客户及钻石客户。分级标准如下。

优享客户为金融资产月日均5万元以下的客户；银卡客户为金融资产月日均5万（含）～30万元的客户；金卡客户为金融资产月日均30万元（含）～100万元的客户；白金客户为金融资产月日均100万（含）～600万元的客户；钻石客户为金融资产月日均600万元（含）以上的客户。

其中，金卡客户、白金客户及钻石客户为贵宾客户。不同等级的贵宾客户，其享受的服务也不相同。例如，金卡客户可享受9项增值服务；白金客户可享受15项增值服务；钻石客户可享受22项增值服务。

# 任务一　客户分级概述

客户分级的管理思想是把有限资源向关键客户倾斜，提高关键客户对企业的忠诚度。根据客户分级模型，可以将客户分为重要客户、次要客户、普通客户及小客户。客户分级管理策略是企业在客户分级基础上，依据客户级别不同分别提供不同客户服务的策略。

## 一、客户分级的原因

企业的资源是有限的，在资源有限的条件下，企业要想获得较大的产出，就必须把有限的资源投入能够产生较大价值的客户身上。“以客户为中心”并不代表以所有的客户为中心，这就是客户分级的思想。

客户分级

客户分级是企业在资源有限的条件下依据客户对企业的不同价值和重要程度，将现有客户分为不同等级，并为不同等级的客户提供不同服务的营销策略，如图 8-1 所示。

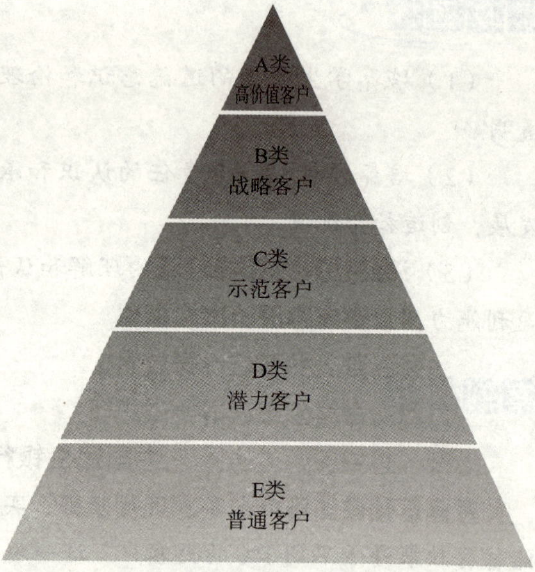

图 8-1　客户分级

例如，某驾校根据不同学员需求，开设尊贵班、VIP 班、普通班等各类班次。尊贵班学费 6 000 元，享受一人一车培训服务，下证时间最快；VIP 班学费 3 500 元，享受四人一车服务，下证时间较快；普通班学费 2 800 元，享受八人一车服务，下证时间较慢。

企业采用客户分级的原因如下。

### 1. 不同客户给企业带来的价值不同

不同客户给企业带来的收益是不同的。对企业来讲，有的客户更有价值。某份统计资料表明，23% 的成年男性消费了啤酒总量的 81%，16% 的家庭消费了蛋糕总量的 62%，17% 的家庭购买了 79% 的速溶咖啡，可以说“二八法则”在生活中无所不在。对于企业来说，其主要利润来自少数客户。

### 2. 不同客户需求不同

不同客户为企业带来的价值不同，他们对企业的需求和期望也会有差别。企业应当区分不同需求的客户，为高价值客户提供有针对性的增值服务。

例如，航空公司将客舱分为头等舱、公务舱和经济舱，每种客舱的客户需求不同，航空公司可以通过制定不同的营销策略，如机票价格差异化、服务差异化等来为不同需求的乘客提供不同等级的服务。

### 3. 不同客户资源分配不同

不同客户实际为企业创造的价值不同，在企业资源有限的情况下，把资源平均分配到每个客户的做法既不经济也不切合实际。让带来价值少，甚至不能带来价值的小客户享受与带来高价值的大客户同样的待遇，会在一定的程度上造成企业资源的浪费，导致企业成本增加。因此，企业没必要为所有的客户提供同样的产品或服务。

**知识拓展**

### 客户分级管理的发展趋势

客户分级管理的发展趋势有助于企业更好地了解客户，并提供更优质的产品和服务，提升客户满意度和忠诚度，促进业务的可持续发展。客户分级管理的发展趋势主要体现在以下几个方面。

1. 数据驱动的客户分析

随着大数据和人工智能技术的迅速发展，企业可以更精确地对客户进行分析和评估。通过对客户数据的深入挖掘和分析，企业可以识别出具有潜力和价值的客户，并制定相应的管理策略。

2. 个性化客户体验

客户越来越注重个性化的服务和体验。企业需要根据不同客户的需求和偏好，提供定制化的产品和服务。通过对客户进行细分和分级管理，企业可以更好地满足客户的个性化需求，提供更好的客户体验。

3. 多渠道互动

随着互联网和社交媒体的普及，客户与企业之间的互动途径日益多样化。企业需要建立多渠道的互动平台，包括线上渠道和线下渠道，以便与客户进行实时、跨时空的沟通和互动。客户分级管理将有助于企业更好地了解客户在不同渠道上的行为和需求，从而优化互动策略。

4. 整合营销和服务

客户分级管理可以帮助企业实现销售和服务的整合。通过对不同级别客户的识别和划分，企业可以有针对性地开展销售和营销活动，并提供相应的客户服务。这种整合能够使企业更高效地利用资源，增加客户满意度和忠诚度。

5. 长期关系建立

客户分级管理的目标之一是建立长期稳定的客户关系。企业通过对客户进行细分和分级，将有针对性地进行客户关系管理，包括客户维护、客户培育和客户发展等方面的工作。长期关系的建立将有助于企业提高客户保持率和复购率，实现可持续的业务增长。

## 二、客户关系管理系统的应用

在客户关系管理工作中，客户关系管理系统很好地体现了客户分级的功能与特色，可以协助企业完成以下工作。

1. 确定合理的客户等级

客户关系管理系统可以根据历史交易的情况，如销售订单的金额或者客户信用状况等指标，从高到低将客户进行排序，按照预定标准，把客户分成A、B、C等级别。在系统自动划分的基础上，企业也可以根据实际情况对等级进行适当的调整。

### 2. 结合生产排程优化产能

当企业无法在同一时间满足不同客户的订单时，企业会面临“先生产谁的订单”这样的选择。当两个客户的订单都要某种材料，而该材料又暂时无法满足两个订单时，企业又会面临“该材料优先给哪个订单”的选择。客户关系管理系统可以自动优先安排高级别客户的订单，以减少不必要的人为决策，从而优化企业产能。

### 3. 制定不同客户等级的营销策略

客户关系管理系统提供了客户分级报表等数据，企业管理者可以了解每一位客户的级别以及每一位客户的分级数据指标，如信用状况、订单金额等。企业管理者可以根据分级数据指标制定相关的策略，如付款条件、价格折扣、供货期等。

### 4. 提供不同等级的售后服务

当不同等级的客户向企业投诉时，客户关系管理系统会把高级别的客户投诉排在前面，让客服部门优先处理高级别客户的投诉，以提高重要客户的满意度。客户关系管理系统还可以根据客户级别的不同，分别设置不同的响应时间。例如，可以规定高级别客户的投诉须在三天内处理完毕，而低级别客户的投诉须在五天内处理完毕，以此提高重要客户的满意度和忠诚度。

**拓展阅读**

**腾讯社交广告游戏行业客户分级服务策略**

腾讯社交广告游戏行业客户分级服务策略如下。

（1）根据行业需求和客户消耗的分布占比，客户级别被划分为四个，分别为SSVIP、SVIP、VIP和KA。

① 季度消耗≥2 500万元的客户为SSVIP客户。

② 季度消耗在750万～2 500万元的客户为SVIP客户。

③ 季度消耗在250万～750万元的客户为VIP客户。

④ 季度消耗在90万～250万元的客户为KA客户。

（2）针对不同级别的客户提供精细化的服务策略，同时进一步扩大高级别客户的服务优势，为高级别客户提供更高品质的运营和数据服务。

## 三、客户分级条件与指标

### 1. 客户分级条件

当客户满足以下三个条件时，企业可以考虑对客户进行分级管理。

（1）客户数量超出企业管理幅度

类似组织中存在的管理幅度，营销人员有效管理客户的数量也是有限的，超过管理幅度的客户需要分配给其他营销人员去开发或维护。一般来说，重要客户可以由专门的客户管理部门或经理来负责，同时企业会给予重点关注；次要客户可以由一般销售人员来负责，给予一般关注即可。

对于不同的行业、不同的产品或服务以及不同的客户，营销人员所能管理客户的幅度也会不同。营销活动越复杂，营销人员的管理幅度就越小。就单笔交易而言，针对企业客户的营销活动要比针对个人或家庭客户的营销活动复杂。

（2）具有多次交易的存量客户

只有客户与企业进行多次交易时，客户才能持续地给企业创造价值。能与企业进行持续交易的稳定客户才是企业利润的源泉。稳定的存量客户群体是企业进行客户分级的前提条件。存量客户会长期购买企业的产品或服务，这种购买一般具有周期性。

企业需要保证能长期生产或销售这些稳定的存量客户所需要的产品或服务，以适应他们的周期性需求。在存量客户群体中，不同客户给企业带来的价值也不同。对存量客户进行分级管理，不仅可以满足其中关键客户的个性化需求，提高他们的忠诚度，而且还可以满足一般客户的基本需求，保证他们的满意度。

此外，企业通过客户分级管理，合理分配企业资源，有助于和存量客户建立长期稳定的关系，避免客户流失。

（3）客户间存在价值差异

一个偶尔与企业接触的客户和一个经常与企业接触的客户对于企业来说具有不同的客户价值。这一价值是根据客户消费行为和消费特征等进行测量的。客户分级的主要目的在于区分出价值最大的客户。客户价值的差异越明显，客户分级的意义也就越大。反之，如果客户之间的价值差异不大，则客户分级的意义也就不大。

例如，小区便利店服务的居民虽然数量多，但都只是零星小额购买的客户，不会出现经常大额购买的客户，客户单次购买额度都比较小。因此，小区便利店对小区居民客户的分级管理意义就不大。

### 2. 客户分级指标

根据不同行业企业的不同需求，企业可以采纳不同的客户分级指标。例如，电商产品客户分级可以围绕购物的一系列关键行为，包括但不限于以购物频率、购买品类、购物金额、购物方式、购后反馈为标准进行分级。一般情况下，企业可以使用以下指标对客户进行分级。

（1）客户订单金额

企业可以根据已有的客户订单金额对客户进行分级。客户订单金额分级指标包括累计销售额、年度（季度、月度）平均销售额、销售额增长率等。企业可以统计近一年或近两年的客户订单金额，然后按照其订单金额从大到小进行排序，按照相应的量化标准划分不同的客户级别。

（2）客户利润贡献

客户利润贡献是企业在分析客户销售额的基础上，考虑企业各项成本，计算出客户给企业带来的利润额。企业要统计一年中客户的订单额以及所购产品的利润率，然后计算出客户给企业创造的利润，按照利润大小进行排序，并按照相应的量化标准划分不同的客户级别。

（3）客户信用状况

客户信用是客户在其经营能力、盈利能力、偿债能力、发展能力等方面所表现出来的诚信状况。了解客户信用状况就是要分别从定性和定量的角度对客户的经营风险和财务风险进行综合分析判断，一般可从客户的经营状况、财务状况及支付状况三个方面来进行调查。企业一般需统计客户最近一年的付款是否及时，是否有拖延付款的情况以及拖延付款的天数与原因，然后根据这些因素来综合判定客户的级别。

（4）客户发展前景

企业可以通过对客户企业性质、资产规模、营业额、发展潜力等因素进行考察，挖掘客户的潜在价值，然后进行判断。对于新客户而言，由于没有历史交易记录，所以企业很难用具体的数据进行决策，只能通过主观判断来确定客户的优先级别。

（5）综合加权

以上几个分级指标各自仅仅是从一个方面进行衡量的，难免有些片面。例如，有的客户信用状况很好，但其一年的订单金额并不大；有的客户订单金额虽然比较大，但其信用状况不是很好，经常拖欠货款，显然这两类客户都未必是高价值客户。因此，企业需要从多个角度来衡量客户的价值，如把以上各个指标按一定的比例进行加权，如客户信用状况占10%，客户发展前景占10%，客户订单金额占30%，客户利润贡献占50%，以100分为基础，然后按综合加权计算的分数从高到低进行排列，以此对客户进行分级。

案例

### 制药企业的客户分级管理

在一家有上千名业务员的制药企业中，不少业务员抱怨：“跟进好多客户但是成交量却很少。”为了解决这个难题，企业管理者根据“客户分级管理”思想对现有客户资源从销售业绩、购买产品类型、合同回款率三个维度进行了评估，将客户价值贡献由高到低分为A、B、C、D、E五个等级。客户分级管理帮助业务员有效处理不同类别的客户需求。业务员在资源有限的条件下，优先跟进高价值客户。企业客户分级管理方法执行一年后，该制药企业的整体销售业绩有了显著增长。

# 任务二　客户分级方法与策略

客户分级的核心是企业把重点资源配置在关键客户上，为其提供上乘服务，培养其对企业的忠诚度。客户分级涉及分级指标，其具体分级方法有客户金字塔模型、关键客户识别与选择矩阵以及 RFM 量化模型。

## 一、客户分级的方法

客户分级可以采用以下方法来进行。

### 1. RFM 量化模型

RFM 量化模型是衡量客户价值的重要工具和手段。在众多的客户关系管理分析模式中，RFM 量化模型应用广泛。该模型通过客户的近期购买时间、购买频率及购买金额三项指标来描述客户的价值并划分等级，如图 8–2 所示。

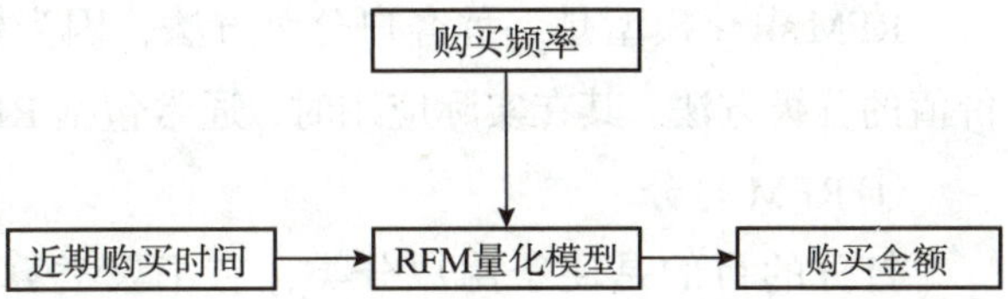

图 8–2　RFM 量化模型

（1）RFM 量化模型变量

根据美国数据库营销研究所亚瑟·休斯的研究，客户数据库中三个量化指标可以直接构成客户价值及等级划分的指标，这三个量化指标分别是近期购买时间（recency）、购买频率（frequency）及购买金额（monetary）。

① *R* 值——近期购买时间

近期购买时间是指上一次的购买时间和今天的间隔，计算公式是：当前日期－上次购买日期。例如，假设今天是 5 月 1 日，而某个客户最后一次购买的时间是本年 4 月 1 日，那么该客户的 *R* 值 =30 天，意味着客户上一次购买发生在 30 天前。通过这个指标，可以判别客户的活跃度。

理论上，*R* 值越小的客户是越活跃的客户，也是价值越高的客户。*R* 值是动态变化的，如果客户一直没有重复购买，*R* 值会逐渐变大。如果客户今天再次购买，那么其最后一次购买时间就变成了今天，*R* 值也变为 0。在移动互联网业务中，也可以用 *R* 值描述用户类型，如活跃用户、休眠用户、流失用户。

② *F* 值——购买频率

购买频率是客户在固定时间内购买的次数。通常，客户购买的次数越多，意味着其对产品越熟悉，接受度越高。通过这个指标，可以判别客户的成熟度。经常购买的客户，通常也是满意度高的客户，客户购买频率的高低能体现客户忠诚度及企业品牌的影响力。

增加客户的购买次数，意味着减少了客户在竞争对手处的购买次数，也意味着从竞争对手处抢占了市场份额。由于 $F$ 值是固定时间内（一般是 1 年）客户的购买次数，而购买频率受限于品类宽度，品类宽度越小，$F$ 值的基数和差异也会越小。

例如，京东如果只卖 3C 数码产品，即便是京东的忠诚客户，其可能 1 年也就买 3 次，现在京东也卖图书和日用品，由于品类选择很多，京东的忠诚客户不但会来买 3C 数码产品，还会来买图书和日用品。由于图书和日用品相对 3C 数码产品而言，其消费周期更短，客户会频繁消费，$F$ 值就可能从 1 年 3 次变成 1 年 5 次。

③ $M$ 值——购买金额

购买金额是指一段时间内，客户累计消费的金额。通过这个指标可简单地看出一个客户对企业的贡献度，其数值越大代表客户对企业的价值贡献越大、购买能力越强，它是最具有价值的指标。需要说明的是，购买金额不一定是收入，它可以是任何与收入直接挂钩的指标。

（2）RFM 量化模型的用法

RFM 量化模型是一种客户分级方法，因为模型中包含 $M$ 值，所以它是一种基于客户价值的分级方法。其在实际应用时，通常包括 RFM 打分、用户分类、分类运营三个步骤。

① RFM 打分

打分的目的是便于用户分类，有了聚类算法后，可以直接用 RFM 的值进行聚类。RFM 打分时需要考虑划分方法，划分的方法有等距离等总数等记录数和均值划分等，需要结合具体业务和数据确定。例如，$R$ 值使用等记录数划分；$F$ 值使用均值划分；$M$ 值使用等总数划分。

② 用户分类

聚类算法有很多种，K-Means 是聚类算法中最常用的一种，其最大的特点是简单、易于理解、运算速度快，适用于连续型的数据。用 K-Means 聚类时，先设定类别数量区间，循环调用聚类算法，得到每个类别对应的轮廓系数，画一个散点图，其最高点对应的类别数就是最合适的分类数量，如图 8-3 所示。

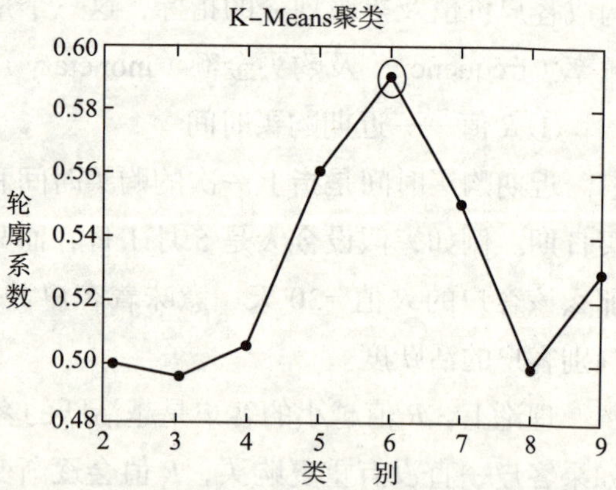

图 8-3　应用聚类算法获取轮廓系数

RFM 量化模型构建的客户类别通常可以分为重要价值客户、重要挽留客户、重要发展客户、重要保持客户、一般价值客户、一般挽留客户、一般发展客户、一般保持客户八个类别。

③ 分类运营

得到用户分类后，营销人员可以针对不同的客户类别制定相应的运营策略。例如，根据聚类算法，客户群体可以聚类为重要价值客户、重要发展客户、重要挽留客户及重要保持客户等类别，对不同类别可采取不同的营销策略。

（3）RFM 量化模型的适用范围

RFM 量化模型较为动态地体现了一个客户的全部轮廓，这为个性化的沟通和服务提供了依据。RFM 量化模型适用于生产多种产品的企业，而且这些产品单价相对不高；RFM 量化模型也适合在一个企业内只有少数耐久产品，但是产品中有部分属于消耗品的情况；RFM 量化模型对于电信运营、航空、保险、物流、餐饮酒店等服务行业也很适用。

案例

### 航空公司客户分级模型应用

国内几乎所有航空公司都推出了自己的常旅客计划，在此基础上构建了大客户服务体系。同时，这些航空公司还借助航空数据对客户进行分级，并为不同价值的客户提供个性化的服务，将有限的资源集中用于高价值客户。

由于消费同样金额的不同旅客对航空公司所产生的价值不同，所以传统 RFM 量化模型并不能反映客户的真实价值，如乘坐长航线、低等舱的旅客和乘坐短航线、高等舱的旅客虽然消费金额相同，但是其价值不同，从而导致传统 RFM 量化模型中的消费金额衡量指标变得比较模糊。

为此，航空公司在传统 RFM 量化模型的近期购买时间、购买频率和购买金额三个指标基础上进行了改进，制定出会员客户会龄长度 $L$（反映活跃时长）、消费时间间隔 $R$（反映活跃状态）、消费频率 $F$（反映客户忠诚度）、飞行里程 $M$（反映客户对乘机的依赖性）和折扣系数 $C$（反映客户价值高低）五个指标作为航空公司识别客户价值的依据，从而形成 LRFMC 模型。

根据客户数据和客户类别特征，客户被分成尊贵客户、商务旅客、高价值的休闲旅客、旅行团及一般散客四大类。航空公司针对不同类别客户制定了相应的营销策略。

2. 客户金字塔模型

美国营销学家瓦拉瑞尔·泽丝曼尔等人认为：企业可以根据从不同客户那里获得的经济效益大小，把客户划分为不同的类别，并为不同类别的客户提供不同的服务，这样可明显提高企业的经济效益。据此，于 2002 年提出了客户金字塔模型。

客户金字塔模型是企业为了使资源得到合理配置，根据客户盈利能力的差异将客户进行分级，将为企业创造利润和价值最大的客户放于顶部，将为企业创造利润和价值最小的客户放于底部，从而形成一个基于“二八法则”的金字塔。

（1）客户金字塔模型的内容

在客户金字塔模型中，位于顶层的铂金客户人数最少，位于下一层的黄金客户人数稍多，位于再下一层的铁质客户数量较多，位于底层的铅质客户数量最多，如图 8–4 与表 8–1 所示。

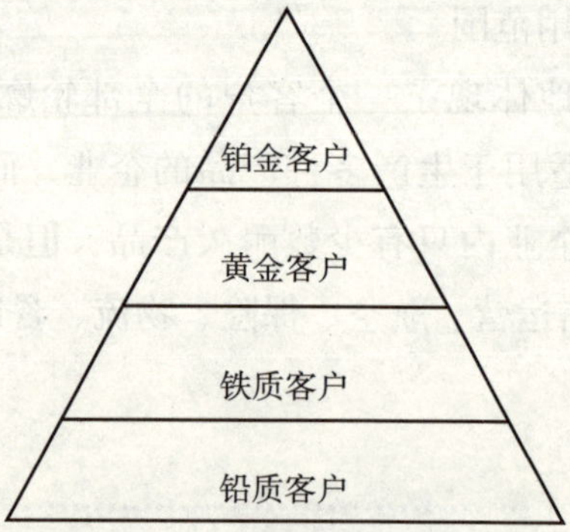


图 8-4　客户金字塔模型

表 8-1　客户金字塔模型

| 客户分类 | 含义 |
| --- | --- |
| 铂金客户（重要客户） | 铂金客户代表自身盈利能力最强的客户。他们对价格不敏感，愿意试用企业的新产品或新服务，对企业比较忠诚，是企业的典型重要客户，也是企业应重点对待的客户 |
| 黄金客户（次要客户） | 黄金客户代表自身盈利能力较强的客户。他们希望企业能给予价格折扣，对企业较为忠诚，他们有可能是企业的重要用户，不过他们往往会与多家其他同类企业进行交易。该类客户是企业需要重点关注的客户 |
| 铁质客户（普通客户） | 铁质客户代表自身盈利能力一般的客户。他们数量巨大，能够消化企业的产能，但其购买水平、忠诚度、为企业创造利润水平一般。对这类客户，企业给予适当关注即可 |
| 铅质客户（小客户） | 铅质客户代表自身盈利能力弱、给企业带来的价值少甚至不能给企业带来价值的客户。这类客户有时是问题客户，因为他们不仅会消耗企业资源，而且也会对企业声誉造成负面影响。企业应减少对这一类客户的关注，避免企业资源的浪费 |

客户金字塔模型不仅依据消费额对客户进行分级，还考虑了许多与利润率相关的其他变量。尽管这些变量因行业而异，但客户金字塔模型对大多数行业，尤其是服务业都适用。

（2）构建客户金字塔模型的意义

构建客户金字塔模型，对于企业有效进行客户关系管理具有十分重要的意义。

① 引导企业合理配置营销资源

这种直观的客户价值展现形式可以帮助营销管理者识别为企业创造更多价值的优质客户，并将有限资源集中在这些价值客户身上。

② 激励客户提升级别

当较低级别的客户看到较高级别的客户能得到更好的服务时，有时会主动提升级别。例如，经济舱的乘客看到头等舱乘客能得到更好的服务，会产生自己也希望坐头等舱的想法，当以后经济条件允许时他们就有可能购买头等舱机票。

③ 有效动态管理客户

按客户价值构建的客户金字塔并不是一成不变的，客户级别也是动态变化的。企业要定期审视客户的发展情况，及时评估客户价值，同时预警客户级别异常变化。

（3）客户金字塔模型的适用情形

① 企业资源有限

在企业资源有限的前提下，企业如果为所有客户提供相同的服务，就无法为高价值客户提供优质服务。因此，营销管理人员要考虑企业资源的有效配置问题。

② 客户需求不同

不同客户对购买的产品及服务的需求不同，企业需要为其提供差异化营销服务。例如，腾讯给不同的微信公众号提供的服务及功能有所不同：微信公众号划分了订阅号和服务号；客户可以选择免费的非认证公众号，也可以选择收费的认证公众号。

③ 客户对价值的理解不同

如果客户对企业提供的产品或服务的价值有不同的理解，企业就可根据客户对价值的不同期望，为各类客户设计不同的服务。

例如，驾校对愿意接受优质服务的学员提供 VIP 服务，学员可以随到随学，不仅有充足的练车时间，而且还有细心教练的技术指导，但学员需要支付较高的学费；对于不想接受较高费用的学员，驾校也为其提供基本的培训服务。

### 3. 关键客户识别与选择矩阵

关键客户识别与选择矩阵是一种比较实用的工具。关键客户识别与选择矩阵可以识别潜在客户并对现有客户进行分级，了解客户对企业自身的竞争优势的认知。

（1）关键客户识别与选择矩阵的构成

关键客户识别与选择矩阵使用客户吸引力和企业相对优势两个因素对客户进行分级。其中，客户吸引力是指客户或潜在客户对企业的吸引能力；企业相对优势是指相对于竞争对手，企业对客户的吸引能力。客户吸引力和企业相对优势都由一系列的因素决定，其中既有定量因素也有定性因素，这些因素共同叠加在企业的经营环境中。

划分客户级别或类型是企业资源分配的一种方式，企业可以利用这个矩阵有效地分配企业资源、判定客户优先级别和确定客户关系类型。关键客户识别与选择矩阵将客户分为关键客户、发展客户、机会客户和维持客户等四种类型，如图 8-5 所示。

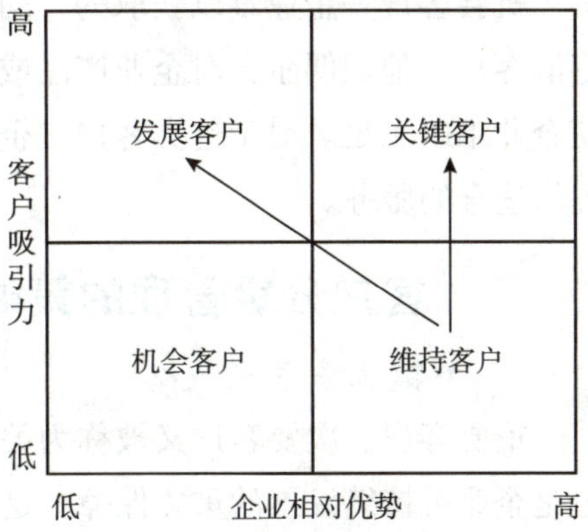


图 8-5 关键客户识别与选择矩阵

（2）基于关键客户识别与选择矩阵的资源配置

根据关键客户识别与选择矩阵对客户级别及类型的划分，企业可以将最有价值的资源配置给关键客户和发展客户，同时还要为维持客户配置一定的资源。对于机会客户可以适当为其配置基本资源或少部分资源。这样不仅可以节省企业资源，集中为关键客户和发展客户提供优质服务，而且还能照顾到维持客户或机会客户。此外，从维持客户或机会客户处获取的价值还可以用于关键客户和发展客户，从而提高企业客户管理效率，增强管理效果。

（3）基于关键客户识别与选择矩阵的客户管理对策

在关键客户识别与选择矩阵的基础上，企业可以有针对性地对四类不同客户进行管理。

① 关键客户管理

关键客户是企业有能力获取的、对企业贡献最大的一类客户，是企业客户价值的重要来源。企业应分配更多的资源来发展这种客户关系，如为其提供最优的设备、最优的人员，投入足够的时间等。企业可以成立一个客户部门或团队专门负责关键客户的管理，并根据客户需求适当调整业务流程，为其提供最优质的产品或服务。

② 发展客户管理

发展客户是对企业来说有吸引力的客户，但这些客户对企业却缺乏认同。这类客户对企业来说潜在价值大，是企业需要积极争取的客户。企业能否吸引到这类客户与企业的竞争地位及竞争优势有关。对这类客户需要投入大量的资源，但回报相对较慢。

③ 维持客户管理

维持客户是企业容易开发并获得的客户，也能长期和企业进行合作，不过这类客户为企业创造的价值较低，是企业拥有的为数众多的小客户。企业可以提供必要的资源继续与这类客户保持良好的客户关系。

④ 机会客户管理

机会客户是企业难以获取的，同时也是难以为企业创造价值的客户。这类客户一般为零散客户，他们偶尔会对企业产品或服务有需求，或对企业产品或服务的要求比较苛刻，使企业难以满足。对于这类客户，企业应根据实际情况在正确的时间，以正确的方式为其提供适合的服务。

## 二、客户分级管理的策略

### 1. 关键客户管理策略

重要客户、次要客户又被称为关键客户，其是企业的核心客户，是企业利润的基石，也是企业可持续发展的重要保障，是客户关系管理重点维护的对象。关键客户管理在客户关系管理中处于重要地位，关键客户管理对企业经营业绩具有重要影响。

（1）配置优势资源

关键客户对企业的价值贡献最大，对服务的要求也比较高。为了进一步提高对关键客户的服务水平，企业要将有限的资源向关键客户倾斜，加大对关键客户的投入，为其优先配置资源，加大服务力度，提供个性化服务，提高其满意度和忠诚度。企业可以实行 VIP 制度、创建 VIP 客户服务通道，为关键客户提供更好的服务。

（2）密切双方关系

关键客户是企业需要重点维护的对象。企业应定期拜访关键客户、定期征求关键客户的意见、及时有效地处理关键客户的投诉、利用多种手段加强与关键客户沟通，密切双方关系，了解关键客户的需求，让关键客户成为企业的忠诚客户。

（3）成立关键客户服务机构

关键客户服务机构可以专门联系关键客户，了解关键客户信息，根据关键客户不同需求提供个性化的产品或服务解决方案。关键客户服务机构要充分利用客户信息系统，分析关键客户的交易数据，了解关键客户的需求和采购情况，及时与关键客户就市场趋势、合理的库存量进行商讨。此外，关键客户服务机构还要关注关键客户的动态，强化对关键客户的跟踪管理，避免关键客户流失。

案例

### 某电信运营商的分级化、差异化客户服务

某电信运营商根据月话费金额将客户分为高端客户、中端客户及普通客户，并对不同级别的客户提供差异化服务。当客户接入人工服务台时，对于高端客户，要求 20 秒内人工接通率达到 90%；对于中端客户，要求 20 秒内人工接通率达到 85%；对于普通客户，要求 20 秒内人工接通率达到 80%。

此外，该电企运营商为不同级别的客户也提供不同的服务方式。例如，为高端客户创建绿色通道，即客户接入人工服务台时，其排队位置可以进入前列；对中端客户，如遇话务忙未接入人工服务台，后台将在 24 小时之内提取其数据并对客户进行回访，主动为客户办理各类业务；对普通客户，按日常客户接入人工服务台流程为其办理所需相关业务；极个别骚扰客户会被列入黑名单，其在排队时处于优先级最低的位置。

## 2. 普通客户管理策略

对普通客户的管理，主要侧重提升级别和控制成本两个方面。

（1）判断普通客户的升级潜力

对于有升级潜力的普通客户，企业可以通过引领、创造、增加他们的需求，来提高他们的贡献度，从而使他们转化为关键客户。企业若能让普通客户购买更多的产品或服务，就能获得更多的利润。企业要设计鼓励普通客户消费的措施，如常客奖励计划，对一次性或累计购买达到一定标准的客户给予相应级别的奖励，或者让其参加相应级别的抽奖活动

等，以鼓励普通客户购买更多的产品或服务。

（2）降低普通客户的服务成本

针对没有升级潜力的普通客户，企业可以采取维持策略，在资源上不增加投入，通过缩减对普通客户的服务时间、服务项目、服务内容等措施来降低服务成本。例如，航空公司用豪华轿车接送能带来高额利润的关键客户，而普通客户则不能享受此等待遇等。

### 3. 小客户管理策略

传统的“二八法则”更关注“二”，即少数的关键对象，而忽视“八”，即多数的大众对象。随着营销手段的不断进步及电子商务的飞速发展，企业逐渐对“二八法则”中80%的消费者也开始重视起来。

美国《连线》杂志主编克里斯·安德森在2004年的一篇文章中首次提出了长尾理论。长尾理论是指如果能够把大量市场价值相对较小的部分汇聚起来，则可以创造更大的经济价值。长尾理论针对的市场有两个特点：一是细，长尾是份额很少的市场，是以前不被重视的小市场；二是长，尽管市场小，但数量众多，小市场聚集起来，规模也很可观。

长尾理论提示企业要重视包含大量中小客户的长尾市场，而且还应具备相匹配的、足够的服务能力，在为大客户提供特殊照顾的同时，也要重视小客户的集体贡献。

（1）培养有升级潜力的小客户

企业应该给予有升级潜力的小客户更多地关心和照顾，帮助其成长，挖掘其升级的潜力，从而将其培养成为普通客户。

**案例**

#### 招商银行注重培育小客户

招商银行的信用卡业务部一直把在校大学生作为业务推广的重点对象之一，尽管在校大学生当前的消费能力有限，信贷消费的愿望不强烈，银行盈利的空间非常小，但招商银行还是频频进驻大学校园进行大规模的宣传促销活动，运用各种优惠手段刺激大学生开卡，并承诺每年只要进行六次刷卡消费，无论金额大小，都可以免除信用卡年费，甚至还推出了各种时尚版本的信用卡，赢得了广大年轻客户群体的青睐。通过前期的开发和提升，当大学生毕业以后因购房、购车、结婚、生子、教育等大项消费需要分期付款和超前消费时，由此给招商银行带来的巨大的利润空间即开始显现。

（2）降低没有升级潜力的小客户服务成本

保持一定数量的低价值客户是企业实现规模经济的重要保证，是企业保住市场份额、保持成本优势、遏制竞争对手的重要手段。对没有升级潜力的小客户，企业不能简单地予以淘汰，而应采取提高服务价格、降低服务成本的办法来获取小客户的价值。具体做法如下。

① 向小客户收取服务费用。

② 降低为小客户服务的成本。

③ 运用更经济、更省钱的方式提供服务。

（3）淘汰劣质客户

实践证明，并非所有客户都值得保留。低质量客户会吞噬、蚕食企业的利润，压缩、减少直至终止与劣质客户的业务往来，可以减少企业的利润损失，企业可以将有限的资源更有效地投入其他客户群中。例如，银行可对信用状况差、没有发展前景的劣质客户采取停贷、清算等措施。

### 4. 大客户管理策略

大客户对企业的重要性不可低估，它们是企业利润的主要来源。大客户管理是一项战略性活动，旨在集中优势资源，计划和有步骤地开发、培育和维护对企业生存和发展至关重要的客户，从而保持竞争优势。

根据“二八法则”，企业的 80% 利润来自 20% 的客户，这些客户通常被称为大客户。在客户金字塔模型中，铂金客户（重要客户）或黄金客户（次要客户）都可以被归类为大客户。虽然大客户的数量较少，但他们的消费频次高、消费量大、客户价值高，对企业的经营业绩有着重要影响。

与大客户进行的交易不仅仅是一次性的单笔交易，而是以年为周期进行的销售额计算。大客户能够为企业持续创造利润。需要明确的是，拥有大额订单的客户并不一定是大客户。有些产品的单次销售金额较大，如泵车、客车、飞机、工程机械等，这些只能称为大单销售或大额产品销售。大量团购消费也不等同于大客户。团购通常具有低消费频次和一次性消费的特点，团购客户不是企业的忠诚客户，这类客户无法持续为企业创造利润。

（1）大客户的分类

大客户一般可分为内在价值型大客户、外在价值型大客户及战略价值型大客户，见表 8–2。

**表 8–2 大客户的分类**

| 分类 | 特点 |
| --- | --- |
| 内在价值型大客户（交易型大客户） | 这类大客户注重产品本身，对价格敏感，希望费用、价格能够尽量合理。典型的交易型大客户为原材料或供应品的传统代理商 |
| 外在价值型大客户（增值型大客户） | 这类大客户不仅注重产品，而且注重产品的增值服务及解决方案等外在价值，其采购对象一般集中在技术含量比较高的产品上 |
| 战略价值型大客户（资源互补型大客户） | 这类大客户规模一般比较大，且具有一定的行业影响力，其关注点是谋求资源互补、长期共赢的战略联盟关系 |

（2）大客户的特征

与其他类别客户相比，大客户销售具有自身的一些特征，这些特征使得大客户销售具有复杂性和不确定性。

① 采购目的性强，采购长期化

大客户销售的产品通常面向某个具体行业的客户群体，目标客户明确，市场潜力大。为了使产品生产相对稳定，大客户一般希望有稳定的供应渠道。

② 定制化程度高，采购人员专业性强

大客户需求复杂，具有较强的个性化需求，企业需要根据大客户的个性化需求给出定制化的产品解决方案。另外，不同于一般客户，大客户采购人员一般具有较强的专业性。

③ 采购金额大，采购主体复杂

大客户采购金额大、涉及范围广、内容复杂、业务影响大，如果大客户采购失误，会带来较严重的损失和负面影响。为了降低采购决策风险，大客户采购决策一般涉及多部门参与。采购决策者来自内部不同职能部门，这些参与采购决策的部门和人员在决策过程中，既有分工合作，又相互制约，企业销售人员很难获知大客户决策动向。

④ 采购周期长，采购期集中

在大客户销售中，大客户采购周期较长，通常以月甚至以年计，较长的采购周期会增加销售过程的不确定性。另外，大客户为了降低成本，同时满足批量生产的需要，一般进行批量集中采购。

⑤ 品质要求高，服务要求全

大客户对生产流程要求严格，对产品及服务品质要求高。除了产品购后的安装调试、试用、技术培训等基本服务外，大客户对贷款支付、供货周期及物流运输也有严格要求。

（3）大客户购买决策

大客户购买行为具有规模大、风险高、过程复杂等特点，因此，大客户购买决策往往是由多类人员，包括产品的使用者、决策影响者、决策者、批准者、采购者、信息控制者共同参与完成的。这些人员在大客户购买决策中扮演着不同的角色，发挥着不同的作用。

① 大客户购买决策的内容

企业可以采用5W1H分析法分析大客户的购买行为，见表8-3。

**表8-3 用5W1H分析法分析大客户的购买行为**

| 5W1H分析法内容 | 含义 |
|---|---|
| what | 购买何种产品或服务，即确定大客户购买的对象 |
| why | 为何要购买，即确定大客户购买的动机 |
| when | 何时购买，即确定大客户购买的时间 |
| where | 何处购买，即确定大客户购买的地点 |

（续表）

| 5W1H 分析法内容 | 含义 |
| --- | --- |
| who | 何人购买，即确定大客户购买的人 |
| how | 如何购买，即确定大客户购买的方式 |

② 大客户购买决策的过程

大客户购买决策的过程具体见表 8-4。

**表 8-4 大客户购买决策的过程**

| 购买决策过程 | 具体含义 |
| --- | --- |
| 引发需求 | 在外界因素的刺激下，大客户认识到有必要购买产品或服务以满足自己的某种需求 |
| 明确要求 | 待客户产生采购需求后，进一步确定所需产品或服务的品种、数量及规格等 |
| 产品或服务分析 | 大客户对所需产品或服务进行分析，以确定产品规格或服务内容 |
| 物色供应商 | 大客户通过各种途径搜集有关供应商的信息，将那些有良好信誉和合乎自身要求的供应商列为备选对象 |
| 询价 | 大客户向合格的销售企业询价，以便进行比较和筛选 |
| 选择供应商 | 大客户对备选供应商提交的建议书和报价进行分析比较，在综合考察的基础上进行选择、谈判，最终选定供应商 |
| 正式订购 | 大客户将订单提交给最终选定的供应商。大客户如果希望长期、大量地购买产品或服务，还可以与供应商签订一揽子合同，与其建立起更紧密的关系 |
| 绩效评估 | 大客户单位有关部门对所购产品的使用情况、供应商履行合同的情况等进行检查和评估，以便决定是否维持原来的采购渠道 |

大客户决策过程表明，销售企业必须从引发客户需求开始就主动参与到客户的决策中，对客户的决策施加影响，引导客户决策，保证最终销售成功。

（4）大客户销售策略

在向大客户进行销售时，产品力、商务能力和销售技巧等要素通常发挥着重要作用。企业获利能力从某种意义上来说是由客户忠诚度决定的，而客户忠诚度又是由客户满意度决定的，客户满意度是由客户对产品的认知价值决定的。

**知识拓展**

## 产品能力、商务能力和销售技巧

1. 产品能力

产品能力是产品对目标客户群的吸引力。对大客户来讲，产品是其采购的对象，大客户通过采购产品取得产品带来的价值；对企业来讲，产品是企业与大客户沟通的桥梁，是企业销售人员说服客户的核心。

2. 商务能力

商务能力是企业在产品销售过程中对大客户关系的处理能力，良好的客户关系更容易赢得大客户的信任与支持，有助于企业销售目标的实现。

3. 销售技巧

销售技巧是销售人员开展销售工作的技能，企业销售人员只有充分掌握大客户销售技能，才能对销售过程有明确的认知和准确的判断，并针对不同情况采取有效的销售策略。

大客户的销售策略包括以下几项。

① 了解大客户的需求

要想与大客户保持良好的关系，就需要了解大客户的需求、大客户与企业合作的目的以及合作能给双方带来哪些益处等信息。企业在经营过程中，应主动获取大客户相关信息，不仅要研究大客户本身的经营情况等，还要了解他们所处的环境、市场竞争地位等情况，在此基础上，才能有针对性地为大客户提供他们所需要的产品或服务。

② 为大客户细化企业服务标准

企业制定的大客户服务标准必须是明确、可执行、可衡量的。同时，标准也应该是公开、公正的、对大客户是透明的，能让达到标准的员工获得奖励，同时也能让没有达到标准的员工产生动力。

③ 与大客户建立合作伙伴关系

合作伙伴关系是企业与大客户之间的长期合作关系。一般而言，企业间合作伙伴关系可以通过产业链或技术上的相互支持来实现。合作伙伴关系是客户忠诚的终极形式。这种终极的忠诚度对企业来说是非常宝贵的资源，企业应尽力维持这种客户关系，并促使其良性发展。

④ 加强大客户的售后服务

售后服务是企业与大客户保持有效接触的重要手段之一。企业要利用好每一次给大客户提供售后服务的机会，来达到提高客户忠诚度的目的。

⑤ 监控大客户满意度

为了保证企业能随时向大客户提供高水平的服务，企业管理者需要采取相应的措施来监控大客户的满意度，并确保能够提高大客户服务水平。对表现良好的大客户服务行为进行表彰和宣传，而对不好的服务行为则提出相应的整改措施。

## 课后实践

学习完本项目的内容后，认真完成表 8-5 的实践清单。

表 8-5　实践清单

| 客户分级管理实践 | |
|---|---|
| 实践任务 | 假设你是一家中小企业的市场部经理，负责制定和实施客户分级管理策略。你将带领团队进行实践，以优化客户关系管理，提高客户满意度和忠诚度 |
| 实践目标 | （1）理解不同级别客户的需求和价值；<br>（2）提供个性化的产品和服务，满足不同客户的需求；<br>（3）建立长期稳定的客户关系，提高客户保持率和复购率 |
| 实践步骤 | （1）收集和整理现有客户的数据，包括购买行为、消费频次、消费金额等。对客户进行细分和分级，根据客户的价值和潜力确定不同级别；<br>（2）根据客户的分级，制定不同级别客户的管理策略。确定每个级别的服务水平，包括产品定制、售后支持、专属优惠等；<br>（3）与团队成员沟通客户分级策略，明确各自的责任和任务。确保团队成员理解和接受客户分级管理的重要性，并落实相关措施；<br>（4）根据不同级别客户的特点和需求，实施个性化的客户管理措施。例如，给铂金客户提供专属定制服务，给黄金客户提供定期的产品推荐和优惠活动等；<br>（5）定期评估客户分级策略的效果，根据客户行为和反馈进行调整。确保客户分级策略的持续有效性，并根据市场变化进行相应的调整 |
| 实践提示 | （1）充分利用数据分析工具和 CRM 系统，以更准确地评估客户价值和潜力；<br>（2）团队成员需要具备良好的沟通和协作能力，确保客户分级策略得到有效贯彻；<br>（3）引入客户反馈机制，及时获取客户的满意度和需求变化，以进一步优化客户分级管理策略；<br>（4）不断学习和更新客户分级管理的最佳实践，与行业趋势保持同步 |
| 实践总结 | |

## 实践评价

完成以上实践后，认真完成表 8-6 的实践评价。

表 8-6　实践评价

| 评价内容 | 分值 | 得分 |
|---|---|---|
| 参与实践的积极性、主动性 | 25 | |
| 收集整理能力 | 25 | |
| 团队协作能力 | 25 | |
| 对客户分级管理的掌握程度 | 25 | |

（续表）

| 评价内容 | 分值 | 得分 |
| --- | --- | --- |
| 教师点评： | | |

## 项目小结

了解客户分级的原因是企业进行客户管理的基础。通过分析客户的特点和需求，企业可以采取相应的措施来满足不同客户的个性化需求，提高客户满意度和忠诚度。

客户关系管理系统的应用是实现客户分级管理的重要工具。通过客户关系管理系统，企业可以收集、整理、存储和管理客户信息，为不同等级的客户提供差异化的产品、服务和营销策略。这些策略能够提高客户满意度和忠诚度，实现企业的长期发展。

客户分级条件与指标是客户分级管理的重要依据。企业需要根据客户的价值、忠诚度、需求等因素，制定相应的分级条件和指标，以确保客户分级的准确性和有效性。

客户分级方法与策略是实现企业可持续发展的关键。企业需要选择合适的方法和策略，如基于客户价值的分级方法、基于客户需求的分级方法等，以确保不同等级的客户得到相应的服务和解决方案。同时，企业也需要注重客户体验和关系维护，以提高客户的忠诚度和归属感。

客户分级管理是企业成功的关键之一，企业应该重视客户分级管理，以适应不断变化的市场环境。

## 思考练习

1. 客户分级的方法有哪些？
2. 客户分级条件有哪些？
3. 大客户的特征有哪些？

# 项目九

# 销售团队的管理与建设

## 项目导读

销售团队的管理与建设是指企业通过各种途径和方法，对销售团队进行管理、培训、激励和考核的过程。这个过程需要企业建立完善的管理体系和制度，包括销售目标的制定、销售流程的优化、销售技巧的培训、销售团队的激励和考核等环节。销售团队的管理与建设是企业成功的关键之一，它能够帮助企业提高销售业绩和市场份额。因此，企业应该重视销售团队的管理与建设的发展和创新，以适应不断变化的市场环境。

## 学习目标

### 知识目标

（1）了解销售团队的形式。

（2）了解销售团队的构成。

### 技能目标

（1）掌握基本的销售技巧，包括客户开发、谈判、沟通和销售闭环等，以有效地推动销售流程和完成销售目标。

（2）学习如何组建和管理销售团队，包括设定目标、招聘、培训和协调团队成员等，以提高团队绩效和合作效能。

（3）了解项目管理的概念和技巧，以协调和执行销售项目，并确保项目按时、高质量地完成。

（4）熟练运用数据分析工具和技术，对销售数据进行分析和解读，为销售决策提供有力的支持和指导。

（5）培养学生创新思维能力，能够发现销售机会、提出解决方案并创造独特的销售价值。

## 素质目标

（1）提升学生的沟通技巧和表达能力，建立良好的人际关系，并能够与不同群体和文化背景的人进行有效地沟通。

（2）培养学生适应市场变化和压力的能力，具备灵活性和敏捷性，可以适应各种销售环境和挑战。

（3）培养学生领导团队的能力，包括激励、指导和塑造团队文化，以实现个人和团队的成功。

## 思政目标

（1）培养学生正确的商业道德和职业道德观念，强调诚信、专业和负责任的原则，推动商业活动的合规和可持续发展。

（2）培养学生的创业意识和创新精神，鼓励学生在销售领域积极探索和实践，为经济社会发展做出贡献。

## 案例导入

### 华为的销售团队

华为成功的关键在于其高效的销售团队。华为拥有超过1万名销售人员，占据了公司总员工的10%左右。这些销售人员大多是来自国内知名大学的毕业生，经过华为严格的培训后，投身市场第一线。虽然他们的工资高，但一线销售人员的工作寿命通常只有3年。

华为的团队精神核心是互助。公司崇尚“狼”的特质，即良好的嗅觉、敏捷的反应能力和发现猎物后集体攻击的能力。华为的管理模式是矩阵式，要求各个部门相互配合，通过互联网络迅速应对任何问题。华为销售人员在相互配合方面表现出高效的能力，令客户和竞争对手都感到惊讶。华为能够在签合同后仅用4天的时间就完成实际供货。华为的客户关系总结为“一五一工程”，即一支队伍、五个手段和一个资料库。公司几乎所有部门都会参与为客户提供服务。

华为的员工招聘主要有社会招聘和校园招聘两种方式。对于销售人员来说，华为更偏向于使用校园招聘的方式。每年11月到12月，华为会在全国高校密集的城市举办推介会，首先会有一两位新员工分享自己在华为的成长经历，然后接收简历。之后，会选择符合公司要求的毕业生进行笔试和面试。华为希望选中有理想、能吃苦、尊重他人并具备谦虚精神的人加入公司。面试合格者会被邀请参观华为的本地公司或在星级酒店洽谈并签订协议。

新员工都需经过华为的培训，这是他们的再生经历。培训包括上岗培训、岗中培训和上岗后培训。其中上岗培训也被称为“魔鬼培训”，包括军事训练、企业文化、车间实习、技术培训和营销理论与市场演习。岗中培训旨在激发销售团队的热情和活力，为个人提供全面的成长计划，持续提升员工的战斗力。上岗后培训指新销售人员被派往华为全球各地的分公司或办事处，展示自己的才华并接受实践磨砺。

华为公司的绩效管理强调物质激励。华为是我国员工收入较高的公司之一，但其销售人员没有提成，其业绩与自己团队的业绩挂钩。这样的设计是为了避免销售人员发生机会主义行为，忽视与客户长期关系的维系。华为销售人员的收入以硕士为例（税前）：底薪每月 6 000～7 000 元，津贴 800 元，年终有奖金、分红；入职 3 个月后，底薪会增加，幅度由个人表现而定；另外还有退休基金（约为 15% × 底薪）。本科生底薪 4 500～5 500 元，博士 7 000～8 000 元。华为的精神激励主要有荣誉奖、职权。任意一项荣誉奖可以随之得到 300 元的奖励。

华为公司的销售组织共分五层，除了基层销售人员，其他四层都是有一定职权的，以此激励员工。一位销售新人可以从分布在各个地区办事处的销售代表开始做起，然后是客户经理，客户经理又有三个发展空间：国际、国内营销专家，国际、国内营销高级专家和国际、国内营销资深专家。一旦从事管理职位，那么发展的空间、可以获得的职权就更大了，比如有常务副总裁、市场部部长等。

# 任务一 销售团队概述

## 一、销售人员的素养

为更好地满足客户需求和建立持久合作关系，销售人员需代表公司和产品，同时也要与内部人员协调，建立内部合作关系。沟通技巧在此起着重要作用。成功的销售人员应了解内部关键人员的需求和愿望，并致力于建立牢固的内部合作关系，如图 9–1 所示。

图 9–1 销售人员

外部客户关系并非唯一焦点，内部关系同样重要。销售人员不仅要向外部客户推销公司、产品和服务，还要向内部员工传递客户需求。他们是真正了解客户需求和购买动机的人，有效传达客户的声音是他们的重要职责之一。因此，销售人员需要密切与支持部门合作，以表达感激之情并加强销售部门与其他部门的关系。

销售人员

通过改善内部合作关系，销售人员可以避免客户承诺延迟或无法兑现的问题，从而保持与客户的初次成交和重复购买关系。他们的经济收入也直接受到内部合作关系的影响。

尽管销售人员无权要求仓储经理和生产经理采取行动，但通过沟通技巧和协调能力，可以达到相应的效果。因此，他们应努力满足内部关键人员的需求和期望，积极建立良好的内部合作关系。

同时，一些公司在庆功会或团建活动中要求销售部门与相关支持部门一起参与，以表达感激之情。这样的活动也有助于加强销售部门与其他部门之间的横向关系。

总之，销售人员既要在外部与客户打交道，也要在内部与其他部门协作。他们要善于沟通，理解和满足内部关键人员的需求，并与他们建立良好的合作关系，以提升客户满意度和销售绩效。

## 知识拓展

### 内部销售

内部销售是指销售人员通过建立内部合作关系，获得公司销售主管、其他销售人员及员工对其销售工作的支持与理解，从而更好地服务客户的过程。内部销售应坚持以下七个原则，见表 9-1。

表 9-1　内部销售应坚持的七个原则

| 序号 | 原则 |
| --- | --- |
| 1 | 勇于承担责任，获得内部员工的支持 |
| 2 | 确立更高目标，将销售目标与相关员工及公司的利益关联起来 |
| 3 | 运用 SPIN 和积极倾听技巧，挖掘内部客户的个人及职业需求 |
| 4 | 利用演讲技巧，满足内部客户的内心需求 |
| 5 | 不要花费时间及精力抱怨内部客户，而要用更多心思捉摸内部客户所关切的问题，提升其协助销售的紧迫感 |
| 6 | 对事不对人，不批评人，不对人心存嫉妒 |
| 7 | 准备谈判 |

与外部销售一样，销售人员应提高内部销售的专业性，应积极与内部员工建立良好的私人关系，若出现冲突，切忌对事不对人，可通过谈判技巧解决内部冲突。同时，销售人员还要把与自己销售工作有关的所有内部员工看成销售团队的成员，积极发挥团队销售的作用。

## 二、销售团队的形式

团队销售指由不同部门人员组成的小组共同服务某一个客户的销售方式。团队中的每一个成员具有不同专业技能，承担不同的职责。越来越多的公司采取团队方式进行销售，图 9-2 为常见的团队销售形式，每位专家都可以和客户经理组成一个销售团队。

例如，某公司曾为每条产品线安排一个销售人员，分别负责复印机、打印机、耗材、传真机、计算机的销售工作，会出现不同销售人员拜访同一个客户而彼此见面不认识的情况，给客户造成诸多麻烦。为此该公司采取永久销售团队方式，一个客户由一个专门的客户经理负责，客户经理根据需要，可带上产品专家拜访客户。也有公司采取临时销售团队形式，由销售人员与工程师、科研人员、质量控制经理组成临时销售团队进行销售。

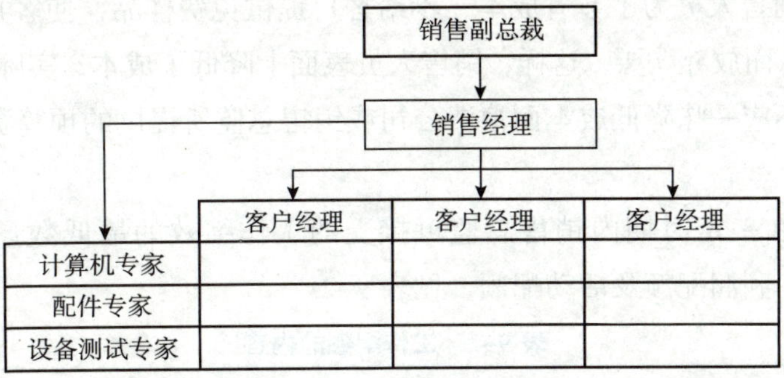


图 9-2　常见的团队销售形式

一些公司采取多层级销售团队，使买卖双方的各个层级成员相互对应。这种销售团队通常在销售人员向大客户销售、需要公司高层管理者介入销售过程时采用，目的是为销售提案争取双方高层的认可和支持，提高销售效率。

一些销售团队由区域代表和销售内勤人员组成。有些公司为一名区域销售代表配备一名或多名电话销售内勤，电话销售内勤通过电话完成尽可能多的客户沟通工作，若需要区域销售代表访问客户，电话销售内勤会预约拜访时间、安排相关事宜。

## 三、销售团队的构成

### 1. 公司销售部门

在一个销售团队中，往往存在各种类型的销售人员，如大客户经理、销售总监、销售经理、区域经理等，销售人员应与他们融洽相处、积极交流，共同完成销售团队的整体任务。谁能与其上级建立合作的关系，谁就能获得更多的可支配资源，进而获得更好的销售业绩。对一个面向全国市场的公司来讲，销售人员应重点处理好与销售总监、区域销售经理之间的关系。

（1）销售总监

销售总监是销售团队内部的最高领导者，也是销售政策与总体销售目标的制定者。销售总监的职责包括诸多方面，具体如下。

① 销售预测

销售总监使用大量技术进行销售预测，其中最常用的方法是自下而上法，即将所有销售人员的销售预测逐级汇总，推测公司整体销售额。一线销售人员有时会因乐观而高估销售额，也有些销售人员可能担心公司增加销售定额而故意低估销售额。销售总监应根据经验和相关信息调整预测，使之更切合实际。

② 销售成本控制

销售总监还需要控制销售成本，通常采用费用预算或销售额配比的形式。销售经理及销售人员对销售花费应做到心中有数，若将实际花费控制在预算之内，会获得较高的一次性奖励，但可能影响销售的整体绩效。

例如，一名销售人员为了节省成本，不给客户提供免费样品，使客户无法直观了解产品的使用情况，从而放弃购买。这样，销售人员表面上降低了成本，实际上降低了销售额。因此，销售人员不应一味降低成本而浪费公司或销售总监所提供的预算资源。

③ 工作配额

工作配额是在一定时期内销售总监可接受的工作绩效的最低数量要求，包括销量配额、收入配额、利润配额及活动配额，见表 9-2。

表 9-2 工作配额的内容

| 内容 | 含义 |
|---|---|
| 销量配额 | 指销售人员应该完成的最低销售数量 |
| 收入配额 | 指最低的销售收入要求 |
| 利润配额 | 指可接受的最低利润水平 |
| 活动配额 | 指每个销售人员销售活动的最低期望值 |

销售人员应理解各种工作配额的具体要求，因为这些配额与销售总监对销售人员的绩效评定直接相关。

④ 薪酬制度建立

销售总监需要建立公正、稳定、易于销售人员接受且有竞争力的薪酬制度。这种制度应该激励销售人员以更高的价格销售更多的产品，同时吸引和留住业绩优秀的销售人员。薪酬通常与工作配额相关联，如果销售人员对薪酬体系不满意，他们的积极性会降低，这可能会影响销售业绩甚至导致员工离职。因此，薪酬制度在激励销售人员方面起到了重要的作用。

许多销售总监采用底薪加奖金的方式确定销售人员的薪酬。底薪是固定报酬，而奖金是根据销售人员的业绩支付的额外报酬。尽管此方法易于实施，但在许多情况下缺乏公平性和灵活性，难以留住高水平的销售人员。

现在，越来越多的公司采用全面薪酬的概念来设计销售人员的薪酬。全面薪酬将销售人员的薪酬分为内在薪酬和外在薪酬两个方面。这两个方面的薪酬具有不同的功能，相互补充。忽视精神方面的激励，只用金钱来解决问题，会损害员工的积极性。

在不同的薪酬制度中，各个指标所占的比例不同，反映了销售总监设计薪酬制度的不同出发点。例如，增加内在薪酬的比例有助于营造良好的内部合作氛围，增加津贴的比例可以鼓励销售人员增加客户拜访次数和巩固客户关系，增加福利可以帮助留住销售人员。

此外，在设计薪酬时，销售总监还会考虑销售人员的努力程度、职位、受教育程度、销售经验、服务年限、企业的盈利能力、地区差异、行业差异以及劳动力市场供求状况等因素。全面薪酬的优点是相对科学和全面，但缺点是较为复杂，操作上较为烦琐。

## 知识拓展

### 各类薪酬概念

1. 内在薪酬

内在薪酬是指那些给销售人员提供的不能以量化的货币形式表现的各种奖励价值，比如对工作的满意度、培训的机会、提高个人名望的机会、优秀的企业文化、相互配合的工作环境，以及公司对个人的表彰等。

2. 外在薪酬

外在薪酬主要指为销售人员提供的可量化的货币性价值，比如基本工资、佣金、奖金等短期激励薪酬，退休金、医疗保险等货币性的福利，以及公司支付的其他各种货币形式的开支。

3. 基本工资

基本工资指以销售人员的销售技能、工作的复杂程度、责任大小及劳动强度为基准，按员工完成定额任务（或法定时间）的实际劳动消耗而计付的工资。它在销售人员的总薪酬中所占的比例根据企业、职位、时期的不同而不同。

4. 奖金

奖金（或佣金）指根据销售人员超额完成任务及优异的工作成绩而计付的薪资，其作用在于鼓励员工提高工作效率和工作质量，所以又称“效率薪资”或“刺激薪资”。

5. 津贴

津贴指为了补偿和鼓励员工在恶劣工作环境下的劳动而计付的薪资，或对交通、通信等付出的补偿。它有利于补偿销售人员延长劳动时间、经常出差等具体付出。

6. 福利

福利指为了吸引销售人员到企业工作或维持企业骨干人员的稳定性而支付的作为基本薪资补充的若干项目，如失业金、养老金、午餐费、医疗费、退休金及利润分红等。

（2）区域销售经理

区域经理的主要职责是招聘与甄选销售人员，并对其进行培训、激励与绩效评估。

① 销售人员的招聘与甄选

招聘与甄选合适的销售人员是区域销售经理面临的最困难任务之一。一些专家认为，约有一半的销售人员选错了职业，而且有20%～25%的销售人员所销售的产品或所提供的服务不适合他们的性格。这说明销售经理选错销售人员是一种较为普遍的现象。

很多销售经理在招聘销售人员时，着重强调所谓的“相关工作经验”，希望应聘者是能在短期内为企业带来订单的销售高手。但始终很难招到合适的销售人员，或是招来的确有经验的销售人员，很快就跳槽了。因为越是有经验的销售人员，越难适应现企业的销售管理制度，难以融入现企业的销售团队。优秀的销售经理会把甄选方式看作一门科学，而非艺术，为达到“人职匹配”，除了销售经验的要求外，还要考虑能否建立融洽的内部关系。

② 培训

销售经理的一项重要职责是培训销售人员。老员工培训的内容通常由销售经理根据销售人员在销售拜访过程所遇到的实际问题确定，新员工培训的内容通常由销售总监决定，销售经理执行。

许多销售人员认为培训是浪费时间、制造不便的活动。优秀的销售人员则喜欢参加培训，珍惜公司提供的学习机会，认为通过培训可以提升其销售业绩，也可以提升在职场的竞争优势，促进销售职业生涯的持续发展。销售人员无论业绩多么突出，都应主动参加培训，不断学习，提高销售技巧与效率。

③ 激励

区域经理根据公司的薪酬制度，设计各种激励措施，如举行销售竞赛、选择具有吸引力的会议地点、赠送独特的生日礼物。不同的销售人员，由于兴趣、价值观和工作动力不同，因而对不同的激励链式反应也不尽相同，这要求区域销售经理因人而异，采取个性化的激励方式。

比如10 000元的奖金可以发给销售人员现金，可以为销售人员买一台高档笔记本电脑，可以送销售人员出国旅行，还可以为销售人员攻读MBA学位提供学费。很多情况下，销售业绩与销售经理对工作业绩的赞许直接相关。一对一、面对面的沟通非常重要，每个人都希望作为独特的个体来对待，销售经理应了解销售人员的个人兴趣、业余爱好，记住其配偶及孩子姓名、生日等，并选择适当的时机表达祝福或一起聚会。

④ 绩效评估

优秀的销售人员往往会对销售业绩进行自我评估，督促自身的销售活动，明确努力的方向，获得最佳的销售机会。销售人员应在每次拜访客户之后首先及时记录拜访情况，有条件的销售人员应以表格形式输入电脑，然后根据拜访目标考量哪些任务已经完成，哪些任务还未完成，快速制订下一次拜访计划。销售人员要在每天、每周及每月检查自己的销售行为，衡量目标是否已经实现：应在每天晚上做好第二天的计划，每周五晚上总结一周的销售情况，每周日晚上做好下一周的计划，最后，以周为单位汇总销售情况。

绩效评估也是销售经理的一项重要职责。专业的销售经理会通过一些关键指标来衡量销售人员的业绩，这些指标见表 9–3。

表 9–3　衡量销售人员业绩的关键指标

| 关键指标 | 含义 |
| --- | --- |
| 销售额 | 可按客户类型、产品类别、新客户、老客户进行细分 |
| 销售额达成率 | 指实际销售额占目标销售额的比例 |
| 销售佣金率 | 指实际所得佣金占目标收入的比例 |
| 转换率 | 指每次拜访所能完成的销售额，是衡量拜访有效性的重要指标，也可根据客户类型来计算 |
| 拜访活动 | 包括不同客户类型的拜访次数、销售介绍的效果等 |

销售经理通常根据公司下达的月度销售指标和行为指标对销售人员进行考核。其中，销售指标包括销售额、新客户开发数量，行为指标包括执行遵守公司销售政策与规章制度、工作态度及工作能力等。

（3）销售内勤

销售内勤是销售人员内外交流的桥梁，是客户联系的纽带，在销售工作中起着举足轻重的作用。销售内勤的工作职责根据公司的不同而有所不同，基本上更侧重于后台的辅助工作。表 9–4 为销售内勤的工作范围。

表 9–4　销售内勤的工作范围

| 序号 | 工作范围 |
| --- | --- |
| 1 | 对合同执行情况进行跟踪、督促 |
| 2 | 编制年度及月度工作计划及资金回笼使用计划 |
| 3 | 汇总各片区的年、月资金回笼及资金使用情况 |
| 4 | 督促销售人员的资金回笼并监督其业务费用按规定使用；根据公司的营销政策建立、核算总账及明细账并按时登记 |
| 5 | 接、发、处理、保管一切商务来电来函及文件 |
| 6 | 对客户反馈的意见进行及时传递、处理 |
| 7 | 建立用户档案 |
| 8 | 依据公司营销管理制度准确有效地开展业务人员销售费用的会计核算、管理、服务，如出差费用的结算、报销、工资奖金的核算 |
| 9 | 每个月度对合同履行、资金回笼、业务费支出情况进行统计和上报 |

（续表）

| 序号 | 工作范围 |
| --- | --- |
| 10 | 按合同要求给制造商做好衔接工作 |
| 11 | 根据合同编制应收账款明细，并对应收账款实施管理 |
| 12 | 协助业务人员回款 |
| 13 | 提供应收账款及其相关信息 |
| 14 | 协助其编写商务文档，编制投标文件 |

销售人员应了解、理解并尊重销售内勤的工作，通过与其建立良好关系，改善与区域销售经理和其他销售人员的关系，从而达到提高销售效率的目的。许多销售业绩突出的销售人员因为没有搞好与销售内勤的关系，而造成销售部门内部人际关系紧张，使自己的销售工作甚至是职业发展陷入被动的局面。

### 2. 公司相关部门

销售工作涉及生产、财会、运输、客户服务、市场等部门，销售人员应协同本部门同事与其他各个部门员工一起开展工作。

（1）生产部门

生产部门通常追求产品制造的标准化、低库存与低成本，希望订单周期长一些；而客户往往希望快速买到定制化的产品。因此，很多生产型企业会遇到销售部门与生产部门的矛盾问题，主要表现在以下方面。

① 订单和产能的矛盾。订单少时，产能空闲，设备运转率低；订单多时，产能供给不上，生产超负荷运作。

② 销售人员与生产部门平时沟通少，互不理解，遇到客户的需求问题时相互推诿。

③ 市场需求波动较大，销售人员的销售预测往往与实际订单差异较大。

为解决可能出现的矛盾，销售人员平时应主动沟通，提前做好销售计划，将订单具体的品种、交货期以及临时性订单处理等信息及时反馈给生产部门，主动了解学习相关生产知识，如生产工艺及每个部件、组件的生产标准时间，生产部门的日生产能力，瓶颈在哪里。然后将销售计划与生产计划相协调，对于不可控因素还要有备用方案。

此外还需要考虑如何控制生产成本的问题，这样才能实现“以销定产”的管理思想。必要时应与生产部门相关人员建立良好的私人关系，以便能够顺利兑现客户承诺，满足其各种可能的需求。

（2）财会部门

财会部门对每个销售人员的销售记录，特别是应收账款、应付账款、客户还款记录等进行管理。这是信用管理的基础。信用管理工作是帮助企业流入现金，控制销售部门将库存转移给客户。有些公司有单独的信用管理部门，由负责财务工作的副总经理兼管，不少公司的信用部门隶属财会部门。

销售人员的目标经常同信用管理部门的目标有冲突。很多销售人员认为信用管理部门在阻碍他们创造业绩，信用管理人员也怕因销售人员失去订单而受到指责，其实信用管理人员只是希望剔除风险过大的客户而已。

销售人员应与信用管理人员主动沟通、经常联系，让其了解销售的过程、客户的需求，这样既能提高销售效率，又可以减少信用风险。销售人员最了解客户的变化情况，如客户的设备、库存、售价等情况，有经验的销售人员会据此判断一些客户是否可靠及其管理水平的高低，这些都是企业信用管理部门需要掌握的信息。

（3）运输部门

运输部门主要负责产品运输任务的安排。不同公司，运输部门的设置不同：许多公司单独成立部门，也有公司将运输部门设在销售管理、仓库管理或生产部门内。无论如何，销售人员都需要运输部门的协助，以便及时送货甚至加急送货，从而兑现销售承诺。运输部门经理主要关心运送成本，通常通过制订有效的运输路线计划，将成本维持在可控范围之内。加急送货或临时送货会扰乱正常的运送计划，往往会使销售人员处于内部员工抱怨、外部客户承诺无法兑现的尴尬境地。

（4）客户服务部门

客户服务部门主要负责产品安装、维修、咨询及客户投诉。多数公司设立独立的客户服务部门，一方面可以减轻销售人员工作量，使其集中力量进行销售工作；另一方面可以控制客户资源，以防销售人员辞职后所引起的客户流失问题。在这种情况下，很多销售人员在达成交易后，完全将售后方面的工作交由客户服务人员完成。

其实许多客户在出现售后问题时仍然喜欢联系销售人员，并且希望销售人员帮他解决问题，而当事销售人员最常见的做法是告诉客户售后方面的客户服务人员的联系方式，由客户自行去联系，在之后的服务处理过程中，也不主动关心具体的服务客户是否满意，这其实违背了“与客户建立长期伙伴关系”的原则。

客户服务工作的最终目的是获取利益，就是要在重复销售过程中获取利益，其中包括两方面：老客户的重复购买，及通过老客户的介绍而购买的新客户。在实际工作中，公司往往不对客户服务部门进行销售考核，老客户的再次销售也由销售部进行，也就是说没有相应的激励措施鼓励客户服务部进行老客户的维护及开发。

优秀的销售人员会与客户服务人员建立良好的关系，同时，采取有效措施，促进客户服务人员在销售中发挥重要作用。销售人员可与客户服务人员实行合作销售方式，如销售人员主要负责新客户开发和大客户维护，而客户服务人员主要负责老客户关系维护、跟单、对账等职责，也要给予其一定的销售奖励。对于流失的销售人员开发的客户，客户服务人员负主要责任，享受重复销售的奖励，必要时交给新销售人员跟进。

案例

## 汽车销售员小李与售后服务部门的紧密配合

小李是某汽车经销公司的销售人员，负责销售新车和提供相关服务。他在工作中需与公司的售后服务部门密切合作，以实现卓越的售后支持和客户满意度。

在售前阶段，小李与售后服务团队合作，提供购车咨询和试驾等服务。小李会与客户进行详细讨论，了解他们的需求和偏好。根据客户的需求，他会向售后服务团队提供相关信息，以确保他们能够提供正确的技术支持和建议。

在销售过程中，小李与售后服务团队协调交付和安装新车，并确保车辆在购买后的服务质量。他与售后服务部门沟通客户的特殊要求和车辆配置，以确保车辆的定制和交付过程顺利。

在售后服务阶段，小李继续与售后服务团队保持联系，确保客户得到及时的维修和保养服务。小李会向售后服务团队提供客户的问题和反馈，以便他们能够针对客户的特定需求提供个性化的服务。

小李还要与公司的市场营销部门合作，共同制定销售促销活动和市场推广策略。他会分享客户反馈和市场需求，以帮助市场营销团队制定更具吸引力的销售方案和广告宣传。

小李与公司相关部门的紧密配合，能够提供全面的购车咨询和售后支持，确保客户的需求得到满足，并建立了良好的客户关系。

（5）市场部门

公司常常将市场和销售工作分开，设立独立的市场部和销售部。市场部负责市场研究、品牌宣传、销售促进活动的策划和实施，以及销售人员培训等工作。销售部则专注于销售业绩和利润，包括客户拜访和产品推荐等工作。两个部门的职能紧密相关，必须紧密协作，为客户提供合适的产品和服务。销售人员是市场部门的耳目，应向市场部门提供竞争对手信息、客户趋势和其他重要市场信息，市场部门根据这些信息进行策划和促销活动，开发新产品，帮助销售人员拓展客户并促进产品销售。

然而，可惜的是，在许多企业中，市场部和销售部的关系并不理想。虽然互相依赖、联系密切，却也存在制约和矛盾。研究表明，只有 27% 的市场部门主管相信销售人员传递了市场部门希望传达的信息，主要原因是沟通不畅，导致两个部门对各自职责和角色的认识存在分歧。

因此，在日常工作中，销售人员应主动与市场部门沟通，提供丰富有用的市场信息，并参与市场部门负责的促销方案或营销策略的制定。在销售执行过程中，应在理解整体市场计划的基础上进行客户开发和服务工作，避免互相指责，以免浪费企业资源和降低市场竞争能力。一些公司通过制度设计或使用 CRM 软件系统来建立市场部门和销售部门之间的信息交流机制，提高沟通效率。

# 任务二　创业型销售团队的建立

## 一、销售与创业

销售不仅是营收和市场信息的来源，也要求创业者不断创新和与客户建立良好的关系。销售与创业紧密相连，是创业者实现商业成功的关键。因此，在创业过程中，将销售作为重要的战略和运营议题对企业的持续发展至关重要，如图 9–3 所示。

图 9–3　销售与创业

### 1. 销售与创业的关系

销售与创业之间存在着密切的关系，销售是创业过程中至关重要的一环。

（1）销售是创业者实现商业成功的关键

无论创业者有多么出色的产品或创意，如果无法将其销售出去，企业将无法盈利并持续发展。销售是创业者与市场之间的桥梁，通过销售可以获取市场反馈和收入，以验证产品或服务的市场需求，为企业增加价值和持续改进提供动力。

（2）销售能够为创业者提供重要的市场信息

通过与客户的沟通和交流，销售人员能够收集到有关市场趋势、竞争对手、顾客需求和偏好等关键信息。这些信息对于创业者来说非常宝贵，可以帮助他们优化产品或服务的定位、功能和市场营销策略，从而更好地满足市场需求。

（3）销售也对创业者的创新能力提出要求

在面对激烈的市场竞争时，创业者需要不断寻找新的销售机会和方法。他们需要改进销售技巧、开拓新的销售渠道，甚至探索新的商业模式和市场领域。通过销售，创业者能够不断调整和完善自己的商业策略，适应变化的市场环境。

（4）销售是创业者与客户之间建立良好关系的重要方式

销售人员作为企业的代表，能够直接与客户互动，了解客户的需求和反馈。通过积极的销售工作，创业者可以与客户建立信任和情感连接，提供个性化的产品或服务，促进客户忠诚度和口碑传播，从而为企业的长期成功奠定基础。

**知识拓展**

### 区域销售工作与创业实践的相似性

（1）区域是一个自行管理的单位，并承载一定的价值。

（2）销售人员通过谈判和既定的交易来确定该区域的价值。

（3）绩效的衡量根据一定时期内的销售利润。

（4）成功或失败有赖于销售人员的绩效。

（5）销售人员必须与其他销售区域进行竞争。

（6）销售人员通过对不同活动分配资源来试图管理该区域。

（7）销售人员为该区域寻找投资（从销售经理那里）。

（8）为达到目的，销售人员从公司的其他部门或者外部环境获得优势资源。

（9）可能通过创新来挖掘区域扩张的潜力。

（10）销售人员的工作就是创新性地满足客户的需求。

#### 2. 创业销售

创业销售就是把创业和销售工作融合在一起开展相关活动。

一方面，在创业企业中，创业者可把公司的部分所有权授予销售人员，并让其充分理解该做法的战略意义。销售人员利用公司资源（生产、物流、信息技术、营销、客户服务等）进行业务运营，包括现场管理、产品取样、定制解决方案、客户奖励等，为创业企业创造价值。

另一方面，销售人员应评估其所在区域的发展前景和投资价值。销售经理在某种程度上像风险投资家一样投资其感兴趣的企业，其总体销售增长类似于一种风险投资基金，在该领域投入资金的多少取决于该领域销售人员努力的程度。

IBM 公司发现，为销售人员腾出更多时间与客户交流可以促进销售团队的创新。销售团队通过服务重点客户，建立一个普遍的报告制度，使用相同的绩效指标，让每个销售人员遵循相同的销售过程，减少内部会晤。这样，销售人员会有更多的时间与客户交流，从而可以适时开发出创新性的解决方案。

AT & T 开发出一种全新的工具，来解决销售人员谈判技巧方面的具体问题。该工具叫作“Dealmaker”，通过引入课堂与在线培训和一些鲜活的事例来强化谈判成功的技巧。当销售人员与客户接触后，该工具会提供相关知识协助谈判，并最终签订协议。这些知识能帮助销售人员查明客户未满足的需求，想方设法回答客户提出的复杂问题，制定可行的战略，并在谈判时给出一个周全的方案。此外，销售人员还可通过个案研究来提高谈判技巧。同时，公司鼓励销售人员的经验共享。

销售的目标是达成交易，但简单地达成交易是不够的。销售目标必须是达成长期有利可图的交易。对不同客户应采取不同的销售方法，与客户建立战略伙伴关系，共担风险、共享资源，这是销售的最高境界。

## 二、创业型销售团队的类型

创业型销售团队根据主要功能可细分为如下类型。

### 1. 创造型销售团队

从个人销售角度，创造意味着放弃固有做法与规则，愿意挑战已经确立的方法体系。可能短期会使销售人员的工作生活受到冲击，但会为其带来崭新的开始、全新的路径，冲破传统路径的束缚。这是人类精神的体现，也是员工工作动力和骄傲的巨大来源。

从销售团队角度看，销售经理应敢于打破惯例，跳出思维定式，对销售部门进行创造性地管理。一方面，创造是混乱的、随机的、非科学的行为；另一方面，组织为了产生更多好想法，需进行系统性的创造。销售经理必须设定一些挑战性的任务，给销售人员一定的权限和资源，通过周密计划、团队合作来激发创新。这样就需要强化销售部门的组织价值、组织制度和组织结构。

另外，销售经理需鼓励创造性的摩擦，让不同的方法和观点彼此碰撞，但不厚此薄彼，最终使一种观点获胜。创造性摩擦不仅会激发销售部门自身的创造力，还会对相关部门（如设计部、采购部、财务部）产生积极的影响，有利于打破部门之间的职责界限，激发整个公司的创造力。

### 2. 授权型销售团队

传统销售团队一般由销售副总经理或总监做决策，销售人员负责执行，并且有明确的预算控制和工作范围。销售经理的角色是在适当的时间、位置和方式上激励并安排有才能的销售人员，以便他们将适合的产品销售给适合的客户。

然而，传统的授权方式存在一些问题。由于销售任务的复杂性、公司与销售人员之间的信任缺乏以及销售经理缺乏必要的授权技能，授权希望给销售人员更多责任和权力的尝试难以成功。有些授权设定过高的绩效标准导致销售人员难以完成，而其他一些授权只是象征性的，销售经理只允许员工做一些临时决策，一旦出现错误就会收回授权。

授权型销售团队努力在公司控制的松紧之间找到动态平衡，将销售经理和销售人员视为创业者，激励他们发现机会并有创造性地解决问题。

首先，要在具体的销售工作中信任销售人员。销售工作牵涉到多个方面，必须给予销售人员在产品设计、定价、客户沟通、物流等方面的充分授权，才能真正为客户创造价值，为公司创造新的收益。

其次，要进行“虚指放弃，实指加强”的授权。虚指是指放权给销售人员，实指是明确的目标。例如，当销售经理放弃收益分配和价格谈判的控制权时，销售人员会表现出高度的一致性，并更努力地工作、更有效地创新，从而实现控制目标，并提高工作满意度。

### 3. 探索型销售团队

传统销售团队在开发新客户时，首先会探寻客户欲望，然后找到可以使其满足的方法，但常常屈从于客户。探索型销售团队则会采取多种形式，探索各种新方法，开创性地解决客户的一系列问题。由于新方法的生命力通常较为短暂，很容易被更新的方法所取代，这就要求销售团队必须快速行动，洞察机会，不断发掘新的市场。

探索型销售团队能够引导客户、牵制竞争对手、引领自己的公司进军新的市场。引导客户意味着密切联系客户，清楚公司的战略、相关能力、竞争力及来自环境的挑战等。

探索型销售团队不能忽视任何竞争者，必须对任何竞争行为进行适时反应，并且能够引领公司迅速改变眼前的商业环境，如描述当前的商业模式和趋势，应对可能的行业变革，实施新的战略计划，开拓和修正外部条件，识别市场信号并能在第一时间告知公司相关市场的最新动态。因此，探索型销售团队是引导企业管理和运营的工具性资源。

### 4. 战略型销售团队

传统销售团队不是把工作重点放在战略的思维和行动上，而是放在战术运作以及业务层面上，如销售人员的招聘、激励、寻求卖点、完成目标的效率等。事实上，效率并不意味着效益。效率强调具体行动路线；而效益则强调正确的战略方向，强调利用合适的机会，创造性地实现预期目标。

战略型销售团队把销售部门看作一个密切合作的、具有战略意图的组织。公司的总体战略确定了公司的核心价值主张，以此在市场、客户、产品等方面与竞争者区分开来。为落实公司总体战略，销售经理应在销售人员的雇用、销售方式、销售团队类型与组织方式等方面采取具体的战术安排。

首先，销售部门的目标应与公司的总体战略相一致，销售人员应推动公司的创新，并把这些创新方式有效地运用到具体工作中去。

其次，公司的战略方针应能真正指导各个地区的销售团队，使销售工作渗透到生产、市场、后勤以及其他核心职能部门，使销售部门对客户关系方面的投资符合公司的战略意图，从而能够得到其他部门的精诚合作并为客户创造新的价值。

### 5. 技术型销售团队

技术型销售团队能够将科学技术运用于销售管理和人员推销之中。在销售管理方面，利用现代信息技术，销售经理能够更好地评估客户的终身价值和公司的财务状况，也可以协助公司培训销售人员、适时评估销售人员的绩效。新技术还可以帮助销售部门管理客户关系，密切买卖双方之间的联系。在人员推销方面，新技术能够使销售人员“聪明地卖”，少花钱多办事，节省时间，大大提高销售工作效率，如客户与竞争者的背景调查、现场演示设计、快速响应客户询问等。

### 6. 协作型销售团队

协作型销售团队通过销售部门的内部合作，推出创造性的解决方案，为客户创造更大的价值，如图 9-4 所示。这需要公司各个层面的共同努力：高层经理应营造协作的企业文化，使销售经理、销售人员的价值观、信仰与之相一致；一线销售经理应改变老套的命令式的管理方式，强调平时的培训、平等交流、相互尊重、分享权力和股权，而不是单纯地审查下属的行动；销售人员要与销售经理同心同德、彼此信任，以应对销售过程中的一切冲突与环境挑战，同时，使用更加专业的销售技能来建立公司与客户之间的战略伙伴关系。

图 9-4　协作型销售团队

## 三、销售自动化系统的运用

销售自动化系统通常是 CRM 系统的一个组件，利用软件和技术工具来实现自动化销售流程和任务的系统。它的目的是提高销售效率、减少人为错误，并为销售团队提供更好的数据和洞察，以便更好地管理和增强销售活动。具体来讲，销售自动化系统的主要功能如下。

### 1. 提醒待办任务，制订销售计划

以往的销售模式周期太长，销售人员会因忘记客户的需求而易于失去客户的信任。而通过销售自动化系统可以为每个销售人员明确建立任务，并且可以记录其销售的全过程。此外，根据销售的需求，设置特定待办任务区域进行及时提醒，让销售人员跟进事先安排的事项，帮助其高效安排工作，同时也让管理者对销售人员的工作进度一目了然。

### 2. 规范销售管理流程

在传统销售模式下客户资料大多是掌握在销售员工手上，至于销售的进度、详细资料，企业管理者无法做到深入了解，往往销售人员一离职，客户资源就被一并带走。若采用销售自动化系统，第一次接触客户、服务客户等过程都会被详细地记录在系统里，可以确保客户资源掌握在企业手上。此外，还可以利用销售自动化数据回顾以往的销售过程，找到优化节点，提升员工的工作效能和服务标准。

### 3. 共享客户资源

企业通过销售自动化系统记录客户的详细信息，由企业统一分配客户任务。同时，根据系统上客户以往的购买信息，可以帮助销售人员在规定的期限内与客户达成签约，除了缩短服务周期，还可以提高企业跟进的效率，也能防止员工之间出现销售撞单的情况，方便管理者查看商机状态。

### 4. 防止客户流失

销售自动化系统通过对销售过程中客户信息的详细记录，增强与客户的有效沟通和商

务联系，能为企业直观展示商机动态，从而帮助其预测销售结果、指导销售团队及时有效地为客户提供服务，最终全方位帮助企业预防客户流失。

## 课后实践

学习完本项目的内容后，认真完成表 9-5 的实践清单。

表 9-5　实践清单

| 销售总监的职责与管理实践 | |
|---|---|
| 实践任务 | 假设你是一家公司的销售总监，负责领导和管理销售团队。请深入了解销售总监的职责，并运用所学知识和技能，提升销售团队的绩效和业务成果 |
| 实践目标 | （1）了解销售总监的职责和管理要求；<br>（2）掌握有效的销售团队管理和领导技巧；<br>（3）提升销售团队的绩效和业务成果 |
| 实践步骤 | （1）阅读相关文献、研究实际案例，了解销售总监在不同公司和行业中的职责和任务；<br>（2）根据公司的销售战略和业务目标，制定可衡量的销售目标和团队计划。考虑市场趋势、竞争情况，以及销售团队的能力和资源；<br>（3）招聘和培训合适的销售人员，确保团队成员具备必要的销售技能和产品知识。搭建良好的团队合作和沟通机制，确保团队协调一致；<br>（4）设定具体的销售指标和 KPIs（关键绩效指标），跟踪销售团队的业绩。定期进行绩效评估和反馈，激励和奖励高绩效团队成员；<br>（5）为销售团队提供必要的支持和资源，如销售培训、销售工具和市场信息。确保销售人员有充足的资源和工具来开展销售活动；<br>（6）定期与销售团队进行沟通和协调，确保销售活动按照计划进行。了解销售进展和市场动态，做出及时的调整和决策 |
| 实践提示 | （1）与销售团队保持良好的沟通和合作。了解团队成员的需求和问题，提供支持和指导；<br>（2）建立目标导向的文化和激励机制。设定激励措施，激发销售团队的积极性和动力；<br>（3）持续学习和更新销售管理知识。参加相关培训和行业活动，不断提升自身的领导和管理能力 |
| 实践总结 | |

## 实践评价

完成以上实践后，认真完成表 9-6 的实践评价。

表 9-6　实践评价

| 评价内容 | 分值 | 得分 |
|---|---|---|
| 参与实践的积极性、主动性 | 25 | |
| 沟通协调能力 | 25 | |
| 学习能力 | 25 | |
| 对销售总监职责的掌握程度 | 25 | |
| 教师点评： | | |

## 项目小结

销售团队的管理与建设包括销售人员的素质、销售团队的形式、销售团队的构成、创业型销售团队的建立、销售与创业的关系、创业型销售团队的类型以及销售自动化系统的运用等。这些知识点对于企业来说至关重要，因为它们关乎企业的销售业绩和市场份额。

销售人员的素质是销售团队建设的基础。优秀的销售人员需要具备沟通能力、谈判技巧、市场洞察力、客户管理能力等多方面的素质，这些素质将直接影响销售团队的绩效和客户满意度。

销售团队的形式和构成对于企业来说至关重要。企业需要根据业务特点和发展战略，选择合适的销售团队形式，如专业销售团队、跨职能销售团队、混合销售团队等，同时根据团队成员的技能和特点进行合理配置。

在创业型销售团队的建立方面，企业需要注重销售与创业的关系。创业型销售团队需要具备创新、灵活、快速响应市场变化的能力，同时需要制定合理的销售策略和目标，确保团队的成功和可持续发展。

创业型销售团队的类型和销售自动化系统的运用是实现企业长期发展的关键。企业需要选择合适的创业型销售团队类型，如市场导向型、关系导向型等，同时运用销售自动化系统提高销售效率和准确性，为企业创造更多商业机会。

## 思考练习

1. 销售总监的职责有哪些？
2. 创业型销售团队根据主要功能可划分为哪些类型？
3. 销售自动化系统的主要功能有哪些？

# 项目十

# 销售人员的自我管理

## 项目导读

销售人员的自我管理是指销售人员通过各种途径和方法，对自己的工作、学习和生活进行规划、控制和调整的过程。这个过程需要销售人员建立明确的目标和计划，制定合理的日程安排和时间管理，同时注重自我反思和总结，不断完善自己的能力和素质。销售人员的自我管理是企业成功的关键之一，它能够帮助销售人员提高工作效率和业绩，实现个人和职业的发展。因此，销售人员应该重视自我管理的发展和创新，以适应不断变化的市场环境。

## 学习目标

### 知识目标

（1）了解销售人员自我管理的内容。

（2）了解时间管理的技巧。

### 技能目标

（1）能够有效地与客户沟通，并通过清晰、准确地表达传递销售信息和产品 / 服务的价值。

（2）掌握销售技巧，如提问、倾听、辩论、谈判和解决客户异议等，以有效地与客户互动并推动销售。

（3）学会设定优先级，并有效安排工作时间，以提高工作效率和成果。

（4）具备解决问题和做出决策的能力，能够快速分析情况，找到解决方案，并做出明智的决策。

### 素质目标

（1）使学生具备较强的责任感和自律能力，能够按时履行承诺，并坚持实施销售计划。

（2）使学生具备自信和积极的态度，能够面对挑战和压力，并保持乐观的心态。

（3）培养学生的团队合作能力，能够协调资源，实现共同的销售目标。

## 思政目标

（1）培养学生具备高尚的职业道德，遵守行业规范和法律法规，坚持诚信经营原则。

（2）培养学生具备社会责任感，关注企业的社会影响，积极参与公益事业和社会贡献。

（3）引导学生保持学习的态度，不断提升销售技能和专业知识，适应市场的变化和需求。

## 案例导入

### 一位销售人员从高考落榜到年薪 60 万元的经历

以下是一位销售人员自述的摘要。

1998 年夏，我高考落榜了，揣着仅有的几百块钱和高中毕业证书，简单地收拾了一些行李，买了火车票，来到了北京。我虽然进不了北京的大学，但我想在北京打拼出一片天地。

我的第一份工作是通过《北京人才市场报》的招聘启事找到的，做一家汽车销售公司的前台接线员，老板之所以录用我，是因为他觉得我的声音甜美。那时候这家汽车销售公司规模很小。我的工作先是负责向客户提供一些信息咨询服务，然后被调到总经理办公室，除了接电话，还负责收发文件，偶尔替老板起草材料、制定日程安排等。正当我干得有滋有味时，1999 年 8 月，我们代理的一个重要品牌出现质量问题，并被媒体曝了光，公司业务一落千丈，大部分职员跳槽去了竞争对手那儿，薪水也增长了好几成。看到一个在华北地区很有名气的汽车销售公司招聘人员的时候，我也偷偷地跑去应聘，但被拒绝了。那时真的很痛苦，但是也很受刺激，于是我准备用一年或更多的时间来寻找被拒绝的答案。同时暗自下定决心：我要成为一名优秀的销售人员！

汽车销售并非一个很轻松的工作，它专业性很强，要求对各种车和部件的性能了如指掌，于是我开始广泛涉猎市场营销、汽车和相关知识，并开始大量地结交朋友。我也获得了在汽车生产厂各个生产车间进行不定期的实习和参加销售培训的机会。实习生活并不轻松，面对一条条周而复始的生产流水线，我咬牙在机器轰鸣声中度过了日日夜夜。

经过半年多的恶补，我顺利拿到销售技巧、产品知识两项证书。2000 年 5 月初，在老板的支持下，我如愿转到销售部。随后我就和其他销售员一起参加培训，两周后，我就开始从事汽车销售工作了。我选定的第一个目标是一个合资企业的行政管理部主任，但他没容我多加介绍就把我打发走了。第一次遭人拒绝，当时觉得这推销真不是人干的活儿。在后来的推销中，我总是先在电话里和客户联系好再登门造访。这样做了近40天，我收了210张名片，平均每天访问5个客户，但是依然没有收获。我突然发现，现在的工作就是每天大量地拜访，结果只是一面之交，转过脸，许多人都想不起来了。因此，只能说自己是一台拜访机器，而不是在推销。于是，我从210张名片当中，挑出52个印象当中还不错的人，还起了个好听的名字"幸运52"。然后，我从中找窍门，按照线路、距离重新进行编排。我重新设计自己的工作：一个月30天，每天拜访2人，给另外10个人打电话；如果锁定目标没找到，那么就近找1人。果然，坚持了两个月，业绩开始慢慢地来了。

我当时销售的品牌是奥迪、桑塔纳2000和德国产奔驰。为了提高销量，我除了不停地拜访北京的一些客户，还积极跑市场搞宣传，不放过任何一个潜在的客户。每逢有企业老总参加的会议论坛，我都要去光顾，有不少民营企业老总比较喜欢我代理的这款汽车，但他们是来开会办事的，没有时间去展厅看车。我虽是初次卖汽车，但我却深知，在保证质量的前提下，卖车的关键是卖服务。因此，为了方便外地来京办事的客户，我向每一个潜在客户郑重承诺：只要他们来展厅看车，不管买不买汽车，我都实行"四包"服务：包车去接，还包吃、包住、包安全。此后，每当有外地客户来北京，我就立即放下手头的工作，亲自去飞机场、火车站接待；安排好宾馆后，我还陪同客户看车、试车；客户决定买车了，我又帮助办好相关的手续；汽车卖出后，我将他送到高速公路上；如果有客户想在北京游玩，我还亲自全程陪同。总之一句话，就是想方设法让客户满意。

就这样，仅用5个月的时间，我就创造了卖出476辆轿车的奇迹！

## 任务一　资源管理

销售人员设定了合适的职业目标和销售目标之后，就要充分利用自己所掌握的资源，达成目标。这就要求销售人员认清自己拥有的可支配资源的种类，采用有效的资源配置方法，实现资源价值的最大化。

### 一、可支配资源的种类

销售人员拥有各种资源，包括有形资源和无形资源。

#### 1. 有形资源

有形资源包括免费样品（图10-1）、试用品（图10-2）、宣传册（图10-3）、媒体资料、直邮预算、广告礼品、配送服务及其他营销资源。越是优秀的公司，为销售人员提供的有形资源会越多。这些资源对公司来讲都是成本，对销售人员来讲是投资。销售人员只有合理利用这些资源才能得到应有的回报。

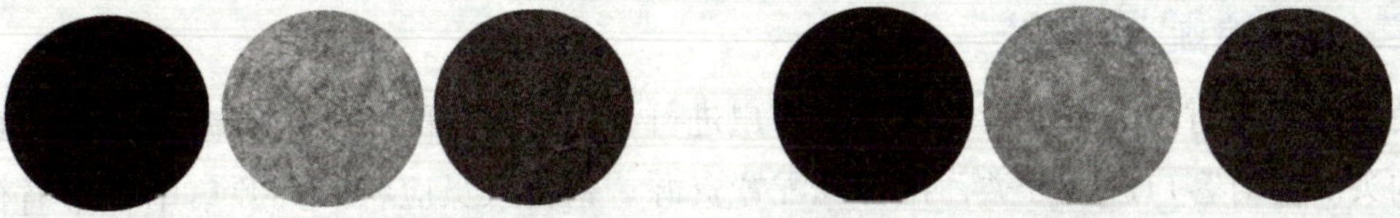

图 10-1　免费样品

图 10-2　试用品

图 10-3　宣传册

2. 无形资源

无形资源包括销售人员的时间、精力、公司品牌、实力及关系资源等。其中时间是销售人员最宝贵的资源，销售人员可以把时间用在诸多方面，如开会、了解产品、准备报告、出差、拜访客户及其他非销售工作。

事实上，对很多销售人员来讲，处理非销售工作占据了大部分时间，因此，管理时间非常重要。销售人员的精力也是一种有限的资源。若其身体、情感、思想和精神的能量被无效利用，又不能及时恢复和补充，就会影响效率、激情和创造力，在很多工作上只是蜻蜓点水，很少真正投入。销售人员若以这样的状态开展工作，销售业绩也很难达到理想的效果。

销售人员应充分利用公司拥有的其他无形资源，具体如下。

（1）公司品牌

公司品牌是产品推介的敲门砖。好的品牌可以感染客户，激发其购买的热情，有利于成交。

（2）企业实力

企业实力会给客户一种信赖的感觉，强大的实力很容易打动客户促成销售。

（3）公司的政府关系

公司的政府关系也是一个产品迅速打开市场的不可多得的保证，尤其在中国目前的市场条件下，若销售人员向客户阐明清楚其中的利害关系，对销售工作有一定的促进作用。

（4）行业关系

行业关系包括公司与行业协会、知名专家、上下游企业的关系，适当利用也可以成为打动客户的特别卖点。

## 二、资源配置方法

销售人员应对自己所负责的区域及客户进行调研，合理配置各种资源。要根据现有利润和购买潜力对客户进行分类，再合理配置资源。销售人员应将其资源集中在最有价值的客户身上，尽力减少在无利可图的客户身上浪费资源。下面介绍几种客户资源配置方法。

### 1. 方格分类法

方格分类法根据客户的竞争地位及购买潜力对其进行分类，目的是确定不同客户分配资源的多少。

方格分类法是一种对现有客户进行分析的有效方法。销售人员可运用此法对现有客户逐一进行分析：对Ⅰ区客户，应集中优势资源，优先开发；对Ⅱ区客户，应分配较多资源，重点开发；对Ⅲ、Ⅳ区客户不要投入过多资源，谨慎开发。Ⅱ区客户通常在业务往来的初期贡献利润较少，但只要不断对其增加拜访次数和后续服务，销售利润会不断增长，进而成为Ⅰ区客户。

### 2. ABC 分析法

ABC 分析法根据客户的购买潜力将客户分为不同类别。销售人员可利用 80/20 原则，分辨出 20%最具购买力的客户，称作 A 类客户；其他 80%的客户称为 B 类客户；而那些非客户或低购买力的客户称为 C 类客户和 D 类客户。

表 10–1 为某公司一位销售人员的分类情况，据此，销售人员可以给 A 类重要客户分配更多的拜访次数。

**表 10–1　某公司一位销售人员的客户分类情况**

| 客户类型 | 联系客户的数量 | 拜访次数 | 每个客户平均拜访次数 | 销售额（元） | 平均每次拜访的销售额（元） |
|---|---|---|---|---|---|
| A | 15 | 121 | 8.1 | 212 515 | 1 756 |
| B | 21 | 154 | 7.3 | 115 451 | 750 |
| C | 32 | 226 | 7.1 | 78 090 | 346 |
| D | 59 | 320 | 5.4 | 53 882 | 168 |
| 总计 | 127 | 821 | — | 459 938 | 3020 |

ABC 分析法可以帮助销售人员提高拜访效率，比如对 A 类客户，可以增加拜访次数；对 D 类客户，每年访问 1 次就够了。这样，可以不断提高销售业绩。实际销售工作中，销售人员还要针对每个客户的历年销售额、预计销售额制订具体的销售拜访计划。对同一类客户，拜访次数也可以有所不同。

ABC 分类法适用于重复购买率较高的易耗品或快速消费品行业，而对于重复购买率较低的其他行业并不适用。

### 3. 客户关系管理软件

CRM 系统是一种利用信息技术高效管理客户数据的软件，它记录市场营销和销售过程中与客户的交互行为和活动状态，并提供数据模型支持分析和决策。它有助于引入新客户、维系老客户，并建立长期的稳定关系，提高客户交付价值和满意度。

销售人员可利用CRM系统进行快速的ABC分析和客户方格分析，更有效地配置资源。他们可以录入客户资料、联系记录和报价单，并查询和分析客户资料、记录拜访情况、统计业绩以及查询工资、提成和费用等，并及时提醒客户联系进度和应收款项。

选择适合的CRM系统取决于公司的客户规模和沟通频率等因素。销售机会漏斗是CRM系统中常用的客户数据分析工具，通过分析客户基本数据，以图形方式展示客户资源从潜在客户阶段到成交阶段的转换关系。销售人员可以利用销售机会漏斗工具管理销售业务，确保每个阶段都能达成目标。

总之，销售人员应该充分运用CRM系统和销售机会漏斗工具来管理销售业务，合理分配资源，确保达成销售目标。销售经理也可以利用这些工具来管理销售团队。

# 任务二 目标管理

目标是一个人前进的方向，方向是指引人走向成功的必要因素。没有目标的销售就好像是没有航标的船，只能在江面上随波逐流。对销售人员来讲，目标既具有重大的心理学价值，也具有重要的管理学价值。销售人员的目标可分为职业目标和销售目标，职业目标既能指明人生的方向，又能为实现销售目标提供动力。销售目标是实现职业目标的基础，没有销售目标，销售人员难以对自己的工作成绩进行评估和总结。

## 一、职业目标

我国的销售人员大致可以归纳为四大类型：推销员、策划师、职业人士和战略顾问。其中推销员类型居多，其他三类相对较少。推销员和策划师属于非职业化的，职业人士和战略顾问是职业化的；推销员和职业人士成功的关键依靠“术”层面，策划师和战略顾问则依靠“道”。

如果销售人员定位于一直从事销售工作，方向有两个：第一，必须从业余选手变成职业选手，从非职业化变得职业化，工作的理念、思路、工具和方法都要更加专业，讲求定量数据、专业调查分析；第二，要增加系统分析、全面思考，从战略高度做销售，与客户建立战略合作关系，最终起到为高层决策扮演战略顾问角色的作用。

选择专业化道路，成为战略型销售人员，是销售人员可行的路径之一，也是中国市场营销工作获得全面升级、销售团队素质全面提升的迫切要求。目前，销售人员是中国企业需求最广泛的职业之一，没有哪家企业不需要销售人员，从某种程度上说，销售团队的生命力决定了企业的生命力。当然也有很特殊的情况，比如一些刚起步的小企业可能就没有专职销售人员，因为老板本身就担当了销售人员的角色。

销售人员之间的竞争十分激烈，并非所有销售人员都能成功转型。为获得职业成功，避免被淘汰，销售人员必须主动制定自己的发展方向或职业目标。职业化的销售目标可分为四类。

### 1. 成为高级销售经理

销售经理具有销售和管理双重角色，要成为高级销售经理，销售人员可选择以下具体的发展途径。

（1）上行流动

如果具有在大公司的分支机构、片区或分公司从事销售工作的经历，当积累一定的经验后，优秀的销售人员可以选择合适的机会，上行流动发展，即到更上一级的公司或公司总部的销售部门工作，或者可以带领更大的销售团队、管理大区市场。

（2）下行流动

如果在公司总部销售部门工作积累了一定的经验后，销售人员可以根据市场发展的规模和速度，选择合适的机会，下行流动发展，到下一级或多级的分支机构去工作，通常是带销售团队、管理省或大区市场，或是到某个细分市场开拓新的业务。这样的销售人员，可以将在总公司学到的先进销售管理理念和操作手段与实际的市场结合，在继续锻炼一定时间后往往成为许多企业的未来领军人物或高级经理人。

（3）横向跳槽

优秀的销售人员往往是公司的骨干，可直接为公司带来销售收入和现金流，但如果公司的薪酬福利或绩效考核政策不能有效地激励他们，那么他们转行或跳槽就在所难免。从组织的角度看，许多公司都不惜重金从竞争对手那里将一些优秀的销售人才挖走。从个人的角度来看，只要没有违反职业道德、劳动合同的相关条款规定和相关法律规定，销售人员在发展到一定阶段后换一个环境和空间都是一种不错的选择。选择跳槽会对现有客户关系管理带来诸多挑战，要求销售人员需慎重考虑薪金、发展空间等综合要素。

### 2. 转向其他管理岗位

当销售人员做到一定程度，可以结合个人兴趣和组织需求通过横向流动即轮岗的方式，转向相关的专业化职能管理岗位，具体可以从以下三个角度考虑选择。

（1）如果还对销售业务或相关的工作感兴趣，不愿意完全离开市场营销工作，公司的人力资源安排也允许，可以选择横向的相关岗位有市场分析、公关推广、品牌建设与管理、渠道管理、供应商管理等。

（2）如果有管理专业背景或者对管理感兴趣，可以发展的方向包括市场信息或情报管理、行业研究、战略规划、人力资源管理、项目管理等。

（3）如果在销售工作中或在产品、行业的生产制造、运营、研究开发、设计等技术方面积累了优势，则可以往技术含量较高的岗位流动，如运作管理、售前技术支持、产品测试、售后技术服务等。

### 3. 自主创业

销售能力是很多创业者必须自己先行解决的难题，在个人创业前如果就已经积累了丰富的销售经验，这是一笔很好的财富。优秀的销售人员可以把自主创业作为自己的职业目标。许多令人羡慕的成功人士都是从销售人员开始做起，在积累一定的资金、经验和资源后自主创业而获得成功。

销售人员进行创业的最大优势是经验和资源。一个有着丰富销售经验的人士比起其他创业者，对行业的理解、对企业的运作、对市场变化的感知都会有很大的优势。同时，他们很可能积累了资金和产业链上下游良好的人际资源，了解行业的运作模式和成功的关键，甚至合理合法地把握了稳定的客户关系资源。

案例

**小李的华丽转身**

小李本科学数学专业，硕士学哲学专业。在某公司做销售四年后，业绩平平。后来公司发展为集团公司，小李主动请战，成为集团公司的战略规划岗位。但他在这个岗位上遇到了困难，经过三个月的锻炼后，他改做人力资源工作并表现出色，一年后成为人力资源部经理，两年后担任某重要分公司的人事总监。

然而，公司发生了意外，小李离职。半年后，他利用外部的关键资源创业，并取得了成功。他积累了丰富的管理经验，对于成为全面的综合型管理者非常有帮助。

目前，小李的企业正步入成长期。

### 4. 从事管理咨询和培训

如果销售人员离开本行业，重新开始新的事业，也是一种新的职业方向选择。比如，有经验的销售人员改做管理咨询和培训也是不错的选择。许多管理咨询公司的咨询顾问、培训师都是从营销岗位中转过来的，有些还是营销总经理、总监、大区经理等，因为他们有丰富的销售经验和行业背景，更理解企业实践的营销环境，在做相关行业的营销管理咨询、战略咨询和专业培训时，具有明显的优势。

从事管理咨询和培训是销售的最高境界，其不再销售有形的产品，而主要依靠理论联系实际的实战能力。优秀的咨询师和培训师还可以指导或培训更多的年轻人，帮助企业解决销售、营销、管理、战略等问题。

## 二、销售目标

通常，销售经理会为每个销售人员规定销售定额，销售人员可以此作为自己的销售目标，也可制订更细分的目标。销售目标可以细化为以下内容。

### 1. 销售额目标

设定达到的销售额或销售收入的具体数字目标。销售额是衡量销售绩效的重要指标，它能够直接反映销售部门和销售人员的业绩。

### 2. 客户增长目标

确定要获得的新客户数量或增加现有客户的目标比例。增加客户数量有助于扩大市场份额和增加销售机会。

### 3. 销售渠道目标

设定要开发和扩展的销售渠道，并确定目标渠道的具体数量和质量要求。有效的销售渠道能够帮助企业更好地触达目标客户群体。

### 4. 销售回款目标

设定要实现的回款金额或回款速度的目标。回款是确保销售收入流动和财务稳定的重要指标，它关系到企业的现金流和经营能力。

### 5. 产品销售目标

设定要销售的产品数量、销售额或销售份额的具体目标。产品销售目标可以帮助企业推动产品的市场份额和市场占有率。

### 6. 销售利润目标

设定要实现的销售利润金额或利润率的目标。销售利润是衡量销售业绩和企业盈利能力的重要指标，它关系到企业的经济效益和可持续发展能力。

销售人员应从实现职业目标的高度，落实各项细分的销售目标，否则，可能只会在其负责的区域内闲逛，浪费时间和精力。

案例

## 目标细分

1984年，在东京国际马拉松邀请赛上，一名叫山田本一的本土运动员出人意料地夺得冠军。赛后，有记者问他：“为什么能一鸣惊人地取得如此惊人的成绩？”山田本一只说了一句话：“凭智慧。”10年后，在他的自传中人们才知道他所说的“智慧”就是“分解目标”。他是这样写的：“每次比赛之前，我都要乘车把比赛的线路仔细地看一遍，并把沿途比较醒目的标志记下来，第一个标志是一个银行，第二个标志是一棵大树，第三个标志是一座红房子……就这样每隔一段找一个标志，一直做到赛程的终点。比赛开始后，我就奋力地向第一个目标冲去，等到达第一个目标后，我又向第二个目标冲去。40多千米的赛程，就被我分解成这么几个小目标轻松地跑完了。”

优秀的销售人员与山本先生类似，会将年度的计划和目标细分到每季、每月、每周和每天里，并用务实可行的条款进行详细说明，避免盲目夸大、空洞无物的目标。

一个人最大的痛苦不是没有自己的目标，而是不知道怎样一步一步实现自己的目标。目标有具体的行动步骤，才更容易实现。比如，一个销售人员希望一年内实现90万元的销售额，那么，他就需要细分到每季、每月、每周、每天的销售额。只有这样，才知道每天应如何去做，才能如期实现预期目标。

## 三、目标制定的技巧

销售人员的目标制定技巧一般包括如下方面。

1. 具体且可衡量

确保目标清晰具体，能够量化和跟踪。使用具体的数字、百分比或量化指标，如销售额、新客户数量或销售份额，以便于评估销售人员的绩效。

2. 可实现和具有挑战性

目标要既能够实现，又能够激励销售人员追求更高的绩效。设定一个适当的挑战性水平，能够激发销售人员的动力和积极性，同时又不会过于不切实际导致压力过大。

3. 时间限定和可分解

将目标分解为更小的阶段性里程碑，并设定明确的截止日期。这样可以帮助销售人员更好地规划和跟踪自己的工作进度，同时保持目标的可控性和可执行性。

4. 可自主操控和与个人能力匹配

确保目标是销售人员可以自主操控的，他们能够根据自己的能力和业务情况制订相应的实施计划。因此，目标的制订应充分考虑销售人员的实际情况和能力水平。

5. 与团队和公司整体目标保持一致

销售人员的个人目标应与团队和公司整体目标保持一致，具备协同效应。确保销售人员的个人目标与公司的销售战略和市场需求相契合，促使销售人员为整体目标而努力。

6. 合理制定激励机制

将目标与激励机制相结合，根据达成目标的绩效给予相应的奖励或回报。建立激励机制可以鼓励销售人员更有动力地努力实现目标，并提高绩效。

7. 定期跟踪和反馈

定期与销售人员进行目标跟踪和评估，并向他们提供积极地反馈和指导。持续地跟踪和反馈可以帮助销售人员及时调整策略和行动，以实现目标。

# 任务三　时间管理

时间管理

时间是最珍贵的资源。事实上，销售是一件24小时的工作。实践表明，时间管理技能是提升销售人员销售业绩的关键因素。专业的销售人员可从以下几个方面提升时间管理的技能。

## 一、克服不良习惯

失败的销售通常是不良习惯带来的后果，若销售人员能加以克服，销售业绩会大幅提升。以下是一些销售人员在实际销售管理方面经常出现的不良习惯。

### 1. 缺乏时间规划

销售人员往往没有明确的时间规划，导致时间管理混乱，并且难以高效地安排工作任务。应该学会制订日程安排、设定优先级，并合理分配时间以完成各项任务。

### 2. 不专注于关键任务

销售人员常常被琐碎的事务所分散注意力，而忽略了与核心销售任务相关的重要活动。需要学会识别和专注于能够带来最大销售价值的关键任务，并优先处理这些任务。

### 3. 缺乏时间优化技巧

一些销售人员经常陷入应付工作的怪圈中，时间花费不合理且效果不佳。应该学会使用时间优化技巧，如批量处理相似任务、避免常见的时间浪费陷阱等，以提高效率并腾出更多时间用于销售工作。

### 4. 不合理的客户拜访时间安排

有些销售人员未能合理安排客户拜访的时间，导致频繁出差、长途奔波，浪费了大量的时间。应该根据客户的地理位置和优先级，合理规划出差行程，以减少时间上的浪费。

### 5. 未能使用工具和技术来提高效率

一些销售人员没有充分利用现代工具和技术，如 CRM 系统、自动化销售软件等，来提高销售管理的效率。应该学会使用这些工具，以便更好地跟踪销售进度、管理客户关系和优化销售流程。

### 6. 缺乏时间管理的自我约束力

一些销售人员容易被社交媒体、无关联的消息和其他干扰所吸引，从而分散了注意力，浪费了宝贵的工作时间。销售人员需要有自我约束力，明确工作期间专注于工作，并避免这些干扰。

通过克服以上不良习惯，销售人员可以更好地管理时间，提高工作效率，将精力集中在核心销售任务上，从而实现更出色的销售业绩。时间管理和销售管理相互作用，对于销售人员的成功至关重要。

## 二、掌握时间管理的技巧

### 1. 提前制订时间表

销售人员应在一周前制订好销售拜访的预约计划，并在拜访前一天或几天进行确认。若没有事先约定，最好在办公室里处理一些文书工作。

### 2. 充分利用黄金销售时段

黄金销售时段是指客户较空闲或销售人员较容易对客户进行拜访的时间，在这个时间里，双方易于达到充分交流与沟通的效果。不同行业或公司的销售黄金时段不同，销售人员可根据调查了解进行判断。

一般来讲，销售人员拜访客户，最易成交的时间是上午，最佳时间是上午 9 ～ 11 点，但因情况不同，也有例外。下面以销售人员的第一次客户拜访为例，说明各阶层人士的最佳拜访时间，见表 10–2。

表 10–2　销售人员拜访客户的最佳时间

| 客户阶层 | 最佳拜访时间 |
|---|---|
| 公司职员、公务员 | 如果到公司去拜访，最好在上午 11 点之前 |
| 企业负责人 | 在刚上班时拜访。因为上班时间拜访他们，见到的机会较大 |
| 产业工人 | 在中午吃饭时间拜访，或在晚上 6 ～ 8 点拜访 |
| 医生 | 拜访时间应当选在上午 7 ～ 8 点 |
| 值班人员 | 在晚上 7 ～ 9 点拜访 |
| 教师 | 在下午 4：30 分左右拜访 |
| 家庭主妇 | 一般上午 9 ～ 11 点、下午 2 ～ 4 点属于较佳拜访时间 |
| 夜市老板 | 在下午 2 点左右拜访 |
| 商店老板、摊主 | 在上午刚开门时拜访，这时商店刚开门，客流不大，有时间 |
| 鱼贩、菜贩等 | 在下午 2 点左右拜访 |
| 其他 | 对于难以确定作息规律的行业，一般在晚饭后拜访，以晚上 7 点左右为宜 |

### 3. 灵活利用空档时间

若临时取消预约或需要等待客户，需做一个临时计划或为后续工作做准备。比如，初次拜访客户，虽然已与客户预约，但有时销售人员还需要等待。可利用等客户的时间看一些资料、观察所在的环境，或分析客户的性格、爱好、财力、修养等，为与客户见面时的交谈做好准备。销售人员应尽量随身携带笔记本电脑或销售跟踪工具，随时随地利用零碎时间，节省文书工作的时间。

### 4. 善用时间管理的各种工具

联系客户并非一定要亲自上门拜访。销售人员应根据不同场合，可采用电话、电子邮件、传真、短信、QQ、微信等各种交流方式，提高沟通的效率与效果，如图 10–4 所示。

图 10–4　微信

事实上，很多销售拜访任务只需发一个微信即可解决，有些客户也喜欢这样高效简单的沟通方式，因为这样可以节省客户的时间，不影响其进行手头的工作。有些企业甚至建立了专门的微信系统，致力于搭建销售人员、客服人员与客户之间快速沟通的桥梁。销售人员可利用微信强大的功能提高沟通的效率。

需要注意的是，在请求客户再次订货、交叉销售或处理一些棘手问题时，尽可能采取上门拜访形式。另外，销售人员要善用一些自我约束的手段，如手机备忘录、日记本、台历、电话簿或其他工具来帮助做好时间管理。销售人员若能有效掌握时间管理技能，那么其日常工作就会忙而不乱，销售业绩也会稳步提升。

**知识拓展**

### 销售路线计划

销售路线计划是指建立一套固定的行程计划，以使销售人员能够最大限度地覆盖销售区域并能最合理地利用时间。好的销售路线设计能使销售人员在正确的时间内到达正确地点，并且避免不必要的往返。

销售人员一般使用四种路线计划，即直线型、螺旋形、四叶草型和跳跃型。

1. 直线型

直线型指从公司出发，沿途拜访所有客户，然后按原路或其他路线直接返回公司，适用于客户或多或少处于一条直线上的情况。

2. 螺旋形

螺旋形指由公司出发，按圆周形式拜访客户，结束时正好返回公司，常用于客户很分散的情形。

3. 四叶草型

四叶草型指把销售区域细分成一系列叶片形式，销售人员每次访问一个叶片区域，常用于销售区域很大，并需要好几天时间的情形。

4. 跳跃型

跳跃型指将整个区域划分为一定数量的地带，这种划分以客户密集程度为基础，可以避免重复访问，销售人员采用此条线路，可以从离公司最远的客户开始访问，在回公司的途中对其他客户进行访问。

销售人员要根据区域内客户的数量和拜访频率，选定一种路线形式，然后，编排每一天的拜访路线，并绘出每一天的拜访路线图。

## 任务四　压力管理

销售人员的压力源自外界刺激和情绪反应。销售目标过高、时间紧迫、客户拒绝、公众演讲、自信不足等因素可能导致焦虑、恐惧、肌肉紧张和心跳加快等反应。适度的压力有助于激发工作动力，但过大的压力会耗尽精力。疲惫不堪的状态会对客户关系和销售效果产生负面影响。

实际上，销售人员无法完全消除工作压力，即使采取了有效的时间管理方法，每天仍然感到忙碌和压力。因此，在管理时间的同时，销售人员必须注重压力和精力管理。当精力不足时，压力会影响情绪控制、注意力集中和创造性思维，甚至影响对工作的投入程度，这对于建立愉快、稳定的客户关系非常不利。

## 一、寻找压力来源

销售人员最常见的压力有两种：情境压力和情绪压力。

### 1. 情境压力

情境压力指因情境因素而造成的短期焦虑。例如，面对新客户进行销售介绍所产生的压力就属于情境压力。处理情境压力的最好办法是离开情境或消除造成压力的情境因素，但销售人员不能因为销售介绍压力大而放弃介绍或敷衍了事，较好的办法是设想自己已经介绍完毕并获得客户的赞许，通过想象成功来缓解情境压力。表 10–3 为缓解情境压力的方法。

表 10–3　缓解情境压力的方法

| 方法 | 说明 |
| --- | --- |
| 想象 | 闭上眼睛，想象已经克服了该压力，尝试压力消失后的感觉 |
| 暂停 | 从事感兴趣的运动、散步、睡眠、听音乐或给朋友打电话聊天等 |
| 准备 | 若情境涉及未来表现，那么积极准备、反复练习，提前准备各种意外情况 |
| 恢复 | 若高压情境经常发生，需规划好恢复的时间 |

### 2. 情绪压力

情绪压力是因工作要求或制约所带来心理上的紧张或焦虑，如图 10–5 所示。情绪压力最常见的形式是角色压力，即由角色冲突、角色超载或角色模糊所产生的压力。

图 10–5　情绪压力

对销售人员来讲，角色冲突通常发生在两个上级要求不一致时。

角色超载发生在角色要求超过了销售人员所能承受的范围，如要求一名新的销售人员达到与资深销售人员同样的绩效水平。

角色模糊出现在销售人员不知道该怎么做的时候，或者不了解公司如何对绩效进行评估时。

面对角色冲突，应首先分析冲突的根源，然后有针对性地采取措施，如若客户与上司的要求存在冲突，只能优先满足一个人的要求，然后适当解释，但不要老想着冲突。不管什么情况，与销售经理建立牢固的合作关系对减轻压力都有很大帮助。表 10–4 为缓解角色压力的方法。

表 10–4　缓解角色压力的方法

| 方法 | 说明 |
| --- | --- |
| 设置优先顺序 | 预先设定自认为合理的优先顺序，即使出现冲突，仍按预先计划行动 |
| 寻求支持 | 从家人、上级及其他重要的人那里获得建议，集中精力在行动而非冲突上 |
| 重新设置期望值 | 平衡各方对你的期望，多沟通，争取一致意见，使各方期望都接近实现 |
| 继续行动 | 一旦做出行动决策，就不要考虑冲突 |
| 提高销售技能 | 熟悉销售各项业务，认清销售工作的机会与挑战，变压力为动力 |

在实际销售工作中，恐惧心理是销售人员压力的主要根源，其主要的产生原因是销售人员担心客户拒绝、对销售业绩期望过高或期待每次拜访潜在客户都能成交等。销售人员要做成一笔生意首先要克服恐惧心理。在恐惧心理状态下，销售人员会对销售推介感到厌烦，语调会单调乏味，从而导致客户感到厌烦，使其无法清楚了解销售推介的内容。只有自己认为自己是失败者时，才会真正失败。因此，销售人员能在多大程度上说服自己对销售成功充满信心，决定了其能在多大程度上说服客户达成交易。

## 知识拓展

### 销售人员克服恐惧心理的方法

销售人员常常面临各种挑战和压力，其中恐惧心理是一种常见的心理障碍。以下是一些有效的方法，帮助销售人员克服恐惧心理。

1. 接受恐惧

销售人员需要接受自己的恐惧，理解它们是正常的人类反应。不要试图压抑或逃避恐惧，而是要正视它，并寻找应对方法。

2. 积极的心态

保持积极的心态是克服恐惧心理的关键。要相信自己有能力克服恐惧，相信自己能够成功地销售产品或服务。通过积极的自我对话，可以帮助自己建立自信和勇气。

3. 制定实际的目标

设定实际、可实现的销售目标，可以帮助自己保持专注并减轻恐惧感。确保自己的目标与自己的能力和资源相匹配，并制定相应的行动计划来实现这些目标。

4. 练习和经验

通过不断练习和积累经验，销售人员可以逐渐提高自己的自信和能力。尝试与不同类型的客户交流，了解他们的需求和期望，并寻找有效的销售方法。通过实践，可以更好地应对各种销售场景和挑战。

5. 寻求反馈

寻求他人的反馈可以帮助自己了解自己的表现和不足之处，并从中获得改进的建议。与同事、导师或行业专家交流，获取他们的意见和建议，以便不断改进自己的销售技巧和方法。

6. 建立支持网络

与有经验的销售人员或同行建立联系，形成一个支持网络。通过交流经验和分享成功案例，可以获得鼓励和支持，并从中获得积极的反馈和建议。

7. 学会放松

面对恐惧时，学会放松身心非常重要。尝试使用一些放松技巧，如深呼吸、冥想或听轻松的音乐，以帮助自己缓解紧张情绪。

## 二、变压力为动力

研究表明，自我驱动力是销售人员的必备素质。销售没有终点，优秀的销售人员通过自我驱动，不断超越自己并提升业绩。

案例

### 销售精英朱丽欧的自我驱动力

朱丽欧是《大巴顿鲁治商业报告》的总裁兼合伙人，也是美国顶级的激励演讲家。他坚信成功属于那些拥有正确态度和必胜信念的人。朱丽欧的销售职业生涯与众不同，他曾在广播和出版领域的诸多销售与市场岗位上都取得了成功。他将自己的成功要素总结为五个方面。

1. 相信自己可以实现梦想和愿望

朱丽欧喜欢引用《箴言》中的一句话：人之所思即为所成。换言之，“只要相信，就会实现”。销售人员都有自己关于成功的看法，并据此采取行动。那些严重怀疑自己能力的人，面对巨大挑战时，往往会减少或完全放弃努力。

2. 写下所有的目标

将自己所有的目标都写下来，每天检查，持续努力，就有可能实现。朱丽欧认为，将目标写下来，能使远景呈现在眼前。很多销售人员不了解这种自我督促方法的重要性，因而不愿设定目标。事实上，只要对自己做出承诺并坚持下去，就会增强自信心和自控力。许多销售人员通过设定目标，不断打破旧习惯，养成新习惯。

3. 不断学习

朱丽欧喜欢说的一句话是：“学得多才能赚得多。”最近几年，大多数销售人员不得不去学习客户关系管理专业知识，如果想与客户建立牢固的伙伴关系，客户关系管理的相关的业务知识必不可少。在适当领域开发专长可增强销售人员的自信心。

4. 承诺在每一件事上都追求卓越

工作与家庭密不可分。朱丽欧认为，销售人员必须履行工作和家庭的双重义务。事实上，销售人员的迟到、旷工及低效率往往与家庭问题有关，而工作上的问题反过来会对其个人生活产生消极影响。

5. 保持热情

朱丽欧说："当心你的朋友、与你交往的人及所看的电视节目。"工作上的热情通常是脆弱的，往往会受到同事、朋友消极观点的侵蚀。防止热情丧失的最好方法之一就是对未来充满美好的期望。

销售是一个每天都面临压力、失败和挑战的行业，如果销售人员内心没有强烈的自我驱动意识，而仅仅是抱着完成任务、做一天和尚撞一天钟的态度，那么，这样的销售人员往往会害怕、逃避、畏惧拜访客户。例如，给客户打电话的时候甚至期望没人接电话；不敢给客户打手机，而且找出很多借口，如打手机不方便、别人可能在开会等。为提高自我驱动力，销售人员应从日常生活的各个方面做起，激发出自己内心的力量。

### 1. 设定明确的目标

设定明确的销售目标可以为销售人员提供具体的方向和动力。这些目标应该是挑战性的，但又是可实现的，以激发销售人员的积极性和努力。

### 2. 培养积极的心态

积极的心态对于应对压力至关重要。销售人员可以通过正面思考和自我激励来改变对压力的看法，把它视为一种动力源，激励自己超越困难，取得成功。

### 3. 寻找支持和合作

寻求他人的支持和合作可以帮助销售人员分担压力，并获得更多的资源和建议。与团队成员、上级领导或同行交流，分享经验和解决方案，可以减轻销售人员的压力并获得更多的动力。

### 4. 持续学习和提升

通过持续学习和提升自己的销售技能和知识，销售人员可以增强自信心，并具备更好地应对压力和挑战的能力。培养自己的专业知识，并积极寻求成长和发展的机会，能够为销售人员提供更多的动力和竞争优势。

## 知识拓展

### 持续学习的方法

持续学习是一种不断追求知识、技能和理解的积极生活方式。以下是一些有效的方法。

1. 设定明确的目标

设定明确、具体的学习目标，可以帮助自己保持专注并朝着正确的方向前进。确保自己的目标与兴趣、职业和生活目标相一致。

2. 制定学习计划

制定一个详细的学习计划，包括学习时间、学习内容、学习方式等。确保自己的学习计划适应自己的时间表和生活方式，以便轻松地遵循它。

3. 保持好奇心

保持好奇心是持续学习的关键。尝试探索新的知识领域，不断挑战自己的认知边界。通过阅读、参加研讨会、与他人交流等方式，扩大自己的知识视野。

4. 实践应用

将所学知识应用到实际生活中，可以帮助自己更好地理解和掌握所学内容。通过实践，可以将理论知识转化为实际技能，并从中获得更深入的理解。

5. 寻求反馈

寻求他人的反馈可以帮助自己了解自己的学习成果，并从中获得改进的建议。与同事、导师或行业专家交流，获取他们的意见和建议，以便不断改进自己的学习方法和技能。

6. 保持耐心和毅力

持续学习需要时间和努力。保持耐心和毅力，不要因为短暂的挫折而放弃。通过不断尝试和努力，可以逐渐提高自己的技能和知识水平。

7. 定期回顾和反思

定期回顾和反思自己的学习过程可以帮助自己了解自己的进步和不足之处，并制定相应的改进计划。通过回顾自己的学习笔记、作业和测试结果，可以更好地了解自己的学习情况，并制定相应的改进策略。

### 5. 健康生活方式

保持身心健康对于应对压力和保持动力至关重要。销售人员应该注重充足的睡眠、健康的饮食和适度的锻炼，以增强体力和精力，并提高应对压力的能力。

### 6. 寻找乐趣和意义

销售工作可能会带来一定的压力，但销售人员可以寻找其中的乐趣和意义，从中找到动力的源泉。认识到自己的努力可以为客户提供有价值的解决方案，以及对销售成功的个人成就感，可以激发销售人员的动力。

## 课后实践

学习完本项目的内容后，认真完成表 10-5 的实践清单。

表 10-5　实践清单

| 销售人员时间管理实践 | |
|---|---|
| 实践任务 | 假设你是一家公司的销售人员，面临多个客户和任务，需要合理安排时间来提高工作效率和达成销售目标。通过这个实践任务，你将学习和实践时间管理的技巧，以便更好地管理你的销售工作 |
| 实践目标 | （1）了解时间管理的重要性和与销售工作的关联；<br>（2）掌握时间管理的基本理念和技巧，以提高工作效率；<br>（3）学会有效地安排销售任务和客户拜访时间，优化销售工作流程；<br>（4）培养自律和有条理的工作习惯，提高时间利用率 |
| 实践步骤 | （1）列出你的销售任务和目标，根据重要性和紧急性确定工作的优先级，并制定相应的计划；<br>（2）使用日程表或时间管理工具，将销售任务和客户拜访安排到具体的日期和时间段中，合理分配时间和资源；<br>（3）将类似任务或拜访相似客户的时间安排在一起，以减少中断和切换带来的时间浪费；<br>（4）为每个销售任务和客户拜访设定一个预期完成时间，这样可以在时间紧迫时保持集中和高效；<br>（5）学会识别和避免常见的时间浪费陷阱，如无效的会议、社交媒体过度使用和不必要的多任务处理；<br>（6）跟踪你的时间使用情况，查看时间分配是否符合预期，根据实际情况进行调整和优化 |
| 实践提示 | （1）制定具体和可量化的销售目标和计划，以便更好地安排时间；<br>（2）优化日程表或时间管理工具，确保任务和拜访安排的清晰和可视化；<br>（3）学会拒绝、委托或排队处理低优先级的任务，以便更好地集中精力处理重要事项；<br>（4）保持灵活性和适应性，给予突发任务或客户需求适当的时间和资源；<br>（5）学会分解大任务为小的可完成的子任务，避免过度的压力和时间管理上的挫败感 |
| 实践总结 | |

## 实践评价

完成以上实践后，认真完成表 10-6 的实践评价。

表 10–6　实践评价

| 评价内容 | 分值 | 得分 |
|---|---|---|
| 参与实践的积极性、主动性 | 25 | |
| 独立思考能力 | 25 | |
| 创新能力 | 25 | |
| 对时间管理的掌握程度 | 25 | |
| 教师点评： | | |

## 项目小结

销售人员的自我管理是企业成功的关键之一，企业应该重视销售人员自我管理的发展和创新，以适应不断变化的市场环境。同时，企业也需要关注销售人员的心理健康和职业发展，提供良好的工作环境和发展机会，以吸引和留住优秀的销售人员。

了解可支配资源的种类是实现自我管理的基础。销售人员可支配的资源包括时间、精力、金钱、人际关系等，合理配置这些资源对于实现销售目标至关重要。

制订合理的目标和计划是实现自我管理的关键。销售人员需要根据职业和销售目标，合理配置资源，制定明确、可执行的目标和计划。

克服不良习惯和掌握时间管理的技巧也是实现自我管理的关键。销售人员需要克服拖延、分心等不良习惯，掌握时间管理的技巧，如优先级管理、时间碎片利用等，以提高工作效率。

压力管理也是实现自我管理的重要方面。销售人员需要寻找压力来源，学会变压力为动力，保持良好的心态和情绪，以应对工作中的挑战和压力。

## 思考练习

1. 销售人员的无形资源包括哪些?
2. 职业化的销售目标分类有哪些?
3. 销售目标可以细化为哪些分目标?

# 参考文献


[1] 刘畅．客户管理制度与常用范表 [M]．北京：中国铁道出版社，2024.

[2] 倪建伟．赢单 [M]．北京：九州出版社，2022.

[3] 顾明．客户关系管理应用 [M]．3 版．北京：机械工业出版社，2019.

[4] 俞赛前．有温度的销售 [M]．北京：中国民主法制出版社，2023.

[5] 姚瑾如．民航客户关系管理 [M]．北京：中国人民大学出版社，2023.

[6] 钱丽萍．客户关系管理 [M]．北京：人民邮电出版社，2023.

[7] 邵兵家、钱丽萍．客户关系管理 [M]．3 版．北京：清华大学出版社，2023.

[8] 李珊．客户关系管理 [M]．北京：电子工业出版社，2023.

[9] 盛强，王志峰．客户关系管理实务：微课版 [M]．北京：人民邮电出版社，2022.

[10] 黄芳．客户关系管理实务：微课版 [M]．2 版．北京：人民邮电出版社，2022.

[11] 苏朝晖．客户关系管理：客户关系的建立与维护 [M]．5 版．北京：清华大学出版社，2021.

[12] 李江．华为销售法 [M]．北京：中信出版社，2021.

[13] 王占刚．首席质量官：华为客户关系管理法 [M]．北京：企业管理出版社有限公司，2020.

[14] 苏朝晖．客户关系管理：建立、维护与挽救 [M]．2 版．北京：人民邮电出版社，2020.